I0796246

# PIERRE CEFFONS
# ET LE DÉTERMINISME RADICAL
# AU TEMPS DE LA PESTE NOIRE

## DANS LA MÊME COLLECTION

ASHWORTH E. J., *Les théories de l'analogie du* XII^e^ *au* XVI^e^ *siècle*, 2008

BIANCHI L., *Pour une histoire de la "double vérité"*, 2008

FLASCH K., *D'Averroès à Maître Eckhart. Les sources « arabes » de la mystique allemande*, 2008

IMBACH R. et C. KÖNIG-PRALONG, *Le défi laïque. Existe-t-il une philosophie de laïcs au Moyen Âge ?*, 2013

KÖNIG-PRALONG C., *Médiévisme philosophique et raison moderne. De Pierre Bayle à Ernest Renan*, 2016

MARENBON J., *Le temps, l'éternité et la prescience de Boèce à Thomas d'Aquin*, 2005

PERLER D., *Théories de l'intentionnalité au Moyen Âge*, 2003

RUBIO J. E., Raymond Lulle, *Le langage et la raison. Une introduction à la genèse de l'*Ars, 2017

**CONFÉRENCES PIERRE ABÉLARD**

Fondateur : Ruedi IMBACH

Directeurs : P. PORRO, I. ROSIER-CATACH et J. SCHMUTZ

# PIERRE CEFFONS
## ET LE DÉTERMINISME RADICAL AU TEMPS DE LA PESTE NOIRE

par

**Chris SCHABEL**

*Ouvrage publié avec le soutien de ERC-DEBATE, n° 771589*

PARIS

LIBRAIRIE PHILOSOPHIQUE J. VRIN

6, Place de la Sorbonne, V[e]

2019

*Imprimé en France*

ISSN 1765-6095

ISBN 978-2-7116-2921-3

*www.vrin.fr*

# PRÉFACE

Tout intellectuel au Moyen-Âge est un reflet de son époque, et toute histoire complète de la pensée occidentale dans la première moitié du XIV^e^ siècle se doit de prendre en compte des auteurs uniques tels que Dante l'Italien, Lulle le Catalan et Eckhart l'Allemand. Et pourtant ces auteurs ne représentent pas un courant dominant ou une pensée instituée. La plupart des spécialistes de cette période de la philosophie occidentale se concentrent sur l'Ecossais Jean Duns Scot et sur l'Anglais Guillaume d'Ockham, alors qu'ils sont remarquables de manière bien différente. J'ai choisi de centrer mes Conférences Pierre Abélard sur un penseur français exceptionnel et radical, mais méconnu, un autre Pierre, à savoir Pierre Ceffons, moine de l'Abbaye de Clairvaux (fl. 1348-1353).

Les idées propres de Pierre Ceffons sont souvent fascinantes et ses œuvres furent pour lui l'occasion non seulement de donner un avis personnel sur les sujets philosophiques abordés, les positions des autres auteurs, les événements et controverses de son temps, mais aussi de rendre un témoignage sur le monde scientifique de son époque. Ceffons a été façonné par l'Occident en général, et par Paris en particulier, c'est pourquoi il peut nous en dire long sur le statut de la philosophie à Paris et en Occident à l'apogée d'un des siècles les plus remarquables dans l'histoire des accomplissements intellectuels, celui qui va d'Albert le Grand, Thomas d'Aquin et Bonaventure à Grégoire de Rimini, Thomas Bradwardine et Nicole Oresme.

En conformité avec mes sujets de recherche et mes compétences, j'ai choisi de me concentrer sur les questions modales, qui ont fait l'objet d'un grand intérêt à l'époque de Pierre Ceffons. Le présent ouvrage est divisé en trois parties : le passé, le présent et le futur. Le passé et le futur ont été abordés par Ceffons dans le contexte de l'examen de la puissance et de la connaissance divines, même si son traitement de ces notions dépasse ces questions spécifiques, puisqu'il a aussi parlé du passé et du futur dans d'autres contextes. Pour ce qui est du statut modal du présent, la science et la volonté libre sont au nombre des sujets préférés de Ceffons, ayant trait à la contingence et/ou à la nécessité caractéristiques des phénomènes naturels et humains.

L'étude de Pierre Ceffons me donne l'occasion de « présenter une image différente » du XIV^e^ siècle, une époque caractérisée, souvent par ses ennemis, comme celle de la « contingence radicale ». Bien qu'elle n'ait été incluse dans les premières éditions françaises, l'introduction de l'ouvrage *La civilisation en Italie au temps de la Renaissance* de Jacob Burckhardt, souvent considéré comme l'ennemi des médiévistes, contient une de me citations préférées :

> Peut-être, à chaque œil, les contours d'une grande civilisation présentent-ils une image différente. Dans le vaste océan sur lequel nous nous aventurons, les voies et les directions possibles sont nombreuses ; et les mêmes études qui ont servi à mon travail pourraient facilement, dans d'autres mains, non seulement recevoir un traitement et une application totalement différents, mais conduire à des conclusions essentiellement différentes [1].

Cela est certainement vrai en ce qui concerne le présent sujet.

Bien que la critique de la « contingence radicale » du XIV^e^ siècle remonte à Étienne Gilson et au-delà, le point de vue le plus sévère sur ce phénomène, lié au prétendu scepticisme extrême de l'époque, se trouve peut-être dans les œuvres parfois peu critiques de Leonard A. Kennedy. L'historien américain considérait non seulement les résultats philosophiques de cette tendance apparemment sceptique comme erronés mais il contestait aussi les motivations des scolastiques, laissant entendre que bien des penseurs du XIV^e^ siècle avaient un appétit de destruction : « seul un sceptique en philosophie traiterait la théologie d'une manière

1. Burckhardt (1860), p. 1 : « Die geiſtigen Umriſſe einer Cultur-epoche geben vielleicht für jedes Auge ein verſchiedenes Bild, und wenn es ſich vollends um eine Civiliſation handelt, welche als nächſte Mutter der unſrigen noch jetzt fortwirkt, ſo muß ſich das ſubjektive Urtheilen und Empfinden jeden Augenblick beim Darſteller wie beim Leſer einmiſchen. Auf dem weiten Meere in welches wir uns hinauswagen, ſind der möglichen Wege und Richtungen viele, und leicht könnten dieſelben Studien, welche für dieſe Arbeit gemacht wurden, unter den Händen eines Andern nicht nur eine ganz andere Benützung und Behandlung erfahren, ſondern auch zu weſentlich verſchiedenen Schlüſſen Anlaß geben ».

aussi péjorative »[1], affirme-t-il. Ainsi, pour ce qui concerne les questions au cœur du présent ouvrage, l'interprétation doctrinale de Kennedy se fait au service d'une critique orientée, par exemple lorsqu'il dit que

> François de Meyronnes *laisse entendre* que Dieu peut à tout moment décider que les événements futurs seront différents de ce que Dieu a déterminé de toute éternité [...]. *Si* François veut simplement dire que Dieu, de toute éternité, aurait pu vouloir que ces événements futurs contingents fussent différents de ce qu'ils seront, nous ne remettrions pas en cause sa position. Mais il *semble* que François soutenait plus que cela... ;
>
> [Guillaume de Rubió] *semble* dire que la connaissance qu'a Dieu des âmes sauvées et damnées pourrait changer non seulement jusqu'au moment de leur salut ou de leur damnation mais même après[2].

Laissant de côté la question de savoir si, philosophiquement ou même théologiquement, la « contingence radicale » est une étiquette péjorative, je tracerai dans ce livre une nouvelle perspective aux termes de laquelle le XIV^e^ siècle pourra aussi être considéré à bon droit comme une époque de déterminisme radical. Une recherche rapide sur Google révèle que de nombreux chercheurs éminents ont usé de l'expression « contingence radicale » pour caractériser certains aspects de la pensée du XIV^e^ siècle : Luca Bianchi, Joël Biard, Lambert-Marie de Rijk, André Goddu, Simo Knuuttila, Alister E. McGrath, Francis Oakley, Claude Panaccio, Sylvain Piron, Eugenio Randi, Philipp W. Rosemann, James A. Weisheipl et ainsi de suite. La meilleure illustration de cet usage réside peut-être dans le titre et le sujet de l'ouvrage d'Hester Goodenough Gelber : *It Could Have Been Otherwise : Contingency and Necessity in Dominican Theology at Oxford, 1300-1350*, Leyde, E.J. Brill, 2004[3]. Je ne cherche aucunement à remettre en question l'usage de l'expression « contingence radicale » pour qualifier la philosophie et la théologie du XIV^e^ siècle. Cependant, comme les auteurs susmentionnés l'ont noté à plusieurs reprises, la pensée du XIV^e^ siècle était loin d'être monolithique. Le présent ouvrage s'efforce seulement d'attirer l'attention du lecteur sur la tendance opposée du

1. Kennedy (1983a), p. 57. Concernant Jean de Mirecourt et Nicolas d'Autrécourt, Trapp (1957), p. 147, préfère attribuer leur censure à leur fidéisme, censure dont il considère qui plus est qu'elle est fondée une erreur.

2. Kennedy (1990), p. 210-211. Kennedy fut critiqué pour avoir sorti certains mots de leur contexte, les avoir combinés et en avoir tiré des affirmations, comme les commissions qui censurèrent les théologiens au XIV^e^ siècle.

3. Voir la Bibliographie pour des études sur la nécessité et la contingence au XIV^e^ siècle, notamment, en français, les œuvres de Genest et Michon.

XIVe siècle, le « déterminisme radical », à travers les lunettes d'un penseur lui aussi radical, Pierre Ceffons.

Le vendredi 13 février 2015, Pasquale Porro me demanda si j'accepterais de prononcer les « Conférences Pierre Abélard » annuelles au printemps 2016 à l'Université Paris Sorbonne (Paris-IV, maintenant Sorbonne Université). Il souhaitait que je présente une variation sur un thème sur lequel nous avions travaillé pour préparer un projet concernant le statut modal du passé. Il suggéra le titre « Retour vers le futur (dans le Moyen Âge) », en espérant qu'un jour nous pourrions produire un livre en anglais dont le titre ferait allusion à un film sorti lorsque nous étions tous deux étudiants de premier cycle. J'étais terrifié à l'idée d'occuper la Chaire Pierre Abélard en 2016. Depuis 1995, j'enseigne en grec à Nicosie à la Faculté des Lettres de l'Université de Chypre, où je suis actuellement doyen, et je sais ce que cela signifie d'être le représentant officiel d'une culture tout en massacrant constamment sa langue. Néanmoins, parce que je vivais à Paris à l'époque, travaillant à l'IRHT du CNRS dans le cadre du projet ERC-THESIS de Monica Brînzei, j'avais plusieurs raisons d'accepter l'invitation de Pasquale : j'aurais l'occasion d'améliorer mon français médiocre et de publier les résultats de ma participation au projet THESIS. J'ai donc accepté et je remercie Pasquale Porro et Monica Brînzei d'avoir rendu cela possible.

Le projet THESIS porte sur les questions sur les *Sentences* dans la période 1350-1450, et l'une de mes tâches au sein de ce projet était d'explorer les œuvres du cistercien Pierre Ceffons. Bien que Ceffons ait écrit l'une des plus longues études du statut modal du passé, il a également discuté de manière plus générale le problème de la nécessité et de la contingence, à la fois pour le présent et pour le futur. J'ai donc décidé de donner trois conférences sous un titre général un peu lourd « Le statut de la philosophie occidentale au temps de la peste noire : Pierre Ceffons sur la mutabilité du passé, le déterminisme du présent et la contingence du futur ». J'ai écrit les conférences en anglais, puis Ana Irimescu, qui était également membre de l'équipe de THESIS, a traduit les conférences en français. Ana et moi nous sommes rencontrés à quelques reprises dans les semaines qui ont précédé les conférences pour que j'entraîne ma prononciation et en corrige les défauts et, tout compte fait, j'ai probablement répété 15 fois chacune de ces conférences de 75 minutes. Je remercie Ana pour sa patience : la moitié du français que ce livre contient lui appartient.

Entre le 12 et le 14 mai 2016, j'ai prononcé ces conférences en leur donnant pour titre les questions suivantes, dans l'ordre chronologique : « Y a-t-il eu des auteurs scolastiques pour soutenir que Dieu pouvait défaire le passé ? » le jeudi, « Y a-t-il vraiment de la contingence dans l'univers ? » le vendredi et « Le futur connu est-il vraiment contingent ? » le samedi. Des circonstances personnelles difficiles et une pneumonie n'y étaient pas favorables. Cependant, à l'aide de pastilles contre la toux, je donnai le meilleur de moi-même pendant les conférences et Nicolas Faucher me gratifia ensuite d'un des plus beaux compliments que j'eusse pu espérer : « C'était la conférence en français la plus claire que j'aie jamais entendue… *de la part de quelqu'un qui parle avec un accent* ». Pour punition de ses paroles aimables, Nicolas s'est vu attribuer la responsabilité d'une lecture finale de ce livre et je le remercie vivement pour ses efforts et ses peines. Monica Brînzei, Sarah Novak et Sophie Serra en ont mené à bien la traduction française et je les remercie également.

Je voudrais également exprimer ma gratitude envers les collègues de l'IRHT que j'ai connus au fil des années, ses directeurs successifs, Nicole Bériou et François Bougard, et les membres de la Section latine et de la Section diplomatique, en particulier Caroline Heid, qui contribua à me donner l'accès à de meilleures reproductions de Troyes, Médiathèque Jacques Chirac, MS 62. La British Library, la Bibliothèque générale de Philosophie et Lettres de l'Université de Liège, la Bibliothèque nationale de France et la Médiathèque Jacques Chirac m'ont également donné accès à leurs autres manuscrits des œuvres de Pierre Ceffons.

Les trois conférences dont j'ai parlé demeurent le cœur de ce livre, bien que j'en aie modifié les titres. J'ai ajouté un premier chapitre sur la vie et l'œuvre de Pierre Ceffons, car les recherches sur Ceffons ont beaucoup évolué depuis la bio-bibliographie de Damasus Trapp de 1957[1]. J'ai également divisé la troisième conférence en deux chapitres, l'un sur la connaissance divine des futurs contingents et l'autre sur la prédestination. La majeure partie de la transcription originale des distinctions 38-41 des questions de Ceffons sur le livre I des *Sentences*, utilisée dans les chapitres IV et V, a été réalisée par Hubert Alisade ; Hubert, Hans Kraml et moi-même préparons un volume contenant l'édition du matériau correspondant aux distinctions 35-48.

1. Trapp (1957).

Il est juste que ce livre soit écrit en français, adapté de conférences données à la Sorbonne et publié par Vrin à Paris. Pierre Ceffons était aussi français qu'on peut l'être. En dehors de brefs séjours à Cîteaux, Savigny et Clairvaux, il semble avoir passé la plus grande partie de sa carrière académique à Paris, principalement entre les murs des Bernardins. Les fondements de l'exégèse moderne sur Pierre Ceffons ont été posés par un Polonais, Konstanty Michalski, un Allemand, Damasus Trapp, et un Américain, John Murdoch, que j'ai eu l'honneur de rencontrer personnellement. Pourtant, par ce livre, je voudrais dire mon estime pour l'érudition d'un collègue français qui, avec son ami Zenon Kałuża, m'a constamment soutenu au début de ma carrière par ses encouragements et l'afflux régulier de livres et de tirés à part en provenance de Paris : Jean-François Genest, anciennement de l'IRHT. Presque tout ce que je dis dans ce livre est lié d'une façon ou d'une autre aux recherches de Jean-François Genest, autorité non seulement sur les manuscrits et les idées de Pierre Ceffons mais aussi sur le statut modal du passé, du présent et du futur au milieu du XIV^e^ siècle [1].

Paris, le 7 juillet 2018

1. Voir le chap. premier, n. 3 p. 30, pour la synthèse de Genest (2008), p. 91-95, sur Pierre Ceffons.

CHAPITRE PREMIER

# PIERRE CEFFONS UN PENSEUR RADICAL

L'Académie des Inscriptions et Belles-Lettres avait confié à André Vernet la rédaction de l'entrée « Pierre de Ceffons » qui devait figurer dans l'*Histoire littéraire de la France*, mais il disparut malheureusement en 1999 sans avoir pu mener à bien cette mission [1]. Le manque de ressources biographiques disponibles en français sur Pierre Ceffons nous invite donc à fournir tout d'abord quelques éléments sur sa vie et son œuvre. Et si l'on ne peut plus, à l'heure actuelle, déplorer que « Pierre Ceffons de Clairvaux – *Petrus de Ceffons Clarevallensis* » demeure un auteur « pratiquement oublié de l'Histoire », pour autant, comme Damasus Trapp l'indique fort justement au début de son article pionnier de 1957, « il mériterait bien un petit autel à sa gloire dans le panthéon de l'histoire, tant sa production textuelle est vaste, riche et importante » [2].

1. Leclant (1991), p. 173, a souligné que la découverte d'une partie de la correspondance de Ceffons à Londres (dans le manuscrit Harley 2667 de la British Library) retarda cette entreprise, puisque Vernet devait prendre en compte certaines nouvelles informations, par exemple sur la peste noire et « sur la vie quotidienne des maîtres et des étudiants parisiens ». Leclant (1992), p. 72, relata l'année suivante que « la Commission rencontre beaucoup de difficultés pour trouver des collaborateurs » et « manque de moyens pour poursuivre la publication » de l'entrée « Pierre de Ceffons ». Remarquons par ailleurs qu'un siècle auparavant, en 1899, Léopold Delisle (1899), p. 178-180, avait déjà souligné la nécessité d'incorporer à l'*Histoire littéraire de la France* une entrée dédiée à l'auteur – anonyme pour lui, car il ignorait l'identité de Ceffons – de la correspondance dans le manuscrit Saint-Omer, Bibliothèque d'Agglomération de Saint-Omer, 676. À ce sujet, voir Schabel (2018a), p. 150-153.

2. Trapp (1957), p. 101.

## La jeunesse de Pierre Ceffons

S'agissant de notre connaissance de la vie, des travaux et des idées de Ceffons, nous sommes aujourd'hui en mesure de compléter substantiellement les données collectées par Trapp (dont le travail remarquable mérite d'être salué), puisque celles-ci se limitaient à ce qu'il avait pu rassembler lors de sa brève consultation des manuscrits de Ceffons conservés à la Bibliothèque municipale de Troyes (désormais la Médiathèque Jacques Chirac) et de microfilms parcellaires [1]. La carrière de Ceffons atteignit son point culminant alors qu'il était bachelier sententiaire cistercien à l'université de Paris, au temps de la peste noire en 1348-1349 (il a d'ailleurs consacré une question aux causes de ce fléau) [2]. Si l'on fait l'hypothèse que son *curriculum vitae* a peu ou prou été le même que celui de ses contemporains, Pierre Ceffons naquit donc probablement dans les années 1310 [3].

Les colophons des livres I et III dans le seul manuscrit dont nous disposions des questions sur les *Sentences* de Ceffons (Troyes 62) attribuent ce travail à un « Petrus de Ceffons » (et non « Ceffona »). On retrouve le même nom dans l'explicit du *Centilogium* contenu dans le manuscrit Troyes 930 [4]. Le toponyme le plus proche de « Ceffons » semble être le village de Ceffonds, en Haute-Marne, et deux éléments viennent étayer cette identification. Tout d'abord, dans le *principium* du livre IV, Ceffons mentionne son « ami de cœur » et « compatriote » « *Magister Iohannes de Alba Petra* » [5], c'est-à-dire d'Aubepierre. Certains documents

1. Trapp (1957), n. 2 p. 101.

2. En ce qui concerne cette question, mentionnée par Trapp (1957), n. 2 p. 101, voir l'édition et la discussion dans Schabel et Pedersen (2014).

3. Trapp (1957), p. 103, mentionne qu'une note dans le manuscrit Troyes, Médiathèque Jacques Chirac, 1785 (f. 285vb), contenant le *Manipulus florum* de Thomas d'Irlande, relate le fait qu'un « frère Pierre Ceffons » l'a fait copier alors qu'il était étudiant à Paris. Puisque ce manuscrit fut achevé le mercredi après le Dimanche des Rameaux 1312 (c'est-à-dire le 11 avril 1313 selon notre calendrier), Amos Corbini (2012), p. 551-552 et suivantes, en a déduit que Ceffons était né bien avant 1300, ce qui lui donnerait une cinquantaine d'années au moment de commencer ses *lectiones* des *Sentences*. Néanmoins, dans la note, le nom du commanditaire de cette copie a été effacé et remplacé par « Petri de Ceffons » par une main ressemblante mais cependant distincte. Cela ne saurait donc constituer une preuve du fait que Pierre ait été étudiant à Paris en 1313.

4. Troyes, Médiathèque Jacques Chirac, 62, f. 82vb et 206rb, et 930, f. 67ra.

5. Troyes 62, f. 207va. Pour une raison indéterminée, et bien qu'il ait traduit correctement « Albapetra » par « Aubepierre », Trapp a voulu rapprocher ce nom des toponymes

papaux révèlent que ce maître Jean d'Aubepierre était Jean Charel d'Aubepierre du collège de Navarre, que l'on trouve mentionné pour la première fois en tant que clerc du diocèse de Langres [1]. Aubepierre renvoie donc certainement à Aubepierre-sur-Aube, en Haute-Marne, à 30 kilomètres à l'ouest de Langres et à une soixantaine de kilomètres au sud de Ceffonds. Dans le même *principium* du livre IV, Ceffons appelle aussi saint Bernard son « compatriote », or Bernard est né à Fontaine-lès-Dijon, à 60 kilomètres au sud de Langres et 125 kilomètres au sud de Ceffonds [2]. D'autre part, la plupart des références contemporaines à notre cistercien le désignent sous le nom de « Pierre de Clairvaux » ou « Pierre le moine de l'abbaye de Clairvaux », abbaye qui ne se trouve qu'à quelques heures de marche de Ceffonds. Enfin, il suffit également de quelques heures pour aller à pied de Ceffonds à Troyes, où sont conservés la plupart des témoins manuscrits des travaux de Ceffons.

Le fait que Pierre Ceffons soit devenu cistercien et se soit trouvé à Clairvaux indique qu'il devait appartenir à l'aristocratie. Ceffons était très attaché à son abbaye d'origine et en devint un administrateur de premier plan. Ainsi, en 1352, il représenta l'abbé de Clairvaux lors d'une visite de l'abbaye de Savigny aux côtés de l'abbé Jean de Fontaine-Daniel, avec lequel il écrivit à cette occasion de nouveaux statuts pour Savigny [3]. Pourtant, la liste des abbés de Clairvaux indique que, contrairement à une idée reçue propagée par Friedrich Stegmüller et bien d'autres (au nombre desquels nous figurons) [4], Pierre n'a jamais exercé ces fonctions. Il a probablement d'abord été formé à l'abbaye de Clairvaux elle-même, aux côtés de 300 autres jeunes garçons, ensuite de quoi il poursuivit des études supérieures au collège des Bernardins à Paris.

« Aupec » ou « Hautepierre » et fut par conséquent déconcerté de réaliser qu'aucun de ces lieux ne se trouve près de Ceffonds.

1. Courtenay (2002), p. 216 et p. 334; Courtenay et Goddard (2004), p. 504-505, p. 520-521, p. 528-529 et p. 547.

2. Troyes 62, f. 210va : « Ad beatum Bernardum, dico quod numquam ipse esset contra me, quia ego sum compatriota suus, et fuit de Claravalle ».

3. Pierre Ceffons, *Epistolae diversae*, Harley 2667, f. 141rb-142ra : « [A]nno Domini M$^{o}$ CCC$^{mo}$ LII$^{o}$, dies illa etc. Nos, frater Iohannes, abbas Fontis Danielis, una cum religioso fratre dicto Petro de Ssessons, sacre theologie bachalario, monacho, et commissario reverendi patris ac domini domini abbatis Clarevallis, abbatiam Savigniaci filiam immediatam predicti domini vice et auctoritate [141va] eiusdem visitantes, infra scripta ibidem staturus que precipimus ab omnibus irrefragabiliter custodiri... ».

4. Stegmüller (1947), t. 1, p. 321 ; Schabel (2003), p. 508.

Durant ses années étudiantes, il semble que Pierre ait compilé deux florilèges : les *Flores Boethii de consolatione* et les *Flores diversorum auctorum et philosophorum*, conservés dans le manuscrit 930 de Troyes. On sait également qu'il possédait la copie du *Manipulus florum* de Thomas d'Irlande conservée dans le manuscrit 1785 de Troyes. Nous savons combien Pierre était avide de nouvelles connaissances – et adorait les afficher – sur les auteurs classiques, la patristique, mais aussi les travaux les plus récents en littérature, histoire, droit, philosophie, science et, bien sûr, théologie. On ne doit pas considérer que c'est en composant ces deux *florilegia* qu'il a acquis cette vaste érudition ; ces textes reflètent plutôt ses années d'apprentissage de jeunesse. La plus longue de ces deux compilations est une collection de citations issues uniquement du *De consolatione Philosophiae* de Boèce, classées par ordre alphabétique selon le thème abordé [1]. L'autre recueil, au sein duquel les citations elles-mêmes sont classées par ordre alphabétique, est trois fois moins long et ne présente qu'à peine 500 entrées, dont la majorité sont issues d'Aristote (le reste étant issu d'autres sources scolastiques classiques) [2]. Le *Manipulus florum* est bien sûr beaucoup plus long et plus varié, mais il semble que le florilège de Thomas d'Irlande ne présente pas la même hauteur ni la même profondeur que la culture savante de Ceffons [3] – qui, d'ailleurs,

1. Pierre Ceffons, *Flores Boethii de consolatione*, Troyes, Médiathèque Jacques Chirac, 930, f. 115ra-134ra.

2. Pierre Ceffons, *Flores diversorum auctorum et philosophorum*, Troyes 930, f. 134rb-140vb (les folios 136 and 137 ont été inversés au moment de la reliure). La collection contient 92 citations issues de 19 ouvrages non écrits par Aristote, et 427 provenant de 25 textes du Philosophe. Pour les citations aristotéliciennes : *Metaphysica* 84 ; *Animalia* 69 ; *Physica* 64 ; *Topica* 36 ; *De caelo et mundo* 26 ; *De anima* 21 ; *De sensu et sensato* 17 ; *Politica* 17 ; *Rhetorica* 16 ; *Sophistici elenchi* 14 ; *Meteorologica* 12 ; *Ethica* 11 ; *De generatione et corruptione* 8 ; *Posteriora* 6 ; *Poetica* 5 ; *De somno et vigilia* 5 ; *De causa longitudinis et brevitatis vitae* 4 ; *De morte et vita* 3 ; *Oeconomica* 2 ; *De iuventute et senectute* 2 ; et une citation de chacun des ouvrages suivants : *Peryermenias*, *De respiratione*, *De memoria*, *Priora*, et *Praedicamenta*. Pour les sources non aristotéliciennes : trois ouvrages de Sénèque (*Epistolae ad Lucillum* 26 ; *De forma vitae* 4 ; *De beneficiis* 1) ; du pseudo-Sénèque (*Epistola ad Paulum* 8 ; *De moribus* 3) ; du pseudo-Aristote (*Epistola ad Alexandrum* 6) ; trois ouvrages d'Averroès (*De substantia orbis* 3 ; *super De somno et vigilia* 1, et *super Metaphysicam* 1) ; deux de Boèce (*De consolatione* 11 et *De disciplina scolarium* 2) ; de Gilles de Rome (*De regimine principium* 13) ; d'Alfred de Sareshel (*De motu cordis* 3) ; de Platon (*Timaeus* 3) ; *Auctor sex principiorum* 2 ; *Liber Porphyrii* 2 ; *Priscianus Maior* 1 ; *Liber de causis* 1 ; de Cicéron (*Amicitia* 1). Nous n'avons pas encore pu déterminer quelles traductions d'Aristote ont été utilisées par Ceffons.

3. Afin de vérifier cette hypothèse, nous nous devrons intégrer à l'édition électronique du *Manipulus florum* davantage de citations de textes non scolastiques par Ceffons : http ://web.wlu.ca/history/cnighman/index.html.

cite beaucoup de textes rédigés après la compilation du *Manipulus florum*. Durant les nombreuses années consacrées à la préparation de ses *lectiones* sur les *Sentences*, Ceffons ne s'est pas contenté d'acquérir un vernis d'érudition au moyen de ces *florilegia* ; il a su développer une profonde familiarité avec une surprenante diversité de textes, allant du *Roman de la Rose* à une prévision astrologique faite par Gersonide [1]. De la même manière que les universités et les écoles des ordres mendiants, l'ordre cistercien a offert à Ceffons la possibilité de recevoir une formation approfondie dans de nombreux et larges domaines des arts libéraux, de la philosophie et des sciences aristotéliciennes, du droit canon et, bien sûr, de la théologie biblique, pastorale et philosophique.

Le style très personnel de Pierre Ceffons nous permet de comprendre, à travers plusieurs passages de ses travaux et de sa correspondance, qu'avant de devenir bachelier sententiaire cistercien à l'automne 1348, il avait déjà longtemps enseigné la philosophie au *studium* parisien de son ordre. Dans une lettre de 1353 environ, adressée à son ami bénédictin Pierre Ameilh, Ceffons remarque ainsi : « De plus, vous me demandez de rassembler en un seul *compendium* que je vous enverrai tous les *principia* que j'ai faits, que ce soit en philosophie ou en théologie en introduisant (*recommendando*) les *Sentences*, et tous les sermons que j'ai composés » [2]. À cette époque, il était commun dans les universités de débuter une série de *lectiones* par des discours conçus comme des sermons et dédiés à l'éloge de l'ouvrage ou du sujet de ces *lectiones*. Le fait que Ceffons mentionne ces *principia* – « débuts », car ils ouvraient les *lectiones* – montre que les moines et les frères mendiants suivaient à l'époque l'usage des clercs séculiers à l'université qui prononçaient ces discours en ouverture de leurs *lectiones* artiennes, même si eux-mêmes n'étaient pas liés à la faculté des arts à proprement parler. Un bon exemple de cette pratique est le *principium* prononcé par Pierre d'Ailly avant ses *lectiones* sur le

1. Voir Badel (1980), p. 165-172 et McWebb (2007), p. 15, p. 26, et p. 43 pour le *Roman de la Rose*, et Schabel et Pedersen (2014), p. 150-154 et p. 170-176 pour Gersonide. Trapp (1957), n. 2 p. 101 et n. 3 102, avait mentionné ces passages.

2. Pierre Ceffons, *Epistolae diversae*, Harley 2667, f. 131vb, et Saint-Omer, Bibliothèque d'Agglomération de Saint-Omer, 676, f. 61v : « Petitis insuper ut omnia principia que feci sive in philosophia vel theologia recommendando Sententias et omnes sermones quos composui [copulavi Saint-Omer] in unum redigam compendium vobis destinenda ». Pierre Ameilh était alors au service du cardinal Gui de Boulogne et il devint par la suite lui-même abbé, archevêque et cardinal ; voir Bresc (1972), Jugie (1987), p. 113-114 et Schabel (2018a), p. 151-153.

*De consolatione Philosophiae* de Boèce lorsqu'il devint maître ès arts en 1370[1].

Grâce à cette lettre de Pierre Ceffons à Pierre Ameilh, nous savons donc non seulement que Ceffons a composé plusieurs *principia* en philosophie, mais également que ceux-ci ont circulé. Il est possible que certains de ces *principia* soient conservés dans les manuscrits 189, 398 et 530 de la Bibliothèque publique de Bruges, qui proviennent de l'abbaye cistercienne de Ter Doest. Nous savons qu'au XVe siècle, en dehors de Troyes et de la bibliothèque papale en Avignon[2], les abbayes cisterciennes de Clairmarais et Aulne possédaient certains manuscrits de Ceffons, de même que la bibliothèque des chanoines réguliers de Saint-Martin à Louvain et celle de la Collégiale Sainte-Croix à Liège – toutes situées dans le même périmètre entre Saint-Omer et Liège, comme l'est aussi Ter Doest[3]. Jean-François Genest a su mettre en évidence le lien entre les manuscrits 189, 398 et 530 de Bruges et une source commune présente au collège des Bernardins au milieu du XIVe siècle (peut-être Guillaume Chapelle). Le codex 189 contient des extraits des questions sur les *Sentences* des oxoniens Richard FitzRalph, Robert Holcot, Richard Kilvington, Alexandre Langeley, Thomas Bradwardine et Thomas Buckingham, et des parisiens Grégoire de Rimini, Jean de Mirecourt et Hugolin d'Orvieto, qui ont tous eu une influence sur les questions sur les *Sentences* de Ceffons – le dernier sententiaire, Hugolin, étant le *socius* augustinien de Ceffons lui-même. Le codex 530 contient des fragments scientifiques, notamment des extraits de Nicole Oresme, un autre des

1. En ce qui concerne la datation et les études à ce sujet, voir Schabel (2019a); le *principium* (et la question 1) est édité dans Pierre d'Ailly, *Tractatus super De consolatione philosophiae*, éd. M. Chappuis, Amsterdam, G.B. Grüner, 1988, p. 1*-13*.

2. Pour les manuscrits de Ceffons conservés à Troyes, voir Vernet, Bouhot, et Genest (1997), p. 539-545. Nous sommes à présent en mesure d'identifier le manuscrit Paris, Bibliothèque nationale de France, lat. 3315 (voir http://archivesetmanuscrits.bnf.fr/ark:/12148/cc611993) à celui de la bibliothèque papale d'Avignon auparavant enregistré dans les catalogues de Faucon (1887), p. 149 no. 1080, et de Pommerol et Monfrin (1991), p. 135 no. 5, 609 no. 1326, 732 no. 415, et 754 no. 124.

3. Le manuscript de Clairmarais, où nous avons identifié la correspondance de Ceffons dans Schabel (2018a), p. 150, est à present Saint-Omer 676; Delisle (1899) et Staats, Heid, Nebbiai, et Stirnemann (2006), p. 156-158. Il est très probable que le manuscript d'Aulne ait été brûlé durant la Révolution; Sanderus (1643), p. 251, et Visch (1656), p. 266a-b. Le manuscript de Saint-Martin est maintenant Harley 2667 : Lourdaux et Haverals (1978), p. 639-650 et (1982), p. 36-37. Celui de Liège est à present à l'Université de Liège, Bibliothèque Générale de Philosophie et Lettres sous le numéro 185, identifié comme un manuscrit de Ceffons dans Schabel (2018a), p. 143; Grandjean (1875), p. 215-216 no. 340, et le mise à jour de Grandjean : http ://www.cicweb.be/nl/manuscrit.php ?id=766&idi=27.

auteurs favoris de Ceffons. Étant donnés le vocabulaire, les citations et l'humour que l'on trouve dans les *principia* artiens de ces manuscrits, il semble fort probable que certains d'entre eux puissent être attribués à Ceffons, même si une étude plus approfondie reste requise [1].

La plupart des informations dont nous disposons au sujet de Pierre Ceffons proviennent de ses écrits dont l'authenticité est incontestable, et les seules références claires dans ses travaux nous invitent à dater ses activités d'écriture entre 1348 et 1353. Il nous a ainsi légué des questions sur les *Sentences*, le *Confessionale Petri*, le *Sermo in capitulo generali*, l'*Epistola Luciferi*, le *Centilogium*, le *Parvum Decretum*, et plusieurs lettres. À bien des égards, chacun de ces textes révèle Pierre Ceffons sous les traits d'un penseur radical.

## LA *LECTURA* SUR LES *SENTENCES* DE PIERRE CEFFONS

Pierre Ceffons avait déjà donné des *lectiones* sur la Bible, probablement aux Bernardins, et l'on devine donc qu'il avait également déjà lu les *Sentences* – peut-être ailleurs [2] – lorsque l'ordre cistercien lui confia la tâche de proposer des *lectiones* de théologie systématique pour l'année académique 1348-1349 aux Bernardins, leur monastère situé au cœur de la vie intellectuelle de la chrétienté, à l'université de Paris. Chaque année, une dizaine de bacheliers en théologie proposaient simultanément des *lectiones* suivant assez librement la structure des quatre livres des *Sentences*, le manuel de théologie composé au milieu du XIIe siècle par Pierre Lombard, avant qu'il ne devienne évêque de Paris. Tous les ans, les principaux ordres monastiques et mendiants (ermites de Saint-Augustin,

1. Voir Genest (1998) et les textes édités p. 203-218. Bien que Genest n'établisse pas de lien entre les manuscrits et Ceffons, ce dernier est évoqué dans les notes n. 11 p. 194 (Oresme), et n. 30 p. 198 (*Sermo finalis*). Genest remarque, p. 202, que « André Vernet, à qui nous avions communiqué un bref échantillon de ces textes, y retrouvait une verve semblable à celle qui animait, quelques années plus tôt, les *epistolae jocosae* d'un autre pensionnaire du collège, Pierre de Ceffons ». Au sujet de ces *epistolae jocosae*, voir Schabel (2018a), p. 161-163. Les manuscrits de Bruges contiennent également des sermons présentant l'éloge du lecteur par un universitaire plus chevronné le *promotor*, et l'un de ces sermons évoque un *dominus Petrus* (p. 209), peut-être Ceffons.

2. Voir Corbini (2012) pour une vue d'ensemble du système éducatif cistercien à cette époque. Trapp (1957), p. 119, cite un extrait du *Centilogium* montrant que si 300 jeunes garçons faisaient leurs lettres à l'époque où Ceffons était enfant, on n'en trouvait plus que 200 en 1352; avant (n. 1 p. 101) Trapp faisait l'hypothèse que cette référence concernait l'école de grammaire de Clairvaux.

carmélites, dominicains, franciscains, bénédictins, cisterciens) envoyaient à Paris la fine fleur de leur système d'éducation pyramidale afin que ceux-ci, avec les *socii* des collèges séculiers de théologie les plus en vue (la Sorbonne et le collège de Navarre) ainsi que deux à quatre autres théologiens réguliers ou séculiers, dispensent durant l'année académique des *lectiones* sur les *Sentences* [1].

Au XIII<sup>e</sup> siècle, les *principia* sur les *Sentences* étaient de simples discours sous la forme de sermons à la louange de la théologie, de Pierre Lombard ou de son texte, mais à partir des années 1310, les bacheliers lisant les *Sentences* commencèrent à les agrémenter de longues questions au sein desquelles ils débattaient avec leurs compagnons *sententiarii*. À l'époque de Ceffons, le début de l'année académique parisienne était marqué par les prestations de cette dizaine de bacheliers qui tour à tour devaient prononcer leurs discours et défendre une thèse qu'ils avaient diffusée par écrit auparavant. En présence de toute la faculté – et probablement d'un public élargi – les bacheliers devaient non seulement défendre leurs propres thèses, mais également attaquer celles des autres. Étant donné que chaque bachelier présentait son premier *principium* lors d'une journée qui y était consacré, la période durant laquelle la faculté de théologie était presque exclusivement occupée par ces *principia* introductifs – c'est-à-dire l'ensemble des discours et des questions – courait de mi-septembre au début du mois d'octobre. C'est ensuite seulement que les cours normaux commençaient, c'est-à-dire dans ce cas les lectures du livre I des *Sentences*. Ces exercices publics se répétaient à nouveau en janvier, mars et mai, avant que les bacheliers ne commencent leurs *lectiones* sur les trois autres livres des *Sentences* – lectures qui avaient lieu cette fois-ci devant un comité plus restreint d'étudiants en théologie.

Le discours de Pierre Ceffons jeta le trouble dès sa première lettre : « O ». Plutôt que de choisir une phrase biblique entière comme *thema* de son premier « sermon » principiel servant d'ouverture à ses *lectiones* sur les *Sentences*, Pierre opta en effet pour une lettre, « O », issue de l'Apocalypse, qui lui servit à exprimer son effroi devant l'immensité de la tâche à accomplir et son inquiétude au sujet de la fin, de l'Omega, du *telos* – tout en lui permettant de laisser libre cours à son espièglerie. Ceffons remarque ailleurs qu'il fut critiqué pour le choix de son *thema*, puisqu'une

1. Les *principia* font l'objet du projet ERC "DEBATE" mené par Monica Brînzei ; voir Duba et Brînzei (2019) pour une première vue d'ensemble, en complement des judicieuses remarques dans Trapp (1956), p. 269-272, et, en ce qui concerne particulièrement Ceffons, Trapp (1957), p. 104-109. En ce qui concerne la durée d'un an, voir Duba et Schabel (2017) et les études citées ici.

phrase entière était habituellement choisie comme *thema*, et non un simple mot, une syllabe, et encore moins une lettre [1]. Le manuscrit 930 de Troyes conserve également l'un des rares *sermones finales* de la fin de l'année académique, dans lequel il était attendu que le bachelier sortant présente le futur bachelier désigné par son école. Dans le cas de Ceffons, il s'agissait de Guillaume Chapelle, qu'il s'autorisa à présenter avec une moquerie de bon aloi. Ceffons employa là encore le *thema* « O » [2].

Le cœur du chapitre III du présent ouvrage s'appuie sur le matériau issu de la mise par écrit des questions principielles de Ceffons. C'est en effet là qu'il choisit de défendre la thèse radicale selon laquelle tout arrive par nécessité et rien n'arrive de manière contingente. De surcroît, en attaquant les thèses de ses *socii*, il se livra également abondamment à une critique détaillée du bachelier bénédictin Nicolas, prieur du Pecq (au Nord-Ouest de Paris), au sujet de la faillibilité non seulement du pape et de l'Église de Rome, mais aussi de l'Église dans son ensemble, quelle qu'en soit la définition retenue [3]. Les questions principielles de Ceffons, dont la longueur équivaudrait approximativement, avec les sermons, à 300 pages imprimées d'aujourd'hui, constituent un témoin précieux de la vie de la faculté de théologie de Paris en 1348-1349. De même que les (plus brefs) *principia* d'Hugolin d'Orvieto – le *socius* augustinien de Ceffons – ces questions principielles nous permettent d'identifier les dix bacheliers sententiaires de cette année académique, l'ordre exact dans lequel ils prononcèrent leurs *principia*, nombre de leurs thèses et même les termes qu'ils employèrent à cet effet [4].

Même dans le cours normal de ses enseignements sur les *Sentences* tout au long de l'année, Pierre Ceffons fut radical dans son choix de sujets, sélectionnant et jetant son dévolu sur les enjeux les plus controversés et qui faisaient l'objet des plus âpres discussions, plutôt que de s'atteler à tous les problèmes théologiques de manière systématique. Cela l'amena souvent à poursuivre les entreprises de certains de ses prédécesseurs, notamment l'augustinien Grégoire de Rimini et le cistercien Jean de Mirecourt, pour ajouter aux thèses de leurs questions sur les *Sentences* les

1. Troyes (1957), p. 107.

2. Édité dans Corbini (2012). Cela peut être considéré comme une « curiosité littéraire », comme le dit Trapp (1957), p. 106-107, mais cela provient d'un exercice oral ordinaire ; voir Duba-Schabel (2017), p. 144-146, et les études citées ici, ainsi que les parallèles avec l'art mis en lumière par Genest (1998). La *lectio* finale sur les *Sentences* possédait également certaines particularités ; voir Duba (2016).

3. Tierney (1972) ignora Ceffons.

4. Voir Schabel (2019b).

dernières innovations théologiques et philosophiques venues d'Oxford [1]. Ceffons alla même plus loin, en examinant et en adoptant souvent certaines théories de philosophie naturelle oxoniennes et parisiennes encore plus récentes (comme par exemple celles de Nicole Oresme), tandis qu'il était capable d'aborder les thèses défendues par Thomas Bradwardine dans son monumental *De causa dei* et par Rimini dans ses questions sur les *Sentences*. Ceffons ne ménagea pas sa peine pour présenter de nouvelles idées, controverses et opinions radicales, sans jamais cesser de s'opposer aux condamnations récentes de Nicolas d'Autrécourt et, surtout, de Jean de Mirecourt. Il déclara de façon grinçante combien « cette époque » était « dangereuse » pour ceux qui osaient exprimer leur opinion à l'université de Paris, par opposition à « l'autre » université, celle d'Oxford [2]. Cela nous permet d'entrevoir le fait que presque aucune des questions sur les *Sentences* de Ceffons n'est faite du petit bois habituel, et que pratiquement chacune d'entre elles présente un intérêt majeur. Pour ménager le suspense, Ceffons finit souvent par embrasser la position qu'il avait présentée en premier lieu, contrairement à l'usage habituel. Bref, il y a tout lieu de qualifier Ceffons de « radical » dans ses questions sur les *Sentences*.

La plupart des bacheliers sententiaires n'ont probablement jamais envisagé la publication de leurs questions, et sur la centaine de *Sententiarii* des années 1340, seuls six nous ont laissé des textes substantiels issus de ces *lectiones*. Pierre Ceffons a quant à lui rassemblé ses notes quelques années après ses lectures, à l'instigation de son abbé, Bernard II de Clairvaux, et probablement aussi de Pierre Sarzec, abbé de La Garde-Dieu (tous deux des théologiens cisterciens). Nous avons connaissance de cet épisode grâce à l'*Epistola introductoria* spéciale que Ceffons a jointe à la version publiée de ses questions sur les *Sentences*, et qui commence en expliquant que ses amis lui ont demandé de rassembler en un seul volume certaines des questions de théologie qu'il avait composées lors de ses *lectiones* sur les *Sentences* un peu auparavant, et qui depuis lors gisaient sous la forme de notes éparpillées aux quatre coins de sa chambre [3]. Ceffons répète dans sa correspondance privée, dans une lettre au bénédictin Pierre Ameilh, qu'un « ami » l'a instamment prié de rassembler en un seul volume toutes les questions théologiques qu'il avait écrites sur les *Sentences* et de les lui envoyer. Ceffons ajoutait alors que la tâche était

1. Voir par exemple Genest et Vignaux (1988).
2. Voir les éléments bibliographiques présentés dans la rubrique « Littérature secondaire ».
3. Pierre Ceffons, *Epistola introductoria*, dans Trapp (1957), p. 128.

rendue d'autant plus difficile qu'il avait eu beaucoup de difficultés à trouver des scribes capables de lire son écriture manuscrite sur toutes ces liasses de papiers – un commentaire qu'il formulera à plusieurs reprises [1]. L'abbé Bernard, auquel Ceffons allait dédicacer son *Confessionale Petri*, lui demanda également d'insérer certains passages des *Logicalia* à la fin de son deuxième *principium*, ce qui représente 55 colonnes de texte dans le manuscrit 62 de Troyes – c'est-à-dire l'équivalent de 175 pages de texte imprimé comme le présent ouvrage [2]. De surcroît, il semble que Bernard ait été derrière le long *dubium* (environ trente pages) « *de proportionibus* » que l'on trouve au livre II [3], et que nous puissions encore ajouter d'autres éléments à cette liste.

Ceffons a accompli cette tâche jusqu'à un certain point, mais il n'est pas allé jusqu'au bout du livre IV et n'a jamais eu l'occasion de parfaire ce qui apparaît parfois comme de simples notes qu'il aurait laissées; un manuscrit seulement témoigne aujourd'hui des efforts accomplis : Troyes 62 – bien qu'il s'agisse d'un très beau manuscrit de luxe (et non, contrairement à ce qu'en a dit Trapp, d'un « écrit particulièrement illisible ») [4]. Néanmoins, Ceffons a déjà noirci tant de parchemin que la publication totale du texte demandera environ 3000 pages.

L'essentiel des questions de Ceffons sur les *Sentences* est probablement issu des notes préparatoires à ses *lectiones* sur les *Sentences* de 1348-1349. À son époque, l'ordre dans lequel devaient être lus les quatre livres des *Sentences* avait semble-t-il changé, passant de I-IV-II-III à I-II-III-IV [5], ce qui expliquerait pourquoi, même en prenant en compte une section complémentaire qui a circulé séparément sous le titre *Parvum Decretum*, le livre IV de Ceffons est plus court que le livre III (50 colonnes contre 59,

1. Pierre Ceffons, *Litterae diversae*, Harley 2667, f. 132ra; Saint-Omer 676, f. 62r : « Occupabar satis in huiusmodi congregationibus, nam et per alium amicum meum instantissime rogatus sum ut omnes questiones theologicas quas super *Sententias* scripsi in unum redigam volumen eidem amico meo speciali mittendas, quod michi difficilius erit quam aliquod aliud supra dictum, nam vix scriptores reperire possum qui legere sufficiant tortuosos litterarum caracteres quas exaravi dudum pluribus in papiris ». Pour d'autres exemples des descriptions que fait Ceffons de son écriture manuscrite voir Trapp (1957), p. 103.

2. Pierre Ceffons, *Lectura in II Sententiarum*, Troyes 62, f. 87rb-101ra, à f. 87rb : « Quia postulas, amice dilectissime o Bernarde, ut aliqua de logicalibus in huius secundi libri *Principio* diligenter annectam, idcirco aliqua logicalia quae dudum multa velocitate composui, quae tibi in scolis non protuli, hic annecto... ».

3. Murdoch (1969), n. 5 p. 2337.

4. Trapp (1957), p. 103.

5. Au sujet de cet ordre, voir Duba et Schabel (2017) et les études citées ici.

comparées au 81 du Prologue, aux 220 du livre I et aux 334 du livre II). Le lien entre les questions de Pierre Ceffons et le texte du Lombard varie quant à lui de ténu à complètement inexistant. Dans son *Epistola introductoria*, comme l'a remarqué Trapp [1], Ceffons demande à l'abbé Bernard, à Pierre Sarzec ainsi qu'à Richard de Caravalle d'éditer son texte en replaçant les questions dans le bon ordre, en nettoyant le texte de ses scories, en ôtant les citations inutiles, etc. Il agit ainsi comme si un doctorant de notre époque rendait le premier brouillon de sa thèse et demandait à son jury de finir lui-même le travail en vue de la soutenance. Comme Trapp le résume, Bernard, Pierre et Richard semblent avoir fait bien peu. Trapp soupçonnait que le manuscrit 62 de Troyes, comme les manuscrits 859 et 930, était autographe [2], mais la chose est presque impossible. Si Ceffons dit vrai, il a confié une pile de papiers à ses trois éditeurs après avoir fait un effort minimal d'arrangement du texte, puis les éditeurs l'ont transmise à un scribe qui a dû s'en débrouiller. Ceffons ou ses éditeurs ont réussi à faire correspondre les questions du livre I aux distinctions du texte de Pierre Lombard, mais pour le livre II nous ne trouvons les mentions que des distinctions 1, 3, 4 et 5-6, suivies de références chaotiques à nouveau aux distinctions 2 et 3, après quoi nous trouvons au mieux quelques occurrences de « *circa distinctionem* » suivies d'espaces vides. Le livre III débute par la distinction 1, mais toute référence à des distinctions disparaît ensuite jusqu'au livre IV, distinction 1, qui est elle-même suivie de la question correspondant à la distinction 18 circulant séparément sous le titre *Parvum Decretum*. À un endroit au moins – distinctions 39 et 40 du livre I – les feuilles transmises par Ceffons n'étaient pas dans l'ordre, bien que seules une lecture très attentive et une note marginale assez cryptique dans le manuscrit Troyes 62 permettent de le remarquer.

Toutes les copies des questions sur les *Sentences* et toutes celles du *Parvum Decretum*, qu'elles nous soient parvenues ou aient été perdues, découlent probablement d'un *exemplar* unique réalisé à partir des notes de Ceffons. Troyes 62 est un manuscrit splendide, mais il y eut deux étapes intermédiaires entre lui et un archétype encore grossier, surchargé de notes au scribe (ou à lui-même, ou à ses éditeurs), d'objections laissées sans solutions, de solutions à des objections non encore formulées, de propositions incomplètes et de nombreuses erreurs communes, notamment d'homéoteleutes. L'édition de la distinction 18 du livre IV,

1. Trapp (1957), p. 147.
2. *Ibid.*, p. 103, p. 120-122 et p. 126.

collationnée aux côtés des manuscrits du *Parvum Decretum*, laisse entrevoir la piètre qualité du texte dans le manuscrit Troyes 62 pourtant magnifique par ailleurs, ainsi que l'existence passée d'un *exemplar* commun, basé sur les notes originelles de Ceffons[1].

Les difficultés rencontrées par Trapp tiennent sûrement au fait que le matériau est presque trop foisonnant – et souvent très original – parce que Ceffons était friand de détours au cours desquels il présentait des exemples parfaitement inattendus, des digressions sur des sujets logiques, de philosophie naturelle, de mathématiques, de géométrie, d'astrologie, d'anthropologie, de politique, de littérature, d'histoire, etc. : « le matériau est si foisonnant que sa sélection ne pourra parfois être qu'arbitraire », remarqua Trapp en 1964, « Ceffons mérite une édition »[2]. En 1984, Trapp annonça qu'il disposait d'une liste des questions et travaillait toujours par ailleurs à une étude d'ampleur, mais aucun de ces deux travaux ne fut jamais publié[3]. Il est tout de même nécessaire, pourtant, de revenir au moins sur ce que Michalski, Trapp et Murdoch ont mis en avant dans les travaux approfondis qu'ils ont menés chacun indépendamment sur les *Sentences* de Ceffons.

Écrivant en 1957, Damasus Trapp semble ne pas avoir été au fait des premières discussions philosophiques d'ampleur ayant eu lieu au sujet de Pierre Ceffons durant les trente années précédentes. Dans le domaine de la philosophie naturelle – et en particulier sur la question de la possible rotation diurne de la terre au début du livre II des questions de Ceffons sur les *Sentences* –, en 1927, Konstanty Michalski observe que « L'influence de Nicolas d'Oresme ne s'est peut-être manifestée chez aucun écrivain du XIVe siècle avec autant de force et de netteté que chez Pierre Ceffons, moine cistercien de Clairvaux et auteur d'un commentaire

1. Nous espérons proposer une édition du *Parvum Decretum*, agrémentée d'une introduction par Roberto Lambertini.

2. Trapp (1964), p. 10.

3. Trapp (1984), p. 220. Dans un ouvrage à venir, nous publierons un catalogie détaillé des questions, articles, suppositions, propositions, conclusions, *dubia* et citations présentées dans les questions sur les *Sentences* de Pierre Ceffons, un projet que Trapp avait envisagé sans avoir eu la possibilité de le réaliser. Cette étude dédiée présentera aussi une bibliographie annotée de la littérature secondaire sur Ceffons qui, si elle est relativement restreinte, est également très riche, avec les travaux de Konstanty Michalski, Julius Weinberg, Damascus Trapp, John Murdoch, William Courtenay, Francesco Bottin, Jean-François Genest, Katherine Tachau, Eugenio Randi et Luca Bianchi qui, tous, ont su trouver des pépites dans le ms Troyes 62, avant même qu'Amos Corbini ne commence à s'atteler à l'édition de fragments des *Sentences* en 2012.

sur P. Lombard »[1]. Les remarques de Michalski à ce sujet et au sujet du déni de la part de Ceffons que l'on pût prouver la finitude du monde et l'existence des intelligences célestes ont été relevées (quoique de manière un peu confuse) par George Sarton dans le volume III de sa monumentale *Introduction to the History of Science* en 1947 et, à partir de là, ont essaimé dans les études générales d'histoire des sciences, alors qu'elles passèrent plus ou moins inaperçues dans les études dédiées à Ceffons lui-même[2].

Michalski se tourna à nouveau vers Ceffons en 1937, et souligna la violente réaction de ce dernier à la condamnation de son confrère Jean de Mirecourt en 1347 :

> C'est Pierre Ceffons de Clairvaux qui, au milieu du XIV^e^ siècle a restitué l'atmosphère spirituelle de l'université de Paris après la condamnation de Jean de Mirecourt ; dans son commentaire sur les *Sentences* il revient sans cesse à l'intervention de 1347, fulminant contre ceux qui cherchent l'hérésie chez les autres non pour des raisons de doctrine mais par jalousie, parce qu'eux-mêmes ne possèdent pas un esprit créateur. C'est pourquoi le commentaire de Pierre de Ceffons, inconnu jusqu'ici [...] mérite d'être examiné de plus près. L'indignation du cistercien ne cesse de se manifester contre ceux qui ont condamné un membre de son ordre[3].
>
> Un document, jusqu'ici inconnu, jette une vive lumière sur la faculté de théologie parisienne du milieu du XIV^e^ siècle ; c'est le commentaire du cistercien Pierre de Ceffons qui expliquait Lombard visiblement aussitôt après le jugement rendu en 1347 contre le *Monachus Albus*. Nulle part plus que dans ce commentaire on ne trouve tant d'allusions au fait de 1347 ; nulle part ailleurs on ne rencontre tant d'explosions de colère contre les envieux confrères de l'Université de ce temps[4].

Damasus Trapp devait plus tard s'attarder sur l'attaque de Ceffons contre la censure et sa défense de Jean de Mirecourt, mais sans avoir connaissance des travaux antérieurs de Michalski, même si Julius R. Weinberg avait déjà mis ces éléments en lumière dans sa biographie intellectuelle de Nicolas d'Autrécourt en 1948[5]. Ce fut donc Trapp, plutôt que Michalski, qui fut la source principale des travaux qui s'intéressèrent plus tard à la censure et aux condamnations parisiennes.

1. Michalski (1928), p. 62 (et p. 57-62).

2. Pour le texte de Ceffons et la discussion sur la réception des remarques de Michalski, voir Duba, Pedersen, et Schabel (2016), en particulier p. 17-23 et p. 46-48. Mazet (2004) ne mentionne pas Michalski.

3. Michalski (1937), p. 21.

4. *Ibid.*, p. 97.

5. Weinberg (1948), p. 115.

Weinberg s'intéressait principalement à la question des probabilités, et il emprunta également sur ce sujet à Michalski une thèse qui sera au centre de notre troisième chapitre : pour Pierre Ceffons, bien qu'il n'existe pas deux vérités distinctes, l'une philosophique et l'autre théologique, de nombreuses conclusions philosophiques probables sont contraires à la foi. Ceffons aurait ainsi défendu, en particulier, l'idée selon laquelle le déterminisme est plus probable que la position contraire, orthodoxe [1]. Il est vraisemblable que Michalski ait lu Ceffons consciencieusement, car il n'était pas sans savoir que ce dernier défend le déterminisme dans chacun de ces quatre *principia*, ce qui a valu à son argumentation d'être qualifiée de sceptique et de fidéiste. Michalski remarqua également ailleurs que Ceffons était même allé jusqu'à critiquer Thomas Bradwardine (pourtant fort déterministe) pour sa proposition de démonstration du fait que Dieu n'est pas la cause du défaut moral dans le péché – bien que Ceffons se soit vigoureusement défendu de souscrire réellement à une position radicalement déterministe, en citant pour ce faire les condamnations parisiennes. Michalski en fut stupéfait : « Ce qui frappe… Ce qui frappe aussi… Nous sommes encore plus étonnés… ». Dans les deux cas, Michalski remarque que Ceffons fait usage de fictions (du moins le revendique-t-il) pour étudier certains problèmes en ayant les coudées plus franches, contrairement « aux envieux adversaires qui, n'ayant rien de nouveau à dire, accablent les autres et se drapent dans la toge de zélés défenseurs de la vérité » [2].

De son côté, si Trapp mit bien l'accent sur la défense du déterminisme par Pierre Ceffons dans ses *principia*, il insista davantage sur son protohumanisme, en prenant le parti de comprendre l'entreprise intellectuelle de Ceffons comme une adhésion à une forme de fatalisme stoïcien. Plutôt que de se concentrer sur les arguments de Ceffons eux-mêmes, Trapp se concentre sur l'aspect rhétorique :

1. Weinberg (1948), p. 116-117 et p. 121. Weinberg considérait que la position de Ceffons était si importante à ce sujet qu'il la fit figurer aux côtés de celle d'Autrécourt et de Mirecourt dans un passage de son ouvrage *A Short History of Medieval Philosophy*, Weinberg (1964), p. 283. Ceffons ne figure pas, en revanche, dans l'étude de Bianchi dans cette collection (2008), mais ce dernier lui consacre certaines analyses ailleurs (voir la bibliographie).

2. Michalski (1937), p. 97-99, avec les extraits de textes aux p. 127-129. L'une des questions auxquelles se réfère Michalski, p. 127, *Utrum causae secundae possint nos in aliquo necessitare*, également dirigée contre Bradwardine dans une perspective déterministe, a été éditée et analysée (en danois) dans Duba et Schabel (2015).

> Dès sa première apparition publique à Paris, Ceffons s'attira des inimitiés car à sa vocation de théologien il ajoutait un positionnement humaniste. Dans son premier *principium*, il mit ses *socii* au défi de lui prouver par la raison et à l'aide d'arguments logiques que le fatalisme stoïcien était faux... Son latin était éblouissant, son style d'une grande qualité poétique. Dans les salles de cours parisiennes empreintes de gravité résonnaient de longs passages de Virgile [et] d'Ovide. Il ensevelissait ses adversaires sous un déluge de références classiques et médiévales classicisantes. Hégésippe, Lucain, Valère Maxime, Pomponius, Platon, Stace, Tite Live, Orose, Eusèbe de Césarée, Cicéron, Quinte-Curce, Flavius Josèphe, Aristote, Boèce, Alain de Lille, Jean de Salisbury, tous semblaient accourir pour prêter main forte à Pierre et abasourdir les autres *socii* [1].

Tout comme l'avait fait Michalski, Trapp s'est livré à une lecture très attentive des questions de Ceffons sur les *Sentences*. Non content d'offrir un travail sur lequel se fonderaient plus tard toutes les études biographiques et bibliographiques sur Ceffons – particulièrement en ce qui concerne les autres œuvres du cistercien (voir *infra*) – Trapp s'était donné pour tâche de mettre en évidence le caractère central des questions sur les *Sentences* de Ceffons pour notre compréhension du climat intellectuel extrêmement tendu qui régnait à Paris après les condamnations d'Autrécourt et de Mirecourt. C'est tout d'abord en lien avec les textes de Grégoire de Rimini que Trapp s'intéressa au témoignage de Pierre Ceffons, mais ce dernier ne tarda pas à s'imposer à son tour à ses yeux comme un philosophe de premier plan [2]. Contrairement aux travaux de Michalski, ceux de Trapp devinrent par la suite la lecture incontournable de ceux qui entendaient poursuivre l'investigation sur Ceffons.

Le troisième père fondateur des études sur Pierre Ceffons fut John Murdoch. Dans un article de 1969 qui a fait date, Murdoch parvient à montrer l'importance capitale de l'apport de Ceffons dans la mathématisation et la géométrisation de la philosophie et de la théologie au XIV^e^ siècle. Murdoch a ainsi souligné par exemple les analyses mathématiques et géométriques que Ceffons a consacrées aux questions *de proportionibus*, ou plus encore, *de perfectione specierum*, et qui représentent l'acmé de l'usage des mathématiques en théologie auquel s'opposa le

1. Trapp (1957), p. 107. En ce qui concerne les *principia*, on pourrait encore citer Ptolémée, Solinus, Philon, Pline, et certainement d'autres encore. Ailleurs, Ceffons ajoute encore d'autres auteurs.

2. Voir Trapp (1956), p. 224-226 ; Trapp (1957), p. 128-154 (avec une édition de l'*Epistola introductoria* et un fragment de l'avant-dernière question sur le livre I), Trapp (1964) et Trapp (1984).

franciscain Jean de Ripa. Selon Murdoch, au sujet des prédécesseurs de Ceffons :

> À côté de Pierre Ceffons, ils semblent bien peu audacieux dans leur usage des mathématiques. Il fait appel à une palette étonnamment large et diverse de notions et de maximes issues de l'arithmétique et de la géométrie. Il n'est pas même nécessaire d'analyser toutes ces références pour appréhender le fait que son traitement de la notion de perfection est mathématique de bout en bout. En un mot, le cœur de son argumentation se base sur la géométrie des angles curvilignes développée au XIV^e siècle. Ceffons développe – d'une manière qui peut paraître fantaisiste – ses théories géométriques déjà étonnantes jusqu'à un niveau sans précédent, et les applique ensuite aux relations entre les *species* [1].

En effet, pour Murdoch, « Ceffons est allé plus loin que la simple application des mathématiques aux problèmes en jeu ; il a su amener les mathématiques au cœur du problème lui-même » [2], repoussant pour ainsi dire les limites de la mathématisation de l'infini.

En 1975, en analysant les deux longues questions ajoutées au début du livre II (l'une ayant pour thème « de scire et dubitare », avec un accent particulièrement mis sur les *obligationes* ; et l'autre portant sur les insolubles), Murdoch parvint à la conclusion que Ceffons ne s'était pas contenté de pousser les mathématiques à l'extrême dans un contexte théologique, mais qu'il avait fait de même pour la logique [3]. En 1978, Murdoch s'intéressa de nouveau à Ceffons à l'occasion d'un article sur la fortune des *subtilitates anglicanae* à Paris, dans lequel il compara celui-ci à Jean de Mirecourt : « Ceffons pousse ses investigations bien plus loin que Mirecourt, manifestant ainsi son goût pour l'introduction d'autant de mathématiques et de logique qu'il est possible dans l'analyse de chaque problème » [4], familiarisant en cela la communauté intellectuelle parisienne avec les thèses audacieuses de Robert Halifax, Richard FitzRalph, Roger Rosetus, Roger Swineshead, Richard Kilvington et, tout particulièrement, Thomas Bradwardine (auxquelles on pourrait encore ajouter celles de Guillaume de Heytesbury). Revenant sur ce qu'il avait précédemment avancé, Murdoch présente Ceffons comme un promoteur de l'usage de la logique dans les questions théologiques, pour lequel seuls ceux qui méconnaissent la logique peuvent douter de la pertinence de son

1. Murdoch (1969), p. 242-243. Trapp (1957), n. 2 p. 101, a souligné que le livre II des questions sur les *Sentences* de Ceffons « regorge de formules mathématiques ».

2. Murdoch (1969), p. 245.

3. Murdoch (1975), p. 279-280 et n. p. 314-317.

4. Murdoch (1978), p. 61.

usage théologique. Murdoch s'emploie par la suite à montrer tous les stratagèmes mis en place par Ceffons pour lui permettre de donner à voir ses remarquables connaissances dans les domaines de l'astronomie, de l'astrologie et de la physique dans ses *Sentences*, allant de la solution de Bradwardine au « problème de la relation entre vélocité, force et résistance » jusqu'à une question sur les mouvements uniformément difformes, en passant par « l'usage de la mathématique des rapports qu'il avait développé pour calculer les aires et les volumes des cercles, polygones, sphères, cylindres, pyramides, et même pour établir une comparaison entre la sphère de la lune et celle de la terre » [1]. Par ailleurs, dans ses notes – et indépendamment des travaux de Michalski – Murdoch attire une nouvelle fois notre attention sur la connaissance que possédait Ceffons des travaux de Nicole Oresme [2].

Pour des raisons différentes, et de diverses manières, Michalski, Trapp et Murdoch se sont tous trois accordés à décrire les questions sur les *Sentences* de Pierre Ceffons comme un travail radical et exceptionnel, et les études les plus récentes n'ont rien ôté à la pertinence de cette caractérisation [3]. En attendant que nous puissions proposer dans le futur une

1. Murdoch (1978), p. 64-67.

2. *Ibid.*, p. 78, p. 83 et p. 85. Quelques années plus tard, Murdoch (1984), p. 293, reproduisit certaines des illustrations d'éclipses issues du manuscrit Troyes 62 de Ceffons, déjà mentionnées par Trapp (1957), n. 2 p. 101. Voir maintenant Pedersen, Nothaft et Schabel (2018).

3. Voir la synthèse de Genest (2008), p. 91 et p. 93-95, sur le sujet : « Deux noms [du Collège des Bernardins] dominent le milieu du [XIV e] siècle, ceux de Jean de Mirecourt et de Pierre de Ceffons… Beaucoup plus intéressant est Pierre de Ceffons… La plus copieuse [lecture de Pierre Lombard] est celle de Pierre de Ceffons, profès de Clairvaux, qui commenta les *Sentences* au Collège durant l'année académique 1348-1349. Le texte nous en a été transmis dans un luxueux manuscrit (Troyes 62), copié quelques années plus tard. Pierre de Ceffons mentionne ses sources avec une précision toute moderne : par exemple, citant un de ses contemporains les plus célèbres, l'augustin Grégoire de Rimini qui venait d'enseigner à Paris en 1343-1344, il va jusqu'à indiquer à quel folio de son exemplaire (Troyes 151) se trouve le passage qu'il cite… Esprit non conformiste, mais qui bénéficia de la protection de son abbé, il laisse entrevoir dans sa volumineuse lecture des *Sentences* un certain scepticisme devant les querelles complexes de l'époque. L'ouvrage, pour le moment inédit, comprend cent neuf questions. Certains sont classiques, par exemple celles-ci : la théologie est-elle une science ? La science de Dieu est-elle cause des choses ? D'autres viennent de la nouvelle théologie anglaise, mais sont traitées de manière plus personnelle et plus habile que ne le faisait Jean de Mirecourt : Dieu pourrait-il faire que le monde n'ait jamais existé ? Peut-il être trompeur ou trompé ? La nécessité et la liberté sont-elles incompatibles ? Plusieurs questions enfin sont aux confins de la théologie et des sciences : Dieu peut-il créer un infini ? Un infini peut-il être plus grand qu'un autre ? Pareillement, la question : l'ange peut-il se mouvoir ? n'est qu'un prétexte à poser un problème de physique

étude plus complète (et davantage d'éditions), nous nous contenterons pour l'heure de proposer une brève description de ce matériau textuel. Chaque colonne du manuscrit 62 de Troyes équivalant à un peu plus de trois pages imprimées d'aujourd'hui, si le texte connaît un jour la fortune d'une édition complète, sa répartition sera à peu de choses près la suivante, en respectant son organisation thématique et formelle : 1) l'*Epistola introductoria*, les quatre *principia* et le *Sermo finalis* ; 2) les dix questions du *Prologus* ; 3) seize questions sur le livre II, distinctions 1-18 (ce qui constituera un épais volume, même s'il n'existe que trois questions pour les distinctions 10-18) ; 4) dix-sept questions sur le livre I, distinctions 35-48, qui contient le matériau source pour les chapitres II et IV dont il sera question plus loin dans cet ouvrage ; 5) les passages traitant de questions logiques, qui se situent entre le deuxième *principium* et le début du livre II ; 6) un nombre encore indéterminé de questions sur le livre II au sujet de la cosmologie, la création, les anges et les puissances ; 7) un nombre encore indéterminé de questions sur le livre II traitant de la volonté humaine ; 8) un nombre encore indéterminé de questions sur le livre II traitant du péché et du mérite ; 9) les dix questions sur le livre III ; 10) les sept questions sur le livre IV. Nous reproduisons ci-dessous une brève table des matières présentant les principales articulations du texte :

**Littera introductoria** : [1ra-2va] [éd. Trapp (1957)]

**Principium in primum** : Sermo [2va-3va]; Quaestio : Utrum quilibet sciat quod rationes quae circumscripta fide adduci solent ad probandum quod non omnia eveniant de necessitate omnem intellectum convincant simpliciterque demonstrent [3va-7vb]

**Prologus** : (1) Utrum sciamus Deum esse subiectum theologiae [7vb-12va]; (2) Utrum theologis liceat allegare dicta philosophorum gentilium aut etiam poetarum [12va-14rb]; (3) Utrum logica sit utilis theologis in inquisitione theologicarum veritatum [14rb-16vb]; (4) Utrum

alors vivement débattu et qui ne cessera pas de l'être jusqu'à Galilée : un corps grave se meut-il de lui-même quand il descend ? Pierre de Ceffons avait une excellente culture scientifique, il cite des savants contemporains comme Jean de Murs et Nicole Oresme et on a, d'autre part, la preuve que le Collège organisait au XIVe siècle des disputes publiques sur les problèmes d'astronomie d'un niveau élevé, comme le calcul de la parallaxe… [Pour la peste noire], Pierre de Ceffons, qui étudie alors à Paris, décrit dans ses lettres les ravages de l'épidémie et la désolation du Collège. Dans sa lecture des *Sentences* (livre II question 9), il attribue aux astres l'origine de l'épidémie et soutient, contre les tenants d'un châtiment divin surnaturel, qu'elle est naturelle, en raison de la stabilité de l'ordre établi par Dieu : “si Dieu modifiait continuellement le cours de la nature, ce serait la fin de l'astronomie et de la philosophie” conclut-il avec un bons sens très moderne ».

philosophia theologis in aliquo suffragetur [16vb-19va] (5) Utrum necesse sit quod generaliter scientiae se excedant in perfectione secundum quod subiecta [19va-24rb]; (6) Utrum theologia sit scientia [24rb-25va] (7) Utrum haec sacra doctrina sit nobis necessaria [25va-26ra]; (8) Utrum theologia sit una scientia [26ra-vb]; (9) Utrum habitus theologicus differat ab aliis non theologicis solo subiecto respectu cuius est [26vb-27ra]; (10) Utrum theologia sit practica [27ra-28ra].

**Liber I** : (1) Utrum qualibet re possimus uti [28ra-29va]; (2) Utrum Deo sit fruendum [29va-31rb]; (3) Utrum ratione naturali probari possit quod non possumus naturaliter quietari seu satiari in aliquo citra Deum [31rb-36vb]; (4) Utrum frui sit actus voluntatis [36vb-42va]; (5) Utrum Deum esse sit per se notum [42va-44vb]; (6) Utrum res sensibiles possimus cognoscere [44vb-46rb]; (7) Utrum sensatio fiat ab obiecto [46rb-47rb]; (8) Utrum de Deo possimus habere notitiam abstractivam [47rb-va]; (9) Utrum insensibilia possimus cognoscere [47va-48ra]; (9) Utrum essentia divina generet vel generetur [48ra-49ra]; (10) Utrum Deus sit necesse esse [49ra-50rb] [éd. Nannini-Schabel (2018a)]; (11) Utrum Deus sit simplex [50rb-51rb] [éd. Nannini-Schabel (2018b)]; (12) Utrum Patrem generare Filium sit aliqua entitas complexa praeter res incomplexas [51rb-52va] [éd. Nannini (2015)]; (13) Utrum sit aliqua pluralitas in divinis [52va-54vb]; (14) Utrum Spiritus Sanctus procedat per modum amoris [54vb-55rb] [éd. Schabel (2014)]; (15) Utrum Spiritus Sanctus sit caritas qua diligimus Deum et proximum [55rb-57ra]; (16) Utrum caritas, quae ponitur donum Sancti Spiritus, possit minui [57ra-58vb]; (17) Utrum ipsa futura possint sciri [58vb-59rb]; (18) Utrum Deus cognoscat alia a se [59rb-va]; (19) Utrum scientia Dei sit causa rerum [62vb-63vb]; (20) Utrum res habeant aliquod esse ab aeterno in scientia divina [64ra-vb]; (21) Utrum omnes existentes in hac vita qui finaliter salvabuntur sint praedestinati [64vb-65rb]; (22) Utrum Deus posset facere quod mundus numquam fuisset [65rb-67ra]; (23) Utrum Deus sit virtutis infinitae [67ra-68rb]; (24) Utrum Deus possit aliquem decipere seu ipse possit decipi [68rb-70ra]; (25) Utrum aliqua creatura sit infinita [70ra-71ra]; (26) Utrum claudat contradictionem infinitam lineam rectam claudi inter duo puncta [71ra-vb]; (27) Utrum unum infinitum excedat aliud [71vb-72va]; (28) Utrum Deus possit facere infinitum [72va-76vb]; (29) Utrum voluntas Dei semper impleatur [76vb-77vb]; (29) Utrum Deus velit malum [77vb-78vb]; (30) Utrum quodlibet malum sit pura carentia seu pura negatio [78vb-80rb] [éd. extrait Trapp (1957)]; (31) Utrum non esse sit ita malum sicut bonum quod privat [80rb-82vb].

**Principium in II** : Sermo [83ra-va]; Quaestio : Utrum omne aliud a Deo de necessitate producatur seu de necessitate eveniat [83vb-87rb].

**Quaestiones logicales in II** : (1) Utrum circa idem scire et opinari contingat [87rb-96rb]; (2) Utrum beatus Augustinus vel etiam Magister Petrus Lumbardus vel aliquis alius theologus fidelis per aliquod insolubile potuerit ad inconveniens deduci [96rb-101ra]

**Liber II** : (1) Utrum possit ratione naturali probari novem sphaeras esse. Quod non… [101ra-107vb] [*quaestio* éd Duba-Pedersen-Schabel (2016); *dubia* 1-9 éd Pedersen-Nothaft-Schabel (2018); *dubium* 10 éd. Schabel-Pedersen (2014)]; (2) Utrum illi qui tenent quod praeteritum possit non fuisse possint sustinere consequenter apparenter quod haec est possibilis : “ab aeterno mundus fuit” [107vb-110rb]; (3) Utrum creatura possit creare [110rb-111va]; (4) Utrum aliqua creatura possit agere in instanti vel indivisibiliter [111va-114vb]; (5) Utrum angelus possit moveri [114vb-119ra]; (6) Utrum scientia alicuius angeli illius ordinis sit res distincta ab ipso angelo [119rb-122vb]; (7) Utrum quaelibet potentia terminetur per maximum in quod potest [122vb-129ra]; (8) Utrum quilibet motus uniformiter difformis sit tantus quanta est eius aliqua pars [129ra-133rb]; (9) Utrum totum sit suae partes [133rb-135vb]; (10) Utrum aliquod vitium possit ab homine voluntarie elici [135vb-139vb]; (11) Utrum voluntas sit causa libera sui actus [139vb-143vb]; (12) Utrum universaliter sit malum observare signa eventuum futurorum [143vb-146va]; (13) Utrum per somnia possint aliqua praevideri futura [146va-148vb]; (14) Utrum ars magica sit licita [148vb-151rb]; (15) Utrum ex quolibet gradu actus interioris respectu actus exterioris sic sequatur actio exterior [151rb-152va]; (16) Utrum repugnent necessitas et libertas [152va-153va]; (17) Utrum causae secundae possint nos in aliquo necessitare [153va-154rb] [éd. Duba-Schabel (2016)]; (18) Utrum voluntas possit difficultari [154rb-156vb]; (19) Utrum voluntas possit velle contra iudicium rationis [156vb-158va]; (20) Utrum aliquis peccet in eo quod vitare non potest [158va-164rb]; (21) Utrum sit dare peccatum mortale actuale minimum intensive [164rb-169ra]; (22) Utrum aliquis involuntarie possit esse bonus aut etiam malus [169rb-170va]; (23) Utrum quilibet peccet tantum quantum vult peccare et mereatur quilibet quantum vult mereri [170va-171vb]; (24) Utrum omnis qui se conformet erroneo iudicio peccet [171vb-172va]; (25) Utrum licite homo possit semper habere iudicium erroneum [172va-173ra]; (26) Utrum omnis qui se conformat conscientiae suae non peccet [173ra-vb]; (27) Utrum aliquis conformans se conscientiae teneatur ad aliquid quod sua conscientia detestatur [173vb-174rb]; (28) Utrum ignorantia excuset peccatum

[174rb-175ra]; (29) Utrum ignorantia minuat peccatum [175ra-vb]; (30) Utrum stantibus legibus a Deo ordinatis quilibet possit ignorantiam quamlibet sine culpa sua habere seu in quamlibet ignorantiam sine culpa sua incidere [175vb-176rb]; (31) Utrum possit peccare ex ignorantia in quam non incipit ex culpa sua [176rb-177ra]; (32) Utrum furiosus de his quae in plena furiacommisit debeat postmodum dum ad sanam mentem revertatur rationabiliter dolere [177ra-178rb]; (33) Utrum aliquid ad aliquod sibi impossibile obligatur [178rb-179rb]; (34) Utrum aliquis viator possit esse perplexus inter duo mortalia [179ra-181rb]; (35) Utrum aliquis sapiens debeat alicui perplexo consulere quod peccet mortaliter [181rb-184va].

**Principium in III** : Sermo [185ra-b; Troyes 930, 1ra-2va]; Quaestio : Utrum Verbum aeternum, quod est alpha et omega, principium est et finis, de necessitate fuerit temporaliter caro factum [185va-191rb].

**Liber III** : (1) Utrum necessarium fuerit Christum temporaliter nasci et pati pro redemptione generis humani [191va-193ra]; (2) Utrum licitum sit Christianis bellare [193ra-vb]; (3) Utrum liceat pugnare diebus festivis [194ra-b]; (4) Utrum ea quae dicit Christus in Evangelio, sicut est *qui te percusserit in unam maxillam, praebe ei et aliam,* utrum, inquam, talia sint servanda in opere exteriori semper seu in omni tempore quo homo percutitur [194rb-195ra]; (5) Utrum sciens iudex aliquem esse innocentem propter aliquas probationes aliorum debeat illum occidere seu ad mortem condemnare [195ra-197rb]; (6) Utrum cuilibet sententiae militantis Ecclesiae sit obtemperandum seu obediendum [197rb-198rb]; (7) Utrum liceat iudici homines occidere aut ad mortem condemnare [198vb-200va]; (8) Utrum viator possit aliquid mereri de condigno [200va-202rb]; (9) Utrum quodlibet peccatum sit malitiae infinitae [202rb-205va]; (10) Utrum haeresis, vitium, aut etiam aliud peccatum scitum esse peccatum possit homo appetere [205va-206rb].

**Principium in IV** : Sermo [206va-207ra; Troyes 930, 2va-4va] ; Quaestio : Utrum Ecclesia militans, quae ab Illo regulatur Qui alpha et omega, principium est et finis, necessario dignissimum veneretur his diebus Eucharistiae sacramentum [207ra-211vb].

**Liber IV** : (1) Utrum actus extrinsecus addat aliquid ad meritum vel demeritum voluntatis [211vb-213va] ; (2) Utrum quilibet viator rite et canonice recipiens sacramentum ecclesiasticum recipiat et gratiam [213va-215rb] ; (3) Utrum summi pontificis auctoritas super principes saeculares aliqualiter in temporalibus se extendat [215rb-219ra; = Parvum Decretum]; (4) Utrum alicui expediat vovere aliquod opus supererogationis [219ra-va]; (5) Utrum vovens intrare religionem teneatur statim intrare [219va-221rb]; (6) Utrum omnes clerici voventes vel religiosi qui sunt voto astricti teneantur manibus propriis laborare [221rb-222ra]; (7) Utrum cuilibet sit necessarium ad salutem quod reddat Domino illud quod vovit [222ra-224rb].

**Sermo finalis** [Troyes 930, 4va-5vb] [éd. Corbini (2012)].

## *OPERA CISTERCIENSIA : CONFESSIONALE PETRI* ET *SERMO IN CAPITULO GENERALI*

Le reste des travaux de Pierre Ceffons – qui représente un total d'approximativement mille de nos pages imprimées – peut être désigné comme sa « pensée politique et juridique », même si dans ce domaine également, Pierre trouve encore le moyen de glisser des digressions sur des sujets tels que la prédestination ou la géométrie [1]. Dans ses *principia* sur les *Sentences*, Ceffons avait déjà manifesté son intérêt pour l'ecclésiologie en rejetant avec virulence toute idée d'infaillibilité dans l'Église. Il s'était également attardé sur des sujets juridiques et politiques à l'occasion de ses lectures des livres II, III et surtout IV des *Sentences*, puisque celles-ci avaient respectivement pour objets principaux les péchés, les vertus et les sacrements. Bien qu'il soit relativement bref, le livre III présente de longues questions sur les thèmes de la guerre juste, de la peine de mort et du suicide. On y trouve par exemple : « Est-il licite pour un chrétien de faire la guerre ? », « Est-il licite de combattre un jour de fête ? », « Si un juge sait qu'un homme est innocent, doit-il pour autant le condamner à mort sur la base de certaines preuves apportées par d'autres ? ». Une autre question, « Doit-on se conformer ou obéir à chaque décision de l'*Ecclesia Militans* ? », et certaines questions qui figurent dans le livre II – en particulier « Est-on tenu de faire quelque chose que l'on est pourtant dans l'impossibilité de faire ? » – sont probablement des réutilisations de questions formulées à l'origine dans un autre texte écrit par Ceffons au cours de la même année académique, le *Confessionale Petri* – l'un des deux ouvrages de son œuvre cistercienne.

1. Dans le cadre de l'écriture de l'introduction à notre édition du *Parvum Decretum*, nous avons prononcé le 22 février 2018 au Medieval Institute de Notre Dame University une communication consacrée à la pensée politique de Ceffons, basée sur ce texte et intitulée « The Cistercian Pierre Ceffons and Western Ambivalence about Pope and Church at the Time of the Black Death : The *Principia* on Infallibility, the *Epistola Luciferi*, and the *Parvum Decretum de potestate Sancti Petri* ». Dans l'attente de sa parution, voir Schabel (2018a) et Teleanu (2018).

Tandis que Pierre Ceffons préparait son premier *principium* à Paris à la mi-septembre 1348, le chapitre général cistercien réuni annuellement à Cîteaux proclama que chaque moine et moniale devait se confesser à son abbé au moins une fois dans l'année, même s'ils l'avaient déjà fait auprès d'un autre confesseur. Lorsque Ceffons apprit la promulgation de cette nouvelle règle, il consacra son temps à la rédaction d'une réponse, début décembre 1348, alors qu'approchait la fin de ses lectures sur le livre I des *Sentences*, et au moment où la peste noire commençait à toucher Paris. C'est dans ce contexte que Ceffons composa le *Confessionale Petri*, son premier ouvrage publié, puisque ses *principia* et questions sur les *Sentences* ne furent rassemblés, copiés et publiés que plusieurs années plus tard. Damasus Trapp mit ce texte en lumière dans son article de 1957 mais, manquant d'informations sur les pratiques cisterciennes, les dates, le dédicataire et le calendrier alors en usage à Paris, il échoua à prendre la mesure de ce texte et à le dater. Également appelé le « Somnium de quadam definitione » (ou « Soliloquia » ou « Meditationes de quadam definitione »), le *Confessionale Petri* est une longue critique (environ 200 pages d'aujourd'hui), à l'argumentation très soigneusement élaborée, de ce nouveau statut cistercien qui provoqua l'équivalent intra-monastique de la querelle entre les séculiers et les ordres mendiants au sujet de l'article *Omnis utriusque sexus* issu du quatrième concile du Latran (1215), rendant obligatoire la confession annuelle au prêtre de sa paroisse. Tout comme les mendiants et les séculiers s'opposèrent sur la question de savoir si la décision papale autorisant les frères mendiants à entendre les confessions rendait caduque l'*Omnis utriusque sexus*, les cisterciens se déchirèrent au sujet de la compatibilité de leur statut de 1348 avec les décrets apostoliques. Comme ce fut souvent le cas lors de ses nombreuses confrontations avec l'autorité sous toutes ses formes, Ceffons s'efforça de minimiser les répercussions négatives de sa prise de position en employant un artifice littéraire – ici, un songe. Le *Confessionale Petri* nous est parvenu intégralement dans le manuscrit 930 de Troyes, et le début et la fin du texte ont également été conservés dans le manuscrit Londres, British Library, Harley 2667, dans ce qui semble être une version volontairement abrégée de l'ouvrage.

Faisant erreur au sujet de la date de composition de l'ouvrage et du *curriculum vitae* de son dédicataire, l'abbé de Clairvaux Bernard de Laon, Trapp crut pouvoir parler de deux rédactions du *Confessionale Petri* [1].

1 . L'explicit (Troyes 930, f. 114vb) précise : « Explicit istud, editum et finaliter completum Parisius anno quo fuit diffinitio ista facta, scilicet anno Domini M$^{o}$ CCC$^{mo}$

Tout laisse plutôt à penser que l'ouvrage dans son intégralité fut écrit entre début décembre 1348 et le 6 février 1349, la date, indiquée dans l'explicit même du texte, de son achèvement. Le *Confessionale Petri* s'ouvre sur une dédicace à l'abbé Bernard II de Clairvaux, avec lequel Pierre était très lié, se poursuit avec une louange humaniste des auteurs anciens au détriment des modernes, puis présente une description de la peste qui forme l'arrière-plan du songe, avant de conclure en citant le texte de la nouvelle règle de la *definitio*. Le cœur du développement est suivi par une conclusion qui met en scène le moment du réveil, et par l'explicit qui revient au contexte de la peste noire [1]. Il est intéressant de remarquer que Ceffons évoque l'épidémie dans plusieurs des lettres qui nous sont parvenues, et qu'il a même consacré une *lectio* à la peste en janvier 1349 lorsque les cours reprirent après les vacances de Noël, insistant dans ces occasions sur le caractère naturel des causes de ce fléau [2].

Le corps du texte du *Confessionale Petri* se divise en trois parties – chacune présentant trois chapitres ou *conclusiones* [3] – dont la première contient la critique de Ceffons au sujet du nombre grandissant de règles imposées au sein de l'ordre cistercien et de l'Église, la deuxième, son analyse de la confession en général et en rapport avec le *Omnis utriusque sexus*, et la troisième, son attaque contre cette nouvelle règle en particulier. Voici la structure plus en détail :

Epistola introductoria ad abbatem Bernardum de Claravalle (77ra-b); Laus Dei, commendatio priscorum, discommendatio modernorum (77rb-78va); Introductio ad somnium (78vb-79ra); Somnium de quadam definitione (79ra-b)

quadragesimo octavo, VI[a] die mensis Februarii… », et poursuit en mentionnant le fait que la peste noire sévissait encore. Au début du texte, Ceffons avait déjà précisé qu'il avait débuté la redaction de ce travail en décembre de la même année. De surcroît, Trapp pensait alors que Bernard avait été abbé de Clairvaux de 1349 à 1362. En rassemblant ces informations, il en avait tiré la conclusion, Trapp (1957), p. 110, que la date mentionnée dans l'explicit était celle de la promulgation du statut cistercien, que l'ouvrage avait été achevé en décembre de la même année (1348), et que le texte avait probablement connu deux redactions puisque la dédicace ne pouvait pas avoir été écrite avant 1349. En réalité, les chapitres généraux se réunissaient généralement à Cîteaux en septembre (et non en février) pour légiférer; selon le calendrier en usage à cette époque à Paris, l'année ne débutait qu'à Pâques, et le 6 février 1348 renvoie donc au 6 février 1349 selon notre calendrier. Enfin, Bernard II fut abbé de Clairvaux de 1344 à 1358.

1. Trapp (1957), p. 110-114, consacre de longs développements à ces éléments.

2. À ce sujet, voir Schabel et Pedersen (2014).

3. Trapp (1957), p. 110, donne la structure et la pagination, et analyse les trois parties p. 112-113.

Utrum peccata de quibus sumus rite absoluti teneamur omnia denuo confiteri; Argumenta principalia et divisio textus (79rb-vb)

**Libellus I**, c. 1 (79vb-82rb), *conclusio* : quilibet praelatus viator qui non est in gratia confirmatus potest in praecipiendo errare – et non capio hic "potest" sic quod illud solum possumus quod de iure possumus; *corollarium 1* : nullus tenetur ad omnia quae potest ei aliquis praelatus talis imperare; *corollarium 2* : non semper quicquid papa ligaret et in terris ligaretur apud Deum in caelis || c. 2 (82rb-84rb), *conclusio* : nos non tenemur nec etiam ceteri Christiani ad omnia etiam licita et possibilia quae nobis possunt superiores nostri praecipere; *corollarium 1* : ipse praecipiens debet esse litteratus seu sciens et considerare debet antequam praeceptum faciat utrum subditus ad hoc teneatur; *corollarium 2* : facile est capitulo generali condere legem vel praeceptum cui nullus tenebitur obedire, etiam dato quod sit licitum et possibile obedire tali praecepto || c. 3 (84rb-91ra), *conclusio* : praecepta et licita et possibilia ad quae etiam subditi tenentur si multiplicentur sunt pluribus occasio ruinae et damnationis aeternae; *corollarium 1* : si daemon appetat damnationem hominum, appetit etiam indiscretam multitudinem praeceptorum; *corollarium 2* : frequenter melius esset revocare duo praecepta indiscrete facta quam facere unum novum, cuius oppositum vidi communiter fieri.

**Libellus II** : c. 1 (91ra-93rb), *conclusio* : olim fuit dubium inter Christianos utrum fidelis catholicus teneretur confiteri homini aut sufficeret soli Deo sua peccata confiteri; *corollarium 1* : non semper apud omnes catholicos vel saltem reputantes se catholicos fuit haec consequentia certa : Tu es catholicus, igitur peccata tua teneris alteri quam Deo confiteri; *corollarium 2* : non omnes tales reputabant certitudinaliter institutum a Christi quod homo alteri quam Deo sua confiteretur peccata || c. 2 (93rb-96va), *conclusio* : viator licite potest alii confiteri quam proprio sacerdoti, vocando "proprium sacerdotem" illum cui est commissa cura animae illius viatoris, cuiusmodi sunt sacerdotes parochiales, qui vocantur "curati", aliqui "personae", aliqui "plebani", alii nominibus aliis, secundum diversitatem statuum et locorum; *corollarium 1* : non est contra institutionem Christi in evangeliis scriptam quod quilibet confiteatur cuicumque sacerdoti discreto quem sibi placuerit eligere, dato adhuc quod Christus confessionem instituerit, nec est contra huiusmodi institutionem Christi quod quilibet talis sacerdos quemlibet a quocumque peccato absolvat; *corollarium 2* : parochianus confitens alii quam proprio sacerdoti suo parochiali consequitur remissionem peccatorum || c. 3 (96va-99va), *conclusio* : tales confitentes non tenentur proprio sacerdoti iterato sua confiteri peccata; *corollarium 1* : tempore Paschali, quando solet homines confiteri, potest licite evenire quod alicuius sacerdotis parochialis nulli eius subditi eidem mortalia peccata confitebuntur, quibus tamen ministrare ipse tenebitur Eucharistae sacramentum per se vel per alium; *corollarium 2* : aliquis de aliqua parochia potest per totam vitam suam transire licite sine hoc quod umquam proprio sacerdoti, scilicet parochiali, sua confiteatur peccata.

**Libellus III** : c. 1 (99va-102vb), *conclusio* : nescio aut saltem pro nunc non occurit mihi in Biblia nec in Decretalibus aut Decretis aut in littera nostra aliquid verum et approbatum ex quo sequatur quod communiter homo omnia peccata sua de quibus est legitime absolutus a sacerdote qui potuit absolvere ab illis teneatur iterum confiteri sacerdoti, nec scio bene defendere seu sustinere contra fortes impugnatores statuti quod statutum illud sit bonum; *corollarium 1* : nescio istam consequentiam esse bonam : iste est abbas, ergo tenetur scire vel audire omnia peccata suorum subditorum; *corollarium 2* : nescio solvere quin si possint praecipere quod homo bis seu iterum confiteatur de eodem peccato quin possint praecipere quod homo ter confiteatur de eodem, immo quater et quinquies || c. 2 (102vb-107vb), *conclusio* : etsi certum esset quod ipsi de plenaria sua voluntate, auctoritate, et potestate hoc potuissent statuere et haberetur evidens auctoritas Bibliae vel iuris quod ipsis, si istud praeciperent, a subditis esset obediendum, adhuc tamen fuisset laudabile a praedicto abstinere statuto vel praecepto; *corollarium 1* : si non habebatur auctoritas ad probandum quod iuste potuissent statuere, tunc erat multo magis abstinendum ne istud traderetur sub praecepto; *corollarium 2* : si voluissent praecipere quod homo iterum eis confiteretur de iam confessis, adhuc laudabile fuisset non apponere tantam paenam super non facientes sicut ipse apposuerunt, est enim per eos ipso facto lata excommunicatio super tales || c. 3 (107vb-113rb), *conclusio* : communiter ipsi superiores in statutis suis magis debent ad partem clementiae flecti quam ad partem rigoris; *corollarium 1* : etiam in punitionibus suis magis debent ad misericordiam quam ad nimiam iustitiam deflecti; *corollarium 2* : debent magis exercere opera quae subditos inducant ad eorum amorem quam ad eorum timorem.

Post somnium (113rb-114vb)

Dans la première partie du *Confessionale Petri*, comme dans ses *principia*, Pierre défend âprement la faillibilité de tous les dignitaires de l'Église – y compris du pape et des cardinaux – avant d'aborder plus prudemment (à première vue, du moins) la question du pouvoir papal :

« Ici, j'ai développé beaucoup d'idées au sujet du pape et de son pouvoir, et j'en ai écrit certaines que j'ai, par la suite, finalement supprimées »[1]. Dans la suite du texte, Ceffons propose sa propre conception d'un pouvoir papal limité, mais en se dissimulant derrière les propos que d'autres pourraient tenir, car « ce que je pourrais dire sur ce sujet et sur encore bien d'autres, je ne souhaite pas l'écrire ici »[2]. Même si la lecture finira par être interdite au sein de l'ordre cistercien, le *Confessionale Petri* est ouvertement cité durant les années 1360 et 1370 à Paris, Bologne et Prague par le cistercien Conrad d'Ebrach et par son discipline augustinien Denis de Modène, qui parlent du « libellum Petri bachalarii Cisterciensis Ordinis qui vocatur Confessionale Petri »[3].

Si l'on osait utiliser une terminologie anachronique, on pourrait dire que l'enjeu central de la première partie du *Confessionale Petri* est celui de la nécessité d'une « dérégulation ». En effet, Pierre Ceffons défend l'idée qu'un trop grand nombre de règles désoriente les fidèles et les pousse finalement à les ignorer complètement et à tomber dans le péché. Paradoxalement, après avoir critiqué ce nouveau statut cistercien issu du chapitre général de 1348 et l'excès de règles, Ceffons fut lui-même invité à s'exprimer devant le chapitre général où il prononça un long sermon. Ce discours d'approximativement cinquante pages d'aujourd'hui est conservé dans le manuscrit 930 de Troyes – même si manquent les derniers folios – et certains fragments (peut-être avec une partie du texte des folios manquants à Troyes 930) se trouvent également dans le manuscrit Harley 2667. Dans ce texte, que l'on connaît sous le titre de *Sermo in capitulo generali*, Ceffons salue l'effort de rationalisation et de réduction dans la législation cistercienne dont témoigne le *Libellus novellarum definitionum* issu du chapitre général de 1350, même si à ses yeux les définiteurs et les abbés de son ordre n'étaient malheureusement pas allés assez loin. Ces informations et sa correspondance personnelle nous permettent d'établir que le sermon de Ceffons date probablement du 14 septembre 1351, alors que Trapp proposait 1353 en s'appuyant sur le fait que pour s'adonner à cette rédaction Ceffons avait alors certainement

1. Pierre Ceffons, *Confessionale Petri* I, c. 2, Troyes 930, f. 82va : « Hic multa cogitavi de papa eiusque potestate, et aliqua primo scripseram que per me postmodum sunt deleta. Sunt tamen multi qui dicerent… ».

2. *Ibid.*, f. 82vb : « Quid dicerem ego de his et aliis multis hic scribere non propono. Dicerent etiam multi… ».

3. Voir Brînzei et Schabel (2018a), p. 468-472.

rempli toutes ses obligations d'enseignement, ce qui ne semble avoir été le cas qu'au début de l'année 1353 [1].

Dans le *Sermo in capitulo generali*, Pierre Ceffons reprend le *thema* « O » issu de l'Apocalypse, et insiste sur le fait qu'il s'agit du « *thema* que j'ai choisi de traiter ailleurs, dans les quatre *principia* sur les *Sentences* et dans les discours de fin, et que je choisis à nouveau comme le veut la coutume que beaucoup observent, ai-je entendu dire » [2]. Étant donné que la tenue du chapitre général cistercien avait lieu le 14 septembre [3], coïncidant donc avec la fête de l'Exaltation de la Sainte-Croix et les fêtes des martyrs Saint Cornélius et Saint Cyprien (à cette époque), et se trouvant quelques jours à peine après la Nativité de la Vierge (le 8 septembre), Ceffons traita ces trois thèmes en plus d'un éloge de l'ordre cistercien qu'il justifie en partie par le fait que le terme latin « ordo » commence et se termine par le « O » qu'il avait choisi pour *thema*. Comme dans le *Confessionale Petri*, Ceffons ne manque pas de trouver l'occasion d'aborder le thème de la double prédestination [4], et dans le *Sermo in capitulo generali* il parvient également à évoquer la géométrie, la cosmologie et l'astrologie (et donc les futurs contingents), bien qu'il reconnaisse lui-même que « ces sujets auraient peut-être plus leur place dans les écoles que dans les chapitres, car dans ces derniers on se préoccupe davantage de dévotion que de subtilité » [5].

La section la plus longue et la plus intéressante du sermon est sans conteste la quatrième et dernière partie du quatrième et dernier *membrum*, dont malheureusement la fin ne nous est pas parvenue. Ceffons y prend pour sujet l'*humilitas*, et n'hésite pas à s'adresser directement aux abbés et aux autres dirigeants de l'ordre cistercien présents en leur rappelant qu'un bon prélat ne doit pas être obnubilé par les

1. Trapp (1957), p. 109 (et n. 9) et p. 116 ; voir *infra* pour plus de précisions sur cette hypothèse. Avec Mihai Maga et William Duba, nous espérons proposer une édition du *Sermo in capitulo generali*.

2. Pierre Ceffons, *Sermo in capitulo generali*, Troyes 930, f. 5vb : « *O*, Apocalypsis primo, reverendi patres et domini… » ; f. 6va : « *O*, libro et capitulo quibus supra, et est thema per me sumptum alias in quatuor *Sententiarum* principiis et in earundem fine, quod etiam nunc sumo iuxta morem quem audivi a pluribus observatum ».

3. *Pace* Trapp (1957), p. 116, qui date cet événement du 15 septembre. Sur le chapitre général, voir par exemple Burton et Kerr (2011), p. 88-100.

4. Par exemple, Pierre Ceffons, *Confessionale Petri* I, c. 3, Troyes 930, f. 86ra, s'ouvre sur la question de la double prédestination.

5. Pierre Ceffons, *Sermo in capitulo generali*, quartum membrum, Troyes 930, f. 12vb et Harley 2667, f. 30vb : « Sed forsan magis hec haberent locum in scolis quam in capitulis, in quibus capitulis non tam subtilitas quam devotio pertractatur ».

châtiments et doit s'efforcer de ne pas accabler ses frères par trop de préceptes dès lors impossibles à suivre : « Je passe sous silence les Messes et les Psautiers que, parce qu'il y en a beaucoup, tout le monde n'est pas en mesure de réciter en entier, surtout depuis qu'ils ont été multipliés en raison du grand nombre de morts » – Ceffons fait ici référence à la peste. C'est à cet endroit que Ceffons évoque les changements intervenus récemment dans les règles de l'ordre : « Mais les pères, afin d'embrasser leur rôle de parents, ont réduit le nombre de préceptes, et ont proclamé une nouvelle définition qui révoque toutes les définitions qu'ils avaient prononcées pendant des années, à l'exception d'un petit nombre d'entre elles, qu'ils ont rassemblées dans un *libellus* », c'est-à-dire le *Libellus novellarum definitionum* de 1350. « Et ils seraient encore de meilleurs parents s'ils réduisaient encore le nombre de ces préceptes onéreux, qui sont ignorés à cause de leur trop grand nombre » [1].

Cette analyse, qui place le *Sermo in capitulo generali* avec le *Confessionale Petri* au rang des *Opera cisterciensia* de Pierre Ceffons, se clôt sur une présentation des vertus de la maison mère de l'ordre, Cîteaux, et des quatre premières filles de l'ordre, La Ferté, Pontigny, Clairvaux et Morimond. C'est de Clairvaux, son propre monastère, que Pierre parle le plus longuement, mais le cahier se termine avant que Ceffons achève sa partie sur Clairvaux et n'ait encore traité de Morimond, ce qui semble pour le moins décevant car on aurait attendu que l'auteur finisse ce sermon *crescendo*.

Bien que pour le *Sermo in capitulo generali* nous ne disposions que d'un seul témoin manuscrit mutilé et d'un bref fragment, il connut un succès en son temps. La correspondance de Pierre Ceffons dont nous avons connaissance nous apprend en effet que ses amis, le cistercien Jean de Bussières (de Clairvaux) et le bénédictin Pierre Ameilh (tous deux futurs cardinaux), lui ont demandé des copies de ses *sermones*, et que Bussières a spécifié explicitement le « Sermo in capitulo generali ». Ceffons répondit à Bussières qu'il l'avait déjà prêté à quelqu'un qui ne le lui avait pas encore rendu, et il proposa à Bussières que son ami lui fît une copie dès qu'il l'aurait à nouveau à disposition, ou de lui envoyer l'ori-

1. Pierre Ceffons, *Sermo in capitulo generali*, quartum membrum, Troyes 930, f. 14vb : « Taceo de missis et psalteriis que propter sui multitudinem non ab omnibus integraliter reddi solent, potissime quia multiplicata sunt hec propter mortalitatem. Sed patres ut se parentes ostenderent minuendo precepta quandam noviter diffinitionem fecerunt in qua revocant omnes diffiniciones a multis annis factas, exceptis paucis quas in quendam libellum redegerunt. Et erunt melius parentes si adhuc diminuant onerosa precepta que propter sui multitudinem contempnuntur ».

ginal[1]. Pierre Ameilh était, pour sa part, plus exigeant, puisqu'il voulait qu'on lui envoyât tout : les *prologi*, les *responsiones*, les *resumptiones*, les *principia*, les *sermones* et les *litterae*. Ceffons lui répondit qu'accéder à sa requête serait fort difficile, particulièrement en ce qui concernait les lettres, car nombre d'entre elles avaient été envoyées longtemps auparavant sans qu'il en eût fait des copies. Il répéta comme souvent qu'il n'avait jamais trouvé de scribe capable de déchiffrer son écriture manuscrite, et qu'il avait par ailleurs écrit des choses qu'il ne souhaitait pas voir rendues publiques, mais que, néanmoins, il ferait son possible pour envoyer les documents dont il disposait déjà et pour retrouver les autres[2].

## LA TRILOGIE DE PIERRE CEFFONS : *EPISTOLA LUCIFERI, CENTILOGIUM* ET *PARVUM DECRETUM*

Peut-être ne devons-nous la conservation de la correspondance personnelle de Pierre Ceffons qu'à son ami Pierre Ameilh, tout comme nous ne possédons ses questions sur les *Sentences* que grâce à l'abbé

1 . Pierre Ceffons, *Epistolae diversae*, Harley 2667, f. 146vb, et Saint-Omer 676, f. 59v-60r : « Sermonem capituli generalis commodavi cuidam valenti viro qui non adhuc restituit, et revera ita est. Sermo autem dictus est multum longus et libenter facerem eum copiari. Antequam mitterem eum extra Parisius, dicam socio vestro qui est Parisius, scilicet I[ohannes] Franquet, quod faciat ipsum copiari pro vobis, et sic erit brevius factum, de quo scribatis ei, si velitis, et si non velitis quod sic fiat finaliter, libenter vobis eum mittam. Hoc de tertio ». Harley ajoute ensuite : « Aliquantulum male scribo, et causa est quia penna nostra est male scissa Si essetis Parisius vos scindissetis eam melius ».

2. *Ibid.*, f. 131va-b, et Saint-Omer 676, f. 61v : « Quantum autem ad illa que petistis a me, videlicet primo omnia que dictavique feci, sive sint epistole, sive prologi tractatuum, sive de vestro sermone, sive sint etiam littere solaciose de festo regum – quia, ut astruitis, tales littere solaciose in curia domini constabularii domini vestri specialis plurimum accepte forent – sive sint responsiones sive resumptiones aliarum ad me, et generaliter omnia que adornatum sermonis attinent, in unum congregem, ut hec omnia vestre transmittantur diligentie… Nostat, amice, vestra benevolentia circumscripta quod res nimis ardua michi foret quam ad petitionem vestre persone facere non temptarem. Sed unum est quid procul dubio epistolarum et dictaminum non nullorum que dudum ad diversas misi partes copiam non retinui. Item, quasi nullus scriptor est qui sciat legere gloriosam quam scribere consuevi litteram. Item, multa scripsi que quasi coincidunt. Item, multa dictavi que materias speciales tangunt quas non foret laudabile pu[b]licare… Petitis insuper ut omnia principia que feci sive in philosophia vel theologia recommendando Sententias et omnes sermones quod composui in unum redigam compendium vobis destinenda. Sed quo ad hoc noscat amicitia vestra quod non omnium talium copiam habeo, sed illa que potero reperire vestre dilectioni transmittam ».

Bernard II de Clairvaux. Les lettres entre Ceffons et ses amis et connaissances sont riches de précisions sur sa vie et sur les événements qui se déroulèrent au moment où il composa ses autres ouvrages. On y trouve ainsi des informations sur la peste noire et toutes ses conséquences, la guerre de Cent Ans (les batailles, les négociations, les querelles), l'enlèvement de l'abbé Bernard II de Clairvaux (Ceffons a même dicté une lettre au pape Clément VI au nom du roi Jean le Bon pour la libération de Bernard) [1], la vie étudiante à l'université de Paris, la construction des Bernardins [2], les personnages en vue dans le milieu cistercien et les affaires dont ils s'occupaient, et les événements marquants de Rome et d'Avignon [3].

Au sujet d'Avignon, Pierre Ceffons a composé des lettres au nom des autres, dont deux font partie d'une trilogie de textes ecclésiologiques. Ceffons a écrit la première (et aussi la plus brève) de ces deux lettres alors qu'il se trouvait à Paris au début de l'année 1352, et grâce à ses correspondants en Avignon sa lettre parvint à la curie – probablement par l'intermédiaire du Cardinal Blanc, le cistercien Guillaume Court. Un chroniqueur contemporain relate ainsi les faits :

> Et une certaine lettre close fut déposée devant la porte d'un cardinal [en Avignon], adressée au pape [Clément VI] et aux cardinaux. Lorsqu'elle fut décachetée, on put y lire que Léviathan, le prince des Ténèbres, saluait son vicaire le pape et ses serviteurs les cardinaux, avec le concours desquels il espérait bientôt vaincre le Christ, qui n'a de cesse de liguer les pauvres et les humbles contre la république du monde. Après avoir décrit les

1. Un document en date du 10 décembre 1351 indique qu'il avait alors déjà été libéré : http ://www.libraria.fr/BMF/jacobus-de-audelencuria-saec-1351. Ces informations complètent ce que l'on peut trouver par ailleurs dans Schabel (2018a), p. 155-159.

2. Nous espérons proposer une édition des lettres pour une étude, en collaboration avec Michalis Olympios, sur le collège des Bernardins au XIV e siècle.

3. London, British Library, Harley 2667, au sein duquel on trouve un cahier qui fut un manuscript séparé de Ceffons, conserve trente-six lettres de Ceffons (ou, dans quelques cas plus rares, de ses correspondants) dans les folios f. 131rb-147rb, numérotés 9-44 dans le catalogue moderne de Lourdaux et Haverals (1978), p. 639-650. Saint-Omer, Bibliothèque d'Agglomération de Saint-Omer, 676, qui est un formulaire cistercien, contient 17 des 36 lettres sans en préciser l'auteur, dans les folios f. 58v-69r, mais l'ordre dans lequel elles sont présentées diffère de Harley 2667, et on y trouve au moins trois lettres ne figurant pas dans Harley 2667 et qui sont très certainement de Ceffons (numérotées 88-106 dans le manuscrit). Il est probable que les lettres numérotées 80 à 87 (f. 57v-58v) soient également attribuables à Ceffons, ainsi que plusieurs autres à partir de la lettre 107. Une fois l'édition des lettres terminée, on peut espérer qu'apparaîtra le principe d'organisation du manuscrit, ainsi que les raisons pour lesquelles ces lettres ne sont pas organisées selon les mêmes séquences.

> prophètes [du Démon], il faisait leur éloge, en raison de tous leurs vices. L'Orgueil, leur mère, mais aussi Avarice, Luxure et les autres, leurs sœurs, les saluaient tout en se félicitant que, grâce à eux, elles se portent si bien. Il était écrit : « Daté au Centre de l'Enfer, en présence d'une foule de démons ». Troublé, le pape diligenta une enquête… Mais on ne découvrit jamais l'identité de l'auteur de la lettre.

Un autre chroniqueur rapporte les faits de manière probablement plus fidèle : « Une lettre fut trouvée dans le consistoire. Personne ne savait qui l'avait amenée, sauf que l'un des cardinaux l'y avait discrètement déposée » [1].

Pierre Ceffons critiqua également les abus – avarice, luxure, usure, etc. – de l'Église Romaine dans le *Confessionale Petri*, mais en prenant soin de s'abriter pour cela derrière des citations du *Policraticus* de Jean de Salisbury, où rien n'est épargné au pape, qui « s'avance ceint non seulement de pourpre mais d'or ». Tandis que les églises et les autels bâtis par leurs prédécesseurs tombent en ruines, les prélats se font construire des palais, souillent l'Église, accablent de taxes les provinces, et ne s'occupent que d'amasser des richesses dignes de Crésus [2]. Dans sa critique des règles superflues, Ceffons avait également employé une thèse dont il fait une nouvelle fois usage dans sa lettre à Avignon, remarquant que le Diable ou les démons ne pourraient qu'applaudir cette myriade de règlements, puisqu'ils mènent les hommes droit au péché. Mais c'est dans cette *Epistola Luciferi* que Ceffons poussa à l'extrême cette métaphore satirique : Lucifer félicite les plus hauts dignitaires de la hiérarchie ecclésiastique pour leurs bons et loyaux services, alors que le Christ, les apôtres et l'Église primitive avaient pratiquement réussi à tarir le flot des âmes damnées alimentant l'Enfer. Par l'exemple qu'ils fournissaient aux hommes, grâce à leur admirable hypocrisie qui leur permettaient de prêcher la pauvreté et la droiture morale tout en menant une vie de plaisirs et de débauche, ils avaient réussi à détourner les laïcs de la voie droite et à les guider vers la damnation. Lucifer les encourage à ne pas relâcher leurs efforts et à rester concentrés.

1. Les chroniqueurs évoqués sont respectivement Matthias von Neuenburg et Matteo Villani : voir Schabel (2018a), p. 126-128 et les notes pour le texte latin.

2. Pierre Ceffons, *Confessionale Petri* I, c. 1, Troyes 930, f. 81va : « Sed et ipse Romanus pontifex omnibus gravis et fere intollerabilis est… Praeterea, omnes arguunt quod ruentibus et collabentibus ecclesiis quas patrum construxit devotio, altaribus quoque inclitis, palatia instruit. Et ipse non modo purpuratus sed deauratus incedit. Palatia splendent sacerdotum, et in manibus eorum Christi sordidatur Ecclesia ; provinciarum diripiunt spolia ac si thesauros Croesi studeant reparare… ».

L'*Epistola Luciferi* de Pierre Ceffons provoqua une réaction immédiate en Avignon, et de nombreuses copies du texte commencèrent rapidement à inonder tout le monde latin. La lettre gagna à sa cause de nouveaux lecteurs et imitateurs durant le Grand Schisme, comme Pierre d'Ailly, et fut bientôt traduite en anglais et en tchèque par les wycliffites et les hussites. Elle atteignit sa popularité maximale aux premiers temps de la Réforme avec de nouvelles traductions, cette fois-ci en anglais et en allemand. Elle fut mise à l'Index par l'Église, et l'intérêt qu'elle avait suscité ne se démentit plus jamais. On en conserve plus de 160 manuscrits, et plus de 50 versions diverses en ont été imprimées depuis 1487. La *Lettre de Lucifer* n'était pas la première en son genre, mais elle est, de loin, celle qui eut la plus grande influence au cours de l'histoire. Si l'on fait le compte de toutes les copies, y compris les manuscrits aujourd'hui perdus et les spécimens imprimés, on a dû dénombrer au milieu du XVI^e^ siècle plus d'un millier d'exemplaires de la *Lettre de Lucifer*[1].

Après l'envoi depuis Paris de cette *Epistola Luciferi*, Ceffons s'occupa de rédiger une réponse, et pas une simple réponse, mais une nouvelle lettre, émanant cette fois-ci du Christ lui-même, pour lequel Ceffons jouait le rôle de scribe en chef – malgré son abominable écriture manuscrite. Adressée à nouveau aux prélats d'Avignon, et plus particulièrement au successeur de Clément VI, Innocent VI, la lettre se compose de 100 chapitres, raison pour laquelle elle fut intitulée le *Centilogium*. Les chapitres 55 à 76 sont occupés par un dialogue entre le Christ et Ceffons au sujet de ce que Trapp a appelé « l'humanisme chrétien », et qui reprend des éléments du prologue de Ceffons sur les *Sentences*. Voici les titres des chapitres :

1. De creatione angelorum et ipsorum decore et de creatione mundi ; 2. De ornatu caelorum et condicione planetarum ; 3. De zodiaco, octava sphaera, et parallelis ; 4. De situ ignis elementaris et de natura ignis materialis ; 5. De situ aeris et eius ornatu et de ventis ; 6. De mari et eius ornatu et descriptio Neptuni ; 7. De terra et eius ornatu et quomodo depingebatur ab antiquis ; 8. De primorum parentum lapsu et eorum curatione et de firmitate fidei sive Ecclesiae militantis ; 9. De casu et praesumptione Diaboli et dispositione eius, et quod nequaquam debet Lucifer appellari ; 10. De eo quod Diabolus nullis praeclaris nominibus est appellandus et

1. Sur l'*Epistola Luciferi*, avec une nouvelle édition et une traduction anglaise, voir Schabel (2018a), à partir des travaux de Zippel (1958) et Feng (1982) (qui n'admet pas l'idée de Ceffons soit l'auteur de la *Lettre*), qui ont également édité le texte, à partir de manuscrits plus anciens.

qui digne seu merito reges nominentur ; 11. Qui communicant Diabolo in societate excommunicantur, et de malorum societate vitanda ; 12. Discommendatio superbiae et quomodo depingebatur et commendatio humilitatis ; 13. De eo quod Diabolus dicit Christum suum adversarium et de eius obstinatione ; 14. De diversis paenis fidelibus in primitiva Ecclesia illatis, et quod antiquis temporibus fuerunt multi mali, et quod Diabolus mendax ex verbis propriis demonstratur ; 15. Discommendatio invidiae et quomodo antiquitus depingebatur ; 16. Ex ordinatione divina iudices ordinantur ; 17. De humilitate et quomodo depingitur ; 18. De honoribus et saeculi divitiis non curandis, et quod cito transeunt ; 19. Quod electi sunt et fuerunt in continuis tribulationibus ; 20. De eo quod antiqui divitias contemnebant, et quod multa bona ex hoc consecuti sunt ; 21. Quod viri ecclesiastici non debent implicari saecularibus negotiis et de malo mendacii et quomodo depingit Alanus veritatem et falsitatem ; 22. De hypocrisi et fraude vitandis ; 23. De simonia et eius malo ; 24. De avaritia et natura avari et de omnipotentia minimi ; 25. Commendatio paupertatis et divitiarum discommendatio et aliquid de vitio superbiae ; 26. De luxuria et quod multa mala fecit et de eius medicamine, scilicet labore et otio vitando ; 27. Commendatio paupertatis et eleemosynarum ; 28. De eo quod pauperes despiciuntur a mundo, sed a Deo diliguntur ; 29. Mulieres sunt fugiendae, de arte ipsarum, et quod non sunt sustentandae de bonis Ecclesiae ; 30. De superfluitatibus in equitaturis et aliis vitandis, talia namque pauperibus subtrahuntur ; 31. Diabolus bene vult quod multa superflue et vane expendantur, quod et fit, sicut ibidem diffusius demonstratur ; 32. Item, de eodem et melius, et quod superfluae expensae edificiorum et picturarum a fidelibus devitentur ; 33. De vitio gastrimargiae et superfluitate ciborum vitanda ; 34. De ebrietate et quomodo depingitur et de multis malis eius ; 35. De eo quod viri ecclesiastici non debent thesauros reponere et de malo avaritiae et cupiditatis ; 36. De eo quod non ex auri materialis aggregatione, sed vitiorum expulsione et virtutum inductione aurea saecula reperantur ; 37. Diabolus commendat vitiosos et quaedam bona exhortatio praelatorum ; 38. Caritatis commentatio notabilis et diffusa ; 39. Babylon est relinquenda et Iherusalem quaerenda ; 40. De eo quod leges Simonis Magi, a quo simonia, non sunt servandae, sed Simonis Petri ; 41. De non promovendis indignis et pueris, et de eo quod facile est in exemplum sumitur a subditis quod committitur a praelatis ; 42. De non accipiendis personis et muneribus a iudicibus, et de eo quod quatuor modis iudicium humanum pervertitur ; 43. Condentes leges debent eas primo observare, et quod praelati primo debent facere, postea docere, exempla de Cancro,

Caesare, et aliis et de Christo ; 44. Gentiles leges quas condiderunt primo servaverunt, ergo viri ecclesiastici multo potius, et quod pauca et rationabilia sunt statuenda ; 45. Curia Romana extorquet munera, accipit personas, et excludit pauperes ; 46. De iustitia, et quod depingebatur in modum pulcherrimae Virginis et in modum viri ; 47. De sceleratis vitam aliorum reprehendentibus et suam negligentibus qui in aliorum vita sunt Argi et in sua Poliphemi ; 48. De fide, et quod multi gloriosi in hoc mundo sine fide nihil a Deo reputantur, et enumerat ibi multos ; 49. Quod sacerdotes, praelati scilicet, debent scire et praedicare verbum Dei, et qui sunt ignorantes non debent assumere praelaturam, et quibuscumque habitis si desit sapientia nihil est ; 50. Qualis debet esse rector et quod statim peccatum est deserendum et ad Deum confugiendum ; 51. Duobus dominis sibi invicem contrariis nemo servire potest, et quod Deus et Diabolus contraria praecepta ediderunt ; 52. Consiliis daemonum et inimicorum non est credendum, quia qui semel nocuit, si queat, adhuc nocebit, et de hoc habetur fictio de rustico et serpente ; 53. De malis fictionibus, similationibus, hypocrisibus ; 54. De adulatione et quomodo depingebatur ; **Dialogus incipit** 55. Dialogus hic incipit. Et de maestitia notarii et Dei scientia, divini auxilii invocatio notabilis ; 56. De timore notarii et Dei consolatione ; 57. De eo quod Deus loquitur alibi in singulari, hic in plurali, de se ipso loquens dicit semper in singulari ; 58. Et similiter patriarchae, prophetae, et sancti de ipso loquentes dicunt singulariter ; 59. Notarius timet reprehendi de hoc quod in persona Dei scribit et dicitur pluraliter quam adulator, et de hoc quod reprehenditur eius simplicitas, scilicet ignorantia eius. 60. Notarius timet redargui de eo quod contra morem Sacrae Scripturae rhetorice in hoc opere sit sermo, et enumerat multos colores rhetoricae in eodem capitulo ; 61. Quaerit notarius quare Deus alleget dicta aliorum ad confirmationem, cum ipse sine quorumcumque amminiculo possit nova compilare et subito de nihilo procreare ; 62. Notarius videtur mirari cur Deus tot gentiles alleget, quorum tamen dicta videtur Christiana veritas aspernari ; 63. Notarius arguit contra Christum quatuor mediis ex quibus, ut videtur, apparet quod Christus hanc epistolam non dictaverit ; 64. Hic redditur ratio quare Deus pluraliter de se dicuntur et praelati ; 65. Hic notarius innuit quod rationabiliter Deo pluraliter et singulariter loqui possumus et quod sancti pluraliter de se ipsis sunt locuti ; 66. Sine vitio iactantiae potest aliquis se laudare, et non omnes qui laudant aliquem adulantur, et quid requiretur ad hoc quod aliquis sit adulator et solutio secundi argumenti ; 67. Sacra Scriptura multis rhetorice coloribus venustatur, et commendatio rhetoricae, et quod eius abusus prohibetur, et solutio tertii argumenti ; 68. Sacra

Scriptura et sancti doctores allegant dicta gentilium ; 69. Sacra Scriptura et multi sancti auctentici viri stilum scribendi variaverunt, et ex hoc sequitur quod est licitum stilum variare ; 70. Deus facit pulchra et minus pulchra dictamina, et quod non omnes intelligent hanc epistolam, et per hoc respondetur ad sextum argumentum ; 71. Solutio septimi argumenti, alias epistolas legitur Deus fecisse quam istam, et dato quod numquam aliquam fecerit potest tamen multa facere quorum similia numquam fecit ; 72. Deus potest multa per se facere quae tamen facit mediante secunda causa, et solutio octavi argumenti ; 73. De praedestinatione ; 74. Quicquid Deus vult voluntate efficaci, hoc fit ; 75. Qui Deum habet protectorem, quicquid evenerit, tutus erit ; Deus constantem iubet esse notarium, et quod evangelia a non nullis sunt contempta, quid igitur mirum si haec epistola a multis contemnatur, a devotis tamen recipietur ; 76. Sancti reperiuntur se sine vitio iactantiae recommendasse loquente Spiritu Sancto per eos qui etiam per pseudo prophetas locutus est. [**Explicit Dialogus**] ; 77. De malo discordiae et de hoc quod discordia multa crudelitatis armamenta reperit et quod Troia et multi per eam perierunt ; 78. De concordia et amicitia, et quomodo depingebatur ab antiquis ; 79. Quomodo saeculares principes multum laboraverunt pro fide amplianda, et quod viri ecclesiastici nullum timere debent, quia protector ipsorum Deus omnium tyrannorum potest fortitudinem debellare ; 80. De patientia et pace et quomodo pax depingebatur ; 81. Quod thesauri Ecclesiae sunt distribuendi pauperibus, et quod viri ecclesiastici non debent thesaurizare in terris, quia ubi thesaurus ibi et corruptio, et de usurario satis notabile quid et quod Romana curia nititur quodammodo thesauros Croesi reperare ; 82. Diabolus commendat tres filias suas Superbiam, Avaritiam, et Fraudem, quibus a Deo discommendatis sub specie mulierum ipsarum nobis strictissime dissuadetur ; 83. De Luxuria, filia daemonis, et multis malis ipsius, et commendatio castitatis, et quomodo depingebatur ; 84. De malo simoniae, et quod omnia nuda et aperta sunt conspectui divino ; 85. Consanguinei indigni non sunt promovendi, et de labilitate carnis humanae, et de hoc quod non est tacendum quod Christus vocavit suos ad statum paupertatis, et commendatio silentii et depictio prudentiae, et de eo quod non omnis loquela dicitur multiloquium ; 86. De divitiis quomodo status divitiarum depingebatur, et de incommodis divitum, et quod melius est pauperibus quam divitibus ; 87. Pauperes et ignobiles non sunt spernendi, quod de nobilitate generis non sit glorificandum, et de fortuna ; 88. De distortis et malis expositionibus seu allegationibus Sacrae Scripturae, et de hoc multa exempla ; 89. De clementia, de furore, et quod innocentes non sunt excommunicandi ; 90. De haereticis, et quod convertendi sunt, et quod multi in suis oculis sapientes turpiter erraverunt ; 91. Consiliis et praeceptis Diaboli non est obediendum, et de eo quod ex negligentia praesidentium excessus provenit subditorum ; 92. De multis malis quorum etiam multa ibi enumerantur, et de infirmitatibus multis quae patimur in hoc mundo ; 93. De variis paenis quibus Diabolus in Inferno suos cruciabit sine termino servitores ; 94. De securitate et pace caelesti, et discommendatio miseriae infernalis ; 95. De situ Inferni, et quod principium epistolae Sathanae contradicit fini vel econverso, depingitur ergo in modum serpentis, consueverunt ; 96. De Paradiso voluptatis et bonis eiusdem ; 97. Enumeratio multorum malorum quae ab initio mundi homines inclusive usque ad tempora gratiae pertulerunt ; 98. De eo quod non contemnentibus sed benivole huius epistolae mandatis obedientibus praeparata est gloria et felicitas sempiterna, et ipsius felicitatis narratio mirabilis et iocunda ; 99. Hic commendantur nobis in genere virtutes theologicae et virtutes cardinales, et similiter commendatur nobis haec epistola, et ne eam temerarie reprehendamus vobis interdicitur sub paena perpetuae damnationis, et si secundum eius monita vixerimus habebimus gloriosam sempiternam ; 100. Notarium recommendat orationibus fidelium, et si aliquid minus bene positum fuerit aut erratum in hac epistola, hoc non est Deo, sed notario seu huius epistolae scriptoribus imputandum.

Selon le colophon, le *Centilogium* fut achevé le 13 avril 1353. Il survit dans au moins cinq manuscrits et occuperait plus de 250 pages s'il devait faire l'objet d'une édition critique. Mais loin de prendre cette fois-ci le parti de l'Église et d'en défendre le comportement, le *Centilogium* semble encore renforcer l'acerbe satire que constitue l'*Epistola Luciferi*[1].

En passant, l'auteur supposé de la lettre (Jésus Christ) suggère à son scribe (Pierre Ceffons) de publier son *Parvum Decretum de potestate sancti Petri* aux côtés du *Centilogium*, afin de constituer une sorte de trilogie avec l'*Epistola Luciferi*. Le Christ nous apprend que le *Parvum Decretum* a été composé en 1352, qu'il trouve son origine dans une dispute tenue à Paris, et qu'il constitue la distinction 18 du livre IV des questions sur les *Sentences* de Ceffons. En plus du témoin manuscrit des questions sur les *Sentences* (Troyes 62), le *Parvum Decretum* est en effet conservé dans trois des manuscrits contenant l'*Epistola Luciferi* et le *Centilogium* : Troyes 859 et 930 (dans lequel les trois textes ont formé à une étape antérieure un codex séparé), et Paris, Bibliothèque nationale de

1. Sur le *Centilogium* voir Trapp (1957), p. 115-120.

France, lat. 3315, qui se trouvait dans la bibliothèque papale d'Avignon dès le tout début du XVe siècle. Deux autres témoins manuscrits de cette trilogie sont également évoqués par ailleurs [1].

À la lecture des *principia* et du *Confessionale Petri*, nous avons compris que Pierre Ceffons était loin d'épouser la thèse de l'infaillibilité du pape, ou même de l'infaillibilité de l'Église, et qu'il était loin de souscrire à l'idée de la plénitude du pouvoir papal au sens le plus radical, puisqu'il ne l'acceptait qu'en maintenant sa soumission à la justice. L'*Epistola Luciferi* et le *Centilogium* avaient, *de facto*, souligné les manquements du pape de l'époque et de ses cardinaux en Avignon. Dans le *Parvum Decretum*, Ceffons traite l'enjeu du pouvoir papal cette fois-ci à un niveau directement théorique, en formulant sans ambages la question : « L'autorité du souverain pontife prime-t-elle sur les princes séculiers au sujet des affaires temporelles ? » [2].

Après plusieurs citations – pour la plupart issues de la Bible – en faveur des deux positions contraires, Ceffons divise sa question en trois distinctions de deux chapitres chacune. Conformément à l'usage scolastique, la première distinction s'appuie sur des arguments d'autorité et des précédents historiques pour montrer que le pape possède l'autorité sur les princes séculiers. Ensuite, dans la distinction 2, Ceffons défend la position contraire, selon laquelle le pape n'a aucun pouvoir sur les affaires temporelles, en énonçant tout d'abord 15 arguments dans le chapitre 1 (des arguments d'autorité pour la plupart) puis une série d'arguments tirés d'auteurs contemporains termine le chapitre 2 : « Dans un certain cahier », déclare Ceffons, « j'ai ainsi trouvé un grand nombre d'arguments qui prouvent l'opposé, et que je reconnais pour des thèses de Marsile de Padoue et Jean de Jandun » [3]. En réalité, le cahier auquel se réfère Ceffons contenait des fragments d'un texte de Guillaume d'Ockham contre le pape Jean XXII. Dans la troisième et dernière distinction, Ceffons présente sa propre opinion qui, assez étonnamment, défend la monarchie papale. Ceffons s'explique, dans son introduction :

1. Voir l'introduction à l'édition à venir du *Parvum Decretum*.

2. Pierre Ceffons, *Parvum Decretum*, éd. Schabel, à paraître : « Circa 18 distinctionem quarti *Sententiarum*, in qua de potestate ministrorum Ecclesiae tractatur, quaero utrum summi pontificis auctoritas super principes saeculares aliqualiter in temporalibus se extendat ».

3. *Ibid.* : « Unde in quodam quaterno reperi argumenta multa probantia oppositum, et puto quod sunt argumenta Marsilii de Padua et Iohannis de Genduno aut alterius eorum astruentium vel astruentis oppositum ».

> Nombreux sont ceux qui défendent la position opposée. Nombre d'hommes d'Église détestent l'Église, bien qu'ils reçoivent d'elle de nombreux bénéfices et qu'ils consacrent tous leurs efforts à s'élever encore plus haut dans sa hiérarchie. Beaucoup supprimeraient de leur plein gré la juridiction de l'Eglise s'ils le pouvaient, bien qu'ils aient fréquemment recours à elle pour obtenir des bénéfices et des mécénats. C'est donc pour lutter contre ceux-ci que je souhaite infléchir quelque peu la partie affirmative de la question [1].

Marsile de Padoue, Guillaume d'Ockham, Michel de Césène (ancien ministre général de l'ordre franciscain déposé par le pape), ainsi que leur bienfaiteur l'empereur Louis de Bavière, tous étaient morts durant les dix années précédentes, à la cour de Munich. Marsile avait défendu une conception complètement différente du gouvernement de l'Église, subordonné aux pouvoirs séculiers ; Ockham, quant à lui, s'était positionné en faveur d'une Église dépourvue de tout pouvoir temporel et de propriété et avait accusé l'anti-pape Jean XXII d'hérésie ; et l'empereur lui-même avait soutenu l'élection de l'antipape Nicolas V. Et pourtant, ce n'est pas contre ces rebelles que Ceffons semble le plus virulent, mais contre l'hypocrite ennemi de l'intérieur, non seulement l'ennemi du pape, mais l'ennemi de l'Église elle-même. Pétrarque vient naturellement à l'esprit. Pour Ceffons, citant les auteurs classiques et le droit canon, l'autorité des supérieurs doit être défendue contre ceux qui cherchent à la détruire pour leur bénéfice personnel et la liberté de se livrer à leurs exactions. « Les seigneurs sont nécessaires dans ce monde » déclare-t-il, « et s'il n'existait ni seigneurs ni juges, il serait nécessaire de les instituer le plus vite possible afin de garantir la paix » [2].

C'est donc sur des bases pragmatiques que Pierre Ceffons défend dans ses propos l'Église Romaine. La critique de l'Église, du pape et de la Curie romaine que l'on trouve dans son *Epistola Luciferi* et son *Centilogium* n'avait pas pour intention de détruire ces institutions, ni même de changer leur structure, mais de réformer leur manière de fonctionner. Pourtant, il demeure réaliste : « S'ils ont de la malveillance en eux, cela ne

1. Pierre Ceffons, *Parvum Decretum*, éd. cit. : « Et quoniam video multos ad oppositam partem affectatos, et plurimi qui sunt de Ecclesia odiunt Ecclesiam, a qua tamen plurima bona recipiunt et ad altiora totis adhuc anhelant conatibus, quorum plures libenter iurisdictionem extinguerent Ecclesiae, si possent, a qua tamen pro beneficiis et patrocinio frequenter recurrunt, idcirco contra eos volo partem affirmativam quaestionis aliquantulum colorare ».

2. *Ibid.* : « Domini enim necessarii sunt mundo. Et si nulli modo essent domini vel iudices, oporteret quod cito fierent aliqui ut pax servaretur in mundo ».

doit guère nous surprendre, puisqu'en effet ils sont humains »[1]. Beaucoup de ceux qui critiquent leurs supérieurs seraient pires qu'eux s'ils arrivaient au pouvoir, puisqu'avec la richesse et la puissance viennent également d'autres choses, sur lesquelles Ceffons ne s'étend pas.

Dans la troisième distinction néanmoins, Ceffons argumente finalement contre Marsile, Ockham et d'autres, puisqu'il ne se contente pas de défendre la légitimité de la curie, mais se place en faveur de la monarchie papale. Faisant écho à la bulle *Unam Sanctam* mais citant Jacques de Viterbe, Ceffons insiste sur le fait que l'Église est un peuple uni, un corps mystique, et qu'elle doit donc posséder une seule tête dirigeant tous ses membres, un seul prince ultime qui préside tous les pouvoirs spirituels et temporels – même si le pape devrait déléguer l'autorité temporelle à d'autres et ne l'exercer qu'indirectement afin de s'épargner ces viles préoccupations. Les pouvoirs spirituel et temporel sont certes distincts, mais l'un est subordonné à l'autre, car si le pape possède bien « l'autorité première » sur les affaires temporelles aussi bien que spirituelles, ce n'est que dans les affaires spirituelles qu'il a « l'exécution directe »[2]. Le pape est le vicaire du Christ sur terre, mais il ne doit pas s'impliquer dans les affaires mondaines, à moins que les autorités séculières ne soient inexistantes (du fait d'une vacance de pouvoir par exemple), inefficaces ou pécheresses. Dans ces cas, en revanche, et même au niveau le plus local, le prélat possède un pouvoir sur les affaires et les biens temporels qui lui permet de les confisquer au dirigeant.

Contre ceux qui font partie de l'Église mais la haïssent et concourent à l'élimination de sa juridiction, Ceffons le répète : il ne fait pas partie de ceux-là, mais « nous nous efforçons d'aimer notre mère l'Église »[3] et de la

1. *Ibid.* : « Et si in eis quandoque reperiantur malitiae, non est nimis stupendum, cum homines sint ».

2. *Ibid.*, d. 3, c. 1, éd. Schabel : « Ecclesia est unus populus et unum corpus mysticum, et idcirco oportet in ea esse unum caput quod omnibus illis membris praesideat. Multitudo principantium non ab invicem dependentium non est bona. Unus ergo debet esse princeps qui praesideat in spiritualibus et temporalibus. Et licet utraque potestas resideat apud papam, diversimode tamen, quia spiritualis est apud ipsum secundum primariam auctoritatem et secundum immediatam executionem, temporalis autem solum secundum primariam auctoritatem, non secundum executionem immediatam, ne militans Deo negotiis se implicet saecularibus et ne temporalia impediant spiritualia, aliquibus temporalibus quanto spiritualis potestas est magis libera tanto magis rebus divinis potest esse intenta. Habet igitur papa utramque potestatem, sed executionem temporalis iurisdictionis tradit principibus saecularibus ».

3. *Ibid.*, d. 3, c. 2, éd. Schabel : « Et quoniam igitur multi sunt de Ecclesia qui odiunt Ecclesiam et vellent eius iurisdictionem esse extinctam, quae si extincta foret, per annum

défendre contre ceux qui tentent de la soumettre et de l'accabler d'impôts. Ceffons conclut cependant par un avertissement :

> Malgré tout, à la fin de cette question, je dis que le souverain pontife, la Curie romaine et les autres recteurs de l'Église doivent se garder de toute arrogance que [leur position] pourrait leur inspirer, et d'après ce que l'on a dit, ils doivent bien plutôt se comporter avec humilité, à l'imitation du Christ [1].

## La mort et l'héritage de Pierre Ceffons

Les seules informations dont nous disposions au sujet de la fin des activités académiques de Pierre Ceffons nous sont données par l'explicit du *Centilogium* : Paris, les Bernardins, 13 avril 1353. Le *Confessionale Petri*, l'*Epistola Luciferi*, et le *Parvum Decretum* furent tous rédigés avant cette date. Trapp avança l'hypothèse selon laquelle Ceffons prononça son *Sermo in capitulo generali* autour de 1353 lorsqu'il « revi[e]nt de Paris » *licentiatus sacrae theologiae* [2], mais le sermon a probablement été prononcé en 1351 – et dans tous les cas il est certain que Ceffons était encore à Paris après cela, comme le prouve sa correspondance avec Jean de Bussières [3].

Puisque le *Centilogium* se réfère au *Parvum Decretum* comme à la distinction [1]8 du livre IV des *Sentences*, il est également probable que Pierre était assez avancé dans son entreprise de rédaction au début de l'année 1353. Cependant, Ceffons évoque dans le livre I un événement récent qui semble s'être déroulé durant l'été ou l'automne 1353 : un bachelier s'était attiré des ennuis en raison de ses déclarations au sujet de la grâce, et ses déclarations correspondent à celles que l'augustinien Gilles de Mantes finit par rétracter le 16 mai 1354 après les avoir professées *hoc anno* dans des lectures et des réponses adressées entre

vellent eam iterum reaccendi, idcirco non simus de illis, sed Ecclesiam studeamus diligere matrem nostram ».

1. Pierre Ceffons, *Parvum Decretum*, d. 3, c. 2, éd. cit. : « In fine tamen huius quaestionis dico quod non propter hoc superbire debet summus pontifex aut Romana curia vel alii Ecclesiae rectores, sed ex verbis recitatis sumere debent humilitatis exemplum a Christo ».

2. Trapp (1957), p. 109. Trapp avance également (p. 116) que Ceffons avait publié son *Epistola introductoria* autour de 1353 peu après « son retour à l'enseignement à Clairvaux », mais il s'agit également d'une simple conjecture.

3. Voir *supra*, n. 1 p. 43.

autres aux bacheliers carmélite et dominicain et qu'il « dixit in disputatione respondendo de *Quolibet* »[1].

Il n'existe aucune preuve du fait que Pierre Ceffons ait été maître en théologie, mais était-il seulement licencié ? Trapp hésite sur ce point. Dans le *Centilogium*, Jésus Christ relate que son scribe, Ceffons, est à présent libéré de ses obligations académiques. Or, les devoirs d'un bachelier *formatus* incluaient la participation dans des disputes. Dans le *Centilogium*, le Christ remarque également que Ceffons, *hoc anno*, s'est livré à une dispute sur la relation entre le pouvoir des prélats et celui des princes, et a composé une longue question sur ce sujet dans son livre IV sur les *Sentences*, et « hoc anno », contre Trapp, signifie soit l'année académique, soit la période débutant à la Pâque 1352[2]. Ailleurs dans le *Centilogium*, le Christ donne davantage de précisions sur la nature de cette dispute : « Tu ipse in quadam quaestione super *Sententias* et in tua responsione de *Quolibet* de hac materia pertractasti »[3]. Il s'agit probablement de l'une des disputes quodlibétiques mentionnées par Ceffons dans son *Epistola introductoria* : « Nam et *Quolibeta* et aliqua alia, de quibus sileo, texeram omnino quae decreverat, Altissimi beneplacito suffragante, mens ipsa notabilem componere seriosius in modum futuro temporis successu »[4]. Pourtant dans le *Centilogium* on ne trouve aucune mention d'une *determinatio* mise par écrit, mais seulement d'une *responsio* orale, ce qui suggère que Ceffons était encore bachelier lorsqu'il y participa, exactement comme son contemporain Gilles de Mantes le suggère dans le passage cité plus haut. Et en effet, une lettre datée de 1352 (c'est-à-dire entre Pâques 1352 et Pâques 1353) indique clairement que Ceffons était alors encore bachelier, et c'est là le seul titre qu'il se voit attribuer dans les explicits des questions sur les *Sentences* et dans la citation du

1. Trapp (1957), p. 126, remarque le folio Troyes 62, f. 56ra, qui est de Pierre Ceffons, *Lectura in I Sententiarum*, d. 17, q. 1, et où l'on trouve la declaration suivante : « Sed pro isto articulo est actualiter unus bacallarius nunc dum hoc scribo accusatus coram magistris et quid erit ei nescio, sed pro me scio quod non dicam conclusionem suam et ex causa, etiam quia alius modus qui communior reputatur teneri potest. Dicere igitur consueverunt Parisius his diebus conformando modum loquendi Decreti quia debetur isti vita aeterna secundum praesentem iustitiam et tamen secundum aeternam Dei praescientiam ». Sur la rétractation de Gilles, voir Denifle et Chatelain (1894), p. 21-23 no. 1218, mais sous le nom de « Guido ».

2. Trapp (1957), p. 115-116.

3. Pierre Ceffons, *Centilogium*, Troyes 859, f. 32ra.

4. Éd. Trapp (1957), p. 136.26-28.

*Confessionale Petri* qui se trouve dans les questions sur les *Sentences* du cistercien Conrad d'Ebrach[1].

Les lettres de Pierre Ceffons nous fournissent un grand nombre d'informations sur Ceffons et ses nombreux amis et connaissances – en particuliers aux Bernardins – qui pour la plupart devinrent par la suite des prélats de premier plan dans l'ordre cistercien ou dans le clergé séculier, s'ils ne l'étaient pas déjà[2]. Pour l'heure, les éléments à notre disposition invitent à penser qu'elles furent pour la plupart composées entre la peste noire et le moment où Ceffons acheva la rédaction du *Centilogium* – c'est-à-dire durant le premier semestre de l'année 1353 – et, à une possible exception près, qu'elles furent toutes rédigées à Paris. Néanmoins, quelques lettres semblent avoir été écrites vers 1360 et indiquent que Ceffons était encore bachelier à cette date.

Les lettres de Ceffons qui nous sont parvenues ne sont pour la plupart pas datées, souvent corrompues, et elles ont été modifiées pour pouvoir répondre aux standards du formulaire cistercien de Saint-Omer 676, ce qui rend leur datation difficile. Une lettre probablement écrite par Ceffons, absente de Harley 2667 mais présente dans Saint-Omer 676, remarque que Guillaume (Smidt) de Chapelle, qui succéda à Pierre Ceffons comme bachelier sententiaire en 1349-1350, était alors *magister actu regens* aux Bernardins quand il fut élu abbé *de Capella in Flandria*, c'est-à-dire de Ter Doest[3]. Le précédent abbé, Michel de Keysere, était décédé le 16 ou le 18 mars 1357 au plus tôt, et Guillaume est mentionné pour la première fois comme abbé le 26 février 1364[4]. Si Ceffons a bien écrit cette lettre, et s'il n'est effectivement jamais devenu maître, cela signifie qu'un de ses collègues plus jeunes lui a été préféré.

Le *terminus ante quem* de la lettre correspond à 1361, date du décès du destinataire, le cardinal Guillaume Court. D'autres lettres, présentes cette fois dans Harley 2667 mais absentes de Saint-Omer 676, sont écrites au nom de Pierre, abbé de Royaumont, ce qui semble impliquer une date entre 1362 et 1376, et de Jean (V) de Bussières, abbé de Clairvaux, entre

1. Pierre Ceffons, *Epistolae diversae*, Harley 2667, f. 141rb.

2. Dans Schabel (2018a), p. 153, nous avons proposé l'hypothèse que celui des correspondants de Ceffons qui demeure le plus mystérieux aujourd'hui, le cistercien Simon de Vauluisant, aurait pu être l'abbé de Vauluisant en 1348-1361 puis de Casamari. Il fut dans tous les cas une figure importante de son temps à Paris, Rome et Avignon : *ibid.*, p. 153-156. Sur Simon, voir également Bougard, Petitmengin *et al.* (2012), p. 69 et p. 322.

3. Pierre Ceffons, *Epistolae diversae*, Saint-Omer 676, f. 61r.

4. Van Hollebeke (1863), p. 155-156.

1359 et 1363[1]. La lettre au bénédictin Pierre Ameilh, qui mentionne les efforts que Ceffons consacre à la rédaction de ses questions sur les *Sentences*, une immense entreprise, date de 1353. Peut-être cette tâche a-t-elle occupé Ceffons pendant des années, alors qu'il était sans doute secrétaire des Cisterciens. Ainsi, si Ceffons a écrit une ou plusieurs de ces dernières lettres, il est peut-être décédé au début des années 1360.

Son héritage a persisté. Durant son existence, les correspondants de Ceffons au sein de l'ordre cistercien mais également au-delà ont sollicité des copies de ses lettres, *principia*, sermons, et autres travaux. Les réponses d'Hugolin d'Orvieto aux *principia* de Ceffons nous ont conservé ceux-ci dans les *principia* de l'augustinien. Après que l'édition des *Lectura* I et II des *Sentences* par Grégoire de Rimini a été publiée, Damasus Trapp se convainquit que Rimini avait opéré de profonds remaniements dans la version finale de son texte en prenant en compte les critiques de Ceffons[2].

Probablement à la suite de la mort de Pierre Ceffons, le cistercien Conrad d'Ebrach – qui copia tacitement des sermons de *principia* de Ceffons – cita celui-ci dans la question sur les anges et la grâce dans le livre II de ses questions sur les *Sentences* à la fin des années 1360, probablement en s'inspirant de son livre II. Étant donné que Conrad alla de Paris à Bologne, puis à Prague et enfin à Vienne, c'est peut-être à lui que l'on doit, directement ou indirectement, la présence dans le couvent dominicain de Vienne du manuscrit contenant les questions sur les livres I, II et IV des *Sentences* de Pierre Ceffons[3]. Si Damasus Trapp s'est tout d'abord intéressé à Ceffons, c'était en raison d'une citation du *Parvum Decretum* par l'augustinien John Hiltalingen de Bâle, et avec Roberto Lambertini nous avons découvert que le *Parvum Decretum* était l'une des sources du célèbre *Somnium viridarii* rédigé par Évrart de Trémaugon au milieu des années 1370, et de la version française qu'il composa peu après pour le roi Charles V, *Le songe du vergier*[4]. Comme nous l'avons vu, le *Confessionale Petri* étendit son influence dans l'ordre

1. Pierre Ceffons, *Epistolae diversae*, Harley 2667, f. 137vb (« Pro abbatia Regalis Montis per eundem Petrum [de Ceffons] ») et 140rb.

2. Trapp (1984), p. 214 ; *cf.* n. 5 p. 211.

3. Stegmüller (1947), t. I, p. 322. Sur les voyages de Conrad, voir Brînzei et Schabel (2018a), p. 468, pour les références au livre II.

4. Trapp (1957), n. 4 p. 102. Le lien avec le *Somnium viridarii* sera analysé dans l'introduction à notre édition du *Parvum Decretum*. Pour les éditions du texte d'Évrart de Trémaugon, voir *Somnium viridarii*, éd. Marion Schnerb-Lièvre, 2 t., Paris, CNRS, 1993-1995 et *Le songe du vergier*, éd. Marion Schnerb-Lièvre, 2 t., Paris, CNRS, 1982.

cistercien mais également en dehors, et toucha le moine blanc Conrad d'Ebrach aussi bien que l'augustinien Denis de Modène. Le *Centilogium* n'a pas fait pour l'instant l'objet de beaucoup d'études, mais l'*Epistola Luciferi*, même si elle circula surtout anonymement, eut un impact considérable, jusqu'à inspirer à Pierre d'Ailly la rédaction d'une imitation. En d'autres termes, c'est Pierre d'Ailly qui semble devoir être considéré comme le véritable héritier de Pierre Ceffons. Dans les ouvrages d'Ailly, nous n'avons pas pour l'instant repéré de références explicites ou de citations mot à mot, ce qui peut nous surprendre de la part d'Ailly, qui ne réserve pas le même traitement à ses autres sources. Cela n'a pourtant pas empêché les spécialistes de souligner la proximité entre les deux Pierre, par exemple dans leur attitude à l'égard des condamnations des années 1340, et au sujet de l'hypothèse du Dieu trompeur [1]. Comme nous le verrons dans les chapitres suivants, Pierre d'Ailly est, en un sens, l'héritier de Pierre Ceffons en ce qui concerne les questions modales, de sorte qu'il nous apparaît que le futur cardinal n'était pas sans connaître les travaux du cistercien.

1. Weinberg (1948), p. 115 (cet aspect a depuis été souligné à de nombreuses reprises); Genest (1984), p. 203, p. 205-207 et n. 72 p. 214.

CHAPITRE II

## *PRAETERITUM NON POTEST NON FUISSE* DIEU PEUT-IL DÉFAIRE LE PASSÉ ?

Il y a quelques décennies, alors que j'enseignais l'histoire à des lycéens sur une île au large de la Turquie et de la Syrie, j'eus une discussion avec deux élèves particulièrement brillants. L'un d'eux disait que la visite d'extraterrestres constituait la meilleure explication de certains phénomènes terrestres, tels que les cercles de culture. Le second lui répondait qu'admettre l'intervention fréquente d'extraterrestres dans nos affaires serait un changement tellement fondamental dans notre vision du monde que les preuves en faveur d'une telle intervention devraient être écrasantes pour justifier cette admission. Quand bien même Sherlock Holmes aurait raison – le premier étudiant conclut, en le citant : « Quand on a éliminé l'impossible, tout ce qui reste, quelque improbable que cela soit, doit être la vérité » – [1], éliminer l'impossible mène pourtant rarement à une explication possible. Nous pourrions appliquer le scepticisme du deuxième étudiant à diverses théories du multi-univers en physique, mais je veux ici me concentrer sur les traitements médiévaux de la question de savoir si Dieu peut défaire le passé, en suivant le point de vue de Pierre Ceffons.

Si le passé pouvait être défait, cela constituerait un changement fondamental dans notre vision du monde, plus radical encore que la découverte d'une vie extraterrestre intelligente. C'est pourquoi l'affirmation selon laquelle tout penseur médiéval aurait soutenu que le passé pouvait être défait doit être étayée par des preuves solides. Je voudrais commencer de

1. A. Conan Doyle, *The Sign of Four* (1890), chap. VI : http ://en.wikiquote.org/wiki/Sherlock_Holmes.

la manière la moins scientifique possible, en commettant ce qui, aux yeux des spécialistes, constitue un grave péché : je suis d'avis que seul un imbécile aurait pu dire que Dieu pouvait défaire le passé, ou bien un philosophe désinvolte comme Lorenzo Valla. John Marenbon, qui a publié ses conférences dans la même collection il y a quelques années [1], a été le peer reviewer du livre que j'ai publié en 2000. Ayant vu que j'y avais écrit qu'un certain théologien, Nicolas Bonet, avait évité d'utiliser le verbe *mutare* pour dire que Dieu pouvait *changer* le passé, Marenbon commenta : « Mais bien sûr que non, ce serait bête ». Malgré l'absurdité implicite de cette idée, on a pourtant affirmé que certains théologiens médiévaux parmi les plus éminents auraient précisément soutenu cette position. Lodi Nauta résume ainsi la position générale sur l'histoire de ce sujet, dans la littérature secondaire :

> Concernant cette question, les auteurs médiévaux étaient partagés : Jérôme, Augustin, et [Thomas d']Aquin avaient nié que Dieu pouvait défaire le passé, et la plupart des auteurs du Moyen-Âge tardif, y compris Ockham, étaient d'accord avec cette position… D'autres auteurs, tels que Pierre Damien, Anselme de Cantorbéry, Gilbert de Poitiers, Thomas Bradwardine, Grégoire de Rimini et Pierre d'Ailly, pensaient que Dieu pouvait défaire le passé [2].

Nauta range Lorenzo Valla dans le second camp. Il suit la présentation de John Monfasani, qui précisait que Valla avait procédé « négligemment » « sans tenir compte des implications de sa position », concluant que « Lorenzo Valla n'était pas un théologien », ou alors, si l'on préfère, « un théologien sérieusement désinvolte » [3].

Monfasani et Lauta donnent la liste classique des suspects – à laquelle on peut ajouter Guillaume d'Auxerre et Jean de Mirecourt – que l'on a trouvé dans un certain nombre d'ouvrages secondaires en différentes langues [4]. Souvent, dans la littérature secondaire, ces affirmations sont des

1. Marenbon (2005).

2. Nauta (2009), p. 117 : « Medieval authors were divided over this question : Jerome, Augustine, and Aquinas had denied that God could undo the past, and most late-medieval authors, including Ockham, agree with this position… Other authors, such as Peter Damiani, Anselm of Canterbury, Gilbert of Poitiers, Thomas Bradwardine, Gregory of Rimini, and Pierre d'Ailly, believed that God could undo the past ».

3. Monfasani (2000), p. 2 et p. 13.

4. E.g. Funkenstein (1986), p. 127 : « Damiani argued that, if he wished, God could indeed reverse past events and have Rome not be founded » ; p. 149 : « Another answer to Ockham's challenge was the serious attempt to defend the reversibility of time *de potentia Dei absoluta* by Bradwardine and Gregory of Rimini » (n. 73 : « and permits [Gregory] to

exagérations ou même des malentendus ayant pour origine d'autres études, comme l'article classique de William J. Courtenay sur Jean de Mirecourt et Grégoire de Rimini, ou le livre de Jean-François Genest sur Thomas Buckingham et Thomas Bradwardine [1]. En admettant que la plupart de ces auteurs n'étaient ni des imbéciles, ni des penseurs désinvoltes, ont-ils réellement pu soutenir que Dieu pouvait défaire le passé ? Et qu'avait à dire Ceffons sur cette problématique philosophique et sur les auteurs énumérés plus haut?

Les auteurs scolastiques supposés avoir admis un pouvoir divin sur le passé sont :

Pierre Damien, *De divina potentia*, 1065
Anselme de Cantorbéry, *Cur Deus homo*, 1095-1098
Gilbert de Poitiers, *In De Trinitate Boethii*, 1140-1147
Guillaume d'Auxerre, *Summa aurea*, 1220-1225
Grégoire de Rimini, OESA, *Lectura in primum Sententiarum*, 1343-1344
Thomas Bradwardine, *De causa Dei*, 1344
Jean de Mirecourt, OCist, *Lectura in primum Sententiarum*, 1344-1345
Pierre d'Ailly, *Quaestiones in primum Sententiarum*, 1377-1378

say that… God can indeed "change the past" »). Resnik (1992), p. 99 : « Later thinkers like Gilbert of Poitiers, Thomas Bradwardine, and Gregory of Rimini, all hold that God *can* undo the past without contradiction ». Sylwanowicz (1996), p. 226 : « Thus Bradwardine's aim was to extend divine power over past events in his claim that "God can undo the past". He was breaking with the consensus view since the late thirteenth century that God cannot undo the past ». Grant (2001), p. 51 : « To show his contempt for logic, [Pierre Damien] allowed that God could undo an historical event by willing that it had not happened ». Janda et Joseph (2003), n. 14 p. 138 : « Likewise, in direct contradiction of Agathon's claim are at least seven medieval Roman Catholic philosopher/theologians (including one saint) who argued that a proper understanding of divine omnipotence leads inescapably to the conclusion that God does have the power to undo the past. As copiously documented by Courtenay… this assertion was made by all of the following : Cardinal Bishop (and Saint) Peter Damian (*c.*1060), William of Auxerre (*c.*1075) (*sic*), Bishop Gilbert of Poitier (*sic*) (*c.*1130), Rodulphus de Cornaco (*c.*1343), Archbishop of Canterbury Thomas Bradwardine (*c.*1344), Augustinian Vicar General Gregory of Rimini (*c.*1345), and Pierre d'Ailly (*c.*1375) ». Popkin (2008), n. 7 p. 286 : « Another medieval figure not discussed by Descartes, Bayle, or Funkenstein was John of Mirecourt, who apparently contended that God can be a deceiver and that God can change the past! ». Livesey (2008), p. 13 : « Can God change past events, as Peter Damian argued in the eleventh century… ? ». Voir aussi Gerogiorgakis (2017), p. 111.

1. Courtenay (1972) et (1973) ; Genest (1992).

Ceffons aborde ce problème là où il était devenu traditionnel de le faire, à savoir dans les distinctions sur la puissance divine, vers la fin du premier livre des questions sur les *Sentences* de Pierre Lombard. Le problème du pouvoir divin sur le passé n'était qu'un sujet parmi plusieurs de ceux que les théologiens pouvaient aborder dans les distinctions 42-44, et on ne lui consacrait en général guère d'espace, parfois même pas du tout, ce qui devrait mettre en doute l'idée que des arguments radicaux aient été donnés dans ce contexte précis. Cependant, non seulement Ceffons réserve à ce sujet une question entière, mais celle-ci est la plus ample que j'aie trouvée, bien qu'elle ne contienne qu'environ 1000 lignes : « Je demande si Dieu peut faire en sorte que le monde n'ait jamais existé » [1]. De plus, lorsqu'il traite le problème de l'éternité du monde dans le livre II, distinction 3 (à nouveau 1000 lignes environ), Ceffons formule sa question comme un prolongement de la question traitant du pouvoir sur le passé : « Je demande si ceux qui affirment que le passé est susceptible de ne pas avoir existé peuvent, par conséquent, apparemment soutenir que cette proposition peut être vraie : "Le monde a existé depuis l'éternité" » [2].

Ce n'est pas simplement l'étendue de la discussion qui permet au texte de Ceffons d'être un excellent point d'entrée pour aborder cette problématique. William J. Courtenay a parcouru une partie des sources traitant du pouvoir de Dieu sur le passé. Il constate un déclin de l'intérêt pour cette question après 1300, un nouvel éveil après 1320, en lien avec l'intérêt grandissant pour le problème de la prescience divine des futurs contingents (voir le chapitre IV), et ensuite une sorte d'apogée à la fin des années 1330 et au début des années 1340, dans les œuvres d'Oxford de Thomas Buckingham et de Thomas Bradwardine, auteurs adoptant des positions opposées [3]. L'attention de Courtenay s'est fixée sur le cistercien Jean de Mirecourt, qui avait lu les *Sentences* à Paris en 1344-1345, et qui était l'héritier de la première phase du débat Buckingham-Bradwardine. Bien que Mirecourt n'ait pas été en mesure de prendre en considération

1. Pierre Ceffons, *In I Sententiarum*, d. 44, q. 1, Troyes 62, f. 65rb : « Circa distinctionem 44$^{am}$, in qua Magister agit de potentia Dei, quaero utrum Deus posset facere quod mundus numquam fuisset ».

2. *Id.*, *In II Sententiarum*, d. 3, Troyes 62, f. 107vb : « Circa tertiam distinctionem secundi libri, quaero utrum illi qui tenent quod praeteritum possit non fuisse possint sustinere consequenter apparenter quod haec est possibilis : "ab aeterno mundus fuit" ».

3. Courtenay (1973), p. 148-149. Au contraire de ce qu'indique Adams (1983), 28, en réalité Buckingham s'opposait à l'idée d'un pouvoir divin sur le passé, et il était très véhément à cet égard. Contrairement à un mythe ancien, il n'y eut jamais à Paris de débat entre Buckingham et Bradwardine : voir Kaluza (1976).

le *De causa Dei* de Bradwardine, achevé en 1344, ou la plus tardive *Determinatio de contingentia futurorum* de Buckingham, on sait que Buckingham a commenté les *Sentences* à Oxford vers 1340, bien après Bradwardine, et aussi que dans ses questions sur les *Sentences* Buckingham réagissait à Bradwardine [1]. Le traitement donné par Buckingham dans ses questions sur les *Sentences* était, d'après Courtenay, « le plus ample et le plus complet » donné jusqu'alors [2], et il servit de base, mot pour mot, à la discussion que Mirecourt, entre autres, lui réserva, ainsi qu'à la défense ultérieure de Buckingham dans sa *Determinatio* [3]. Ceffons connaissait la question afférente de son confrère Mirecourt, mais il avait aussi un accès direct aux *Sentences* de Buckingham, et il incorpora dans son traitement presque tout le matériau de ce théologien séculier d'Oxford. Cependant, comme Ceffons connaissait aussi le *De causa Dei* de Bradwardine et certaines autres œuvres récentes, il a fait beaucoup d'ajouts à Buckingham, ce qui fait que sa question est non seulement la plus longue, mais aussi la plus complète que je connaisse [4].

## LES ARGUMENTS DE CEFFONS OUVRANT LA DISCUSSION ET LA STRUCTURE DE LA QUESTION

Si une grande partie de la question de Ceffons dans la distinction 44 est empruntée à d'autres auteurs, je n'ai en revanche trouvé nulle part, au cours du Moyen-Âge, le deuxième argument du début du texte contre le pouvoir de Dieu sur le passé. Cet argument repose sur les règles des *obligationes*, et suppose que l'adversaire admet que Dieu peut défaire le passé :

> Dieu fera en sorte que tu n'existes pas, ni n'ait [jamais] existé, et par conséquent tu n'existes pas. L'antécédent est douteux pour toi, donc le conséquent ne pourra pas être nié par toi. La conséquence est valide. Le

1. Genest (2002a), p. 396.
2. Courtenay (1973), p. 151.
3. Je préfère l'édition de Genest (1992) à celle de De la Torre (1987).
4. J'ai achevé une edition critique de ce texte, qui fait partie du volume consacré aux distinction 35-48 du premier livre des *Sentences* de Pierre Ceffons, que j'éditerai avec Hubert Alisade et Hans Kraml. Je choisis de numéroter les paragraphes afin d'aider le lecteur à se repérer à l'intérieur du texte de Ceffons.

> fait que cet antécédent soit douteux pour toi est clair, parce que tu ne sais pas si Dieu fera cela, et d'après toi il est possible [qu'Il le fasse] [1].

Le type d'*obligatio* utilisé ici est la *dubitatio*, et selon les règles de la *dubitatio*, quand l'antécédent doit être mis en doute, le conséquent ne peut pas être nié [2]. La présentation de l'argument par Ceffons est parfaitement claire : si tu acceptes l'idée que Dieu détient un pouvoir sur le passé, alors tu ne peux pas exclure la possibilité que, disons demain, Dieu supprime ton existence temporelle tout entière. Mettons que Dieu supprime demain ton existence de cette manière. À partir de cet antécédent, le conséquent s'ensuit, en effet : tu n'existes pas à présent.

Bien évidemment, le même principe qui peut être appliqué plus largement à toute chose ou à tout état de choses passé, présent ou futur, est particulièrement intéressant lorsqu'on se concentre sur le présent. Ainsi, quiconque admet que Dieu peut défaire le passé, serait tenu, une fois confronté à la question : « Est-ce que tu existes ? », de répondre : « Je ne sais pas ». Descartes ne pourrait pas, dans ce cas, affirmer avec détermination : *Cogito, ergo sum*, parce que le *cogito* serait toujours l'objet d'un doute. Bref, selon l'argument de Ceffons, aucune affirmation concernant le présent ne serait certainement vraie, ni celles concernant le passé et le futur. On peut alors aisément comprendre pourquoi Ceffons peut formuler de manière aussi inhabituelle sa question sur l'éternité du monde, car pour quelqu'un qui admet que le passé est susceptible de ne pas avoir existé, la proposition suivante est en effet possible : « Le monde a existé depuis l'éternité », dans le sens où demain Dieu pourrait faire en sorte que le monde ait existé depuis l'éternité ; et s'Il fait cela demain, alors il est vrai aujourd'hui que le monde a existé en fait depuis l'éternité, indépendamment de ce qu'Étienne Tempier a pu dire. Au même titre, la proposition : « Le monde n'a jamais existé » est aussi possible. D'après la formulation de Ceffons, l'argument des *obligationes* est un argument de type *reductio ad absurdum*, mais il prouve aussi que le pouvoir sur le passé est impossible sur la base du principe de non-contradiction.

Il se peut également que le premier argument de Ceffons soit de sa propre invention, mais il existe des antécédents : « Si Dieu fait en sorte que le monde n'ait jamais existé, il ferait cela ou bien en préservant le

1. Pierre Ceffons, *I Sent.*, d. 44, q. 1, Troyes 62, f. 65rb [§ 2] : « 2°, Deus faciet quod tu non sis nec fueris, ergo tu non es. Antecedens est tibi dubium, ergo consequens non est a te negandum. Consequentia est bona. Et quod antecedens sit tibi dubium patet, quia tu nescis utrum Deus hoc faciet, et per te possibile est etc. ».

2. Selon un échange personnel avec Mikko Yrjönsuuri, mais voir aussi une discussion plus récente dans Dutilh Novaes et Uckelman (2016), § 15.2.2 et Uckelman (2017), § 6.3.

monde, ou bien en détruisant le monde ; mais il n'a fait ni l'un, ni l'autre, etc. »[1]. On a ici un bon exemple de l'état inachevé du travail de Ceffons sur les *Sentences*, car il n'a ni complété, ni parachevé le tout premier argument de sa question. L'argument semble similaire à celui que l'on trouve chez Bonaventure (c. 1253-1257), un des théologiens préférés de Ceffons dans plusieurs contextes, même si le cistercien cite rarement le franciscain de manière explicite. L'argument semble affirmer qu'il n'y a que deux options : soit Dieu peut préserver le monde, ce qui n'implique certainement pas que le monde n'ait pas existé ; soit Il peut détruire le monde, ce qui, encore une fois, n'a pas d'effet sur l'existence passée du monde. Ceffons veut sans doute dire qu'une troisième option n'aurait pas de sens. Voilà ce qu'affirmait Bonaventure sur cette troisième option :

> Toute puissance, en effet, en tant qu'elle fait quelque chose, se rapporte à l'être comme principe, comme terme ou les deux à la fois. C'est ainsi que Dieu peut faire du non-être de l'être et inversement, et faire d'un être un autre. Mais faire du non-être du non-être, ce n'est pas du tout de la puissance. C'est pourquoi, bien que Dieu puisse faire que tout être créé, parole ou chose, n'existe pas, il ne peut pas cependant, de ce qui a été et n'existe plus, faire que cela n'ait pas été. Cela est en vérité impossible à Dieu, car faire cela, c'est ne rien faire[2].

Voilà ce que Ceffons semble avoir présent à l'esprit : Dieu peut faire en sorte que le monde n'ait pas existé soit en le préservant, soit en le détruisant, soit en faisant un non-être à partir d'un non-être. Quelqu'un pourrait objecter que cet argument peut également être appliqué à l'avenir, mais il peut aussi être considéré comme une démonstration convaincante. Je donnerai plus de détails sur cela dans ma conclusion.

Il faut remarquer que l'on a affaire ici aux premiers arguments de Ceffons, qui ne reflètent pas *nécessairement* sa position personnelle. Comme il a été mentionné, Ceffons a laissé son œuvre sur les *Sentences* dans un état chaotique, et cette question ne fait pas exception. Ceffons fait suivre ses deux premiers arguments d'une longue liste d'*auctoritates*, puis

1. Pierre Ceffons, *In I Sententiarum*, d. 44, q. 1, Troyes 62, f. 65rb [§ 1] : « Et videtur primo quod non, quia si faceret quod mundus numquam fuisset, ad hoc faceret mundum conservando aut mundum destruendo ; sed nec sic nec sic, etc. ».

2. Bonaventure, *In I Sententiarum*, d. 42, q. 3, p. 752b : « Omnis enim potentia quae intelligitur aliquid facere recipit ens vel in ratione principii vel termini vel utroque modo. Unde de ente potest facere non-ens et e converso, et de uno aliud. Sed de non-ente facere non-ens, hoc nullius omnino potentiae est. Unde quamvis Deus de omni ente creato possit facere quod non sit [...] tamen de eo quod fuit et non est, facere quod non fuerit, hoc omnino Deo est impossibile, quia hoc facere est nihil facere » ; trad. fr. Ozilou (1994), p. 179.

d'arguments, presque 40 au total, tous tirés de Thomas Buckingham, un auteur mentionné juste après : « Cela et d'autres choses sont discutés par Buckingham, et il répond comme il suit : "Sur cet article, à savoir si Dieu peut vouloir que le monde ait jamais existé, je soutiens qu'Il ne le peut pas" » [1]. (Petit bémol ici : bien que le texte de Ceffons dans l'unique manuscrit ayant survécu soit difficile à déchiffrer, l'horrible édition incunable des *Sentences* de Buckingham est encore pire !) Après avoir donné la *responsio* de Buckingham mot pour mot, Ceffons propose un certain nombre d'*auctoritates* et d'arguments en faveur de la position opposée et affirmative, qui soutient le pouvoir de Dieu de défaire le passé, arguments tirés tacitement de l'augustinien Grégoire de Rimini, mais qui ne représentent peut-être pas l'opinion même de Grégoire. Ceffons poursuit jusqu'à la fin de sa question en proposant des arguments *pro* et *contra* : il répond d'abord à des arguments qui semblent être les siens, ensuite aux *auctoritates*, arguments, et *responsio* de Buckingham, inspirés parfois de Jean de Mirecourt et de Grégoire de Rimini. Ceffons ajoute des arguments contre le pouvoir de Dieu sur le passé, et répond ensuite à ces mêmes arguments ; il ajoute encore des *auctoritates* et des arguments en faveur de la capacité de Dieu de défaire le passé ; il répond aux *auctoritates* et aux arguments *pour* la thèse, empruntés à Grégoire, et ensuite aux autres *auctoritates* et arguments ; il insère encore plus d'arguments *contre* la thèse, empruntés à Buckingham, et y répond ensuite ; enfin, il soulève une objection et y répond.

**La structure de la *distinctio* 44 de Pierre Ceffons :**

[§ 1-2] *argumenta contra* (Ceffons ?)

[§ 3-21] *auctoritates contra* (Buckingham)

[§ 22-41] *argumenta contra* (Buckingham)

[§ 42-44] *responsio Buckingham ad quaestionem*

[§ 45-53] *auctoritates et argumenta pro* (Rimini)

[§ 54-59] *responsiones ad* § 1-2 (Ceffons ?)

[§ 60-69] *responsiones ad* § 3-21 (Rimini et Ceffons ?)

[§ 70-84] *responsiones ad* § 22-41 (Ceffons ?)

1. Pierre Ceffons, *In I Sententiarum*, d. 44, q. 1, Troyes 62, f. 65vb [§ 42] : « Haec et quaedam alia arguit Bokinkam, et respondet dicens sic : "Ad istum articulum, utrum Deus possit velle mundum numquam fuisse, teneo quod non" ».

[§ 85] *responsio ad* § 42 (Ceffons ?)

[§ 86-93] *argumenta contra et responsiones* (Ceffons ?)

[§ 94-105] *auctoritates et argumenta pro* (Rimini, Buckingham, et Ceffons ?)

[§ 106-115] *responsiones ad* § 45-53 (Rimini et Ceffons ?)

[§ 116-125] *responsiones ad* § 94-105 (Rimini, Buckingham, Ceffons ?)

[§ 126-129] *argumenta contra* (Buckingham)

[§ 130-134] *responsiones ad* § 126-129 (Ceffons ?)

[§ 135-137] *obiectiones pro parte negativa* (Ceffons ?)

[§ 138-141] *responsiones ad* § 135-137 (Ceffons ?)

Globalement, la question peut être lue comme une série de notes qui n'ont pas été disposées dans un traité cohérent concernant le pouvoir de Dieu sur le passé. Et pire encore : puisque Buckingham était certainement d'avis que le passé ne pouvait pas être défait, le fait de présenter ses autorités et ses arguments permet explicitement à Ceffons de remettre à plus tard l'exposé de sa propre position, ou tout simplement d'éviter de la donner. Réarrangeons alors la question de Ceffons de telle manière qu'elle serve notre but. Tout d'abord, il faut regarder brièvement les autorités qui nient le pouvoir de Dieu sur le passé. Ensuite, il faut considérer les arguments contre le pouvoir de Dieu de défaire le passé. Enfin, il faut examiner plus longuement les autorités supposées avoir affirmé que Dieu pouvait défaire le passé, ainsi que leurs arguments, présentant l'interprétation de Ceffons, et peut-être même sa véritable opinion.

## LES AUTORITÉS QUI NIENT LE POUVOIR DE DIEU SUR LE PASSÉ

Dans l'*Ethique à Nicomaque*, livre VI, chapitre 4, Aristote se déclare d'accord avec un adage qu'il attribue à Agathon : « Car seulement cela fait défaut même à Dieu : le fait de défaire les choses ayant auparavant été faites », à savoir : la seule chose dont Dieu est dépourvu est le pouvoir de défaire le passé, adage transmis en Occident latin sous la forme suivante : *Hoc solo privatur Deus : ingenita facere quae utique facta sunt*[1]. Ceffons cite également le chapitre 9 du *De interpretatione*, dans lequel Aristote oppose la vérité déterminée dans les propositions sur le passé et le présent à celles sur l'avenir[2].

Parmi les auteurs énumérés par Lodi Nauta, Jérôme est cité par Ceffons en premier. Dans sa lettre à Eustache, numéro 22, Jérôme déclare, d'après ce que Ceffons relate par l'intermédiaire de Buckingham : « Je parle avec audace : alors que Dieu peut faire toute chose, Il ne peut pas maintenir une vierge dans la droiture, après sa chute », ce qui ne veut pas dire, d'après les explications de Buckingham, que Dieu ne peut pas la restaurer physiquement à son état « fermé et scellé » d'avant d'être déflorée, mais qu'Il ne peut pas faire en sorte qu'une femme qui a été corrompue ne l'ait pas été, donc supprimer le fait de sa corruption originaire[3].

Dans le livre XXVI du *Contra Faustum*, chapitre 5, Augustin tourne en dérision ceux qui déclarent qu'un Dieu omnipotent devrait être capable de défaire le passé, ce qui équivaudrait à dire que Dieu doit être capable de faire que quelque chose soit, à la fois et sous le même rapport, vrai et faux[4].

1. Pierre Ceffons, *In I Sententiarum*, d. 44, q. 1, Troyes 62, f. 65va [§ 7] : « Ad idem arguitur per Philosophum, VI *Ethicorum*, capitulo 3°, ubi dicit quod Agathon recte dixit quod "hoc solo privatur Deus : ingenita quae utique facta sunt", et per consequens "hoc" dicitur "posse facere quod quae facta sunt fuerint non facta" ». *Cf.* Aristote, *Ethica Nicomachea* VI, c. 1 : 1139b9-10.

2. Pierre Ceffons, *In I Sententiarum*, d. 44, q. 1, Troyes 62, f. 65va [§ 9].

3. *Ibid.*, f. 65rb [§ 3] : « 3° sic, quia Hieronymus, in epistola ad Eustochium virginem, dicit : "Audacter loquor, cum omnia possit Deus, sustinere virginem non potest post ruinam". Et videtur quod non loquatur de reparare quod est [facere] corruptam esse clausam et sigillatam sine omne corruptione sicut prius erat, sed ideo loquitur quod non potest Deus facere de illa quae fuit corrupta quin illa fuerit corrupta etc. ».

4. *Ibid.*, f. 65va [§ 5] : « 5°, quia Augustinus, *Contra Faustum*, XXVI libro, capitulo 3°, tractans materiam de omnipotentia Dei, dicit : "Quisquis dicit, 'si sic omnipotens est Deus, faciat ut quae facta sunt facta non fuerunt', non videt se dicere, 'si omnipotens est Deus, faciat ut quae vera sunt eo ipso quod vera sunt falsa sint'," volens Augustinus quod idem vel

Les autres autorités proviennent toutes de la période d'après 1100. Pour ce qui est du XII^e siècle, Ceffons cite Pierre Lombard à deux reprises, dans la distinction 44 du livre I des *Sentences*, pour dire que, même si Dieu dispose de tout le pouvoir qu'Il a jamais eu, Il ne sera jamais capable de faire (dans le présent) ce qu'Il était (auparavant) capable de faire à un moment donné, comme, par exemple, d'être incarné et ressuscité de nouveau pour la première fois [1]. Ceffons cite également Anselme par deux fois, en se référant à trois de ses œuvres : le *Cur Deus homo*, le *Proslogion*, et le *De concordia*, alors que Lodi Nauta invoque Anselme en faveur de la thèse du pouvoir sur le passé [2]. C'est sans doute pour cette raison que la discussion autour du *De concordia* d'Anselme est plutôt longue, mais j'y reviendrai.

La liste de théologiens universitaires cités par Ceffons par l'intermédiaire de Buckingham est impressionnante, même si le premier parmi ceux-ci, Guillaume d'Auxerre, était invoqué également pour le camp opposé, comme on le verra par la suite. Outre la citation d'Alexandre de Halès dans la *Summa* (en utilisant le *Contra Faustum* d'Augustin), Ceffons se réfère aussi aux leçons sur les *Sentences* d'Albert le Grand, à Bonaventure (bien que l'argument mentionné plus haut n'y soit pas présenté en entier), à Thomas d'Aquin dans le *Scriptum*, à Gilles de Rome (citant le *dictum* d'Agathon et soutenant que refaire le passé implique une contradiction), à Jean Duns Scot et, dans une référence voilée, au méconnu Richard Carew (fl. entre 1252 et 1290). Enfin, on y trouve également des citations des *quodlibeta* d'Henri de Gand et de Godefroid de Fontaines [3].

On devrait préciser que Buckingham, et par conséquent Ceffons, ont recueilli le soutien des plus importantes autorités jusqu'à Duns Scot et, même s'il y a des doutes quant aux positions exactes d'Anselme et de Guillaume d'Auxerre, il est pourtant clair que les grands noms des *antiqui* de l'université, à savoir Albert le Grand, Thomas d'Aquin, Bonaventure, Gilles de Rome, Henri de Gand, Godefroid de Fontaine et Duns Scot, étaient tous du côté de Buckingham.

simile sit facere quae facta sunt non facta fuisse et facere quae vera sunt eo ipso quod vera sunt esse [falsa] ».

1. *Ibid.*, f. 65va [§ 6, 10].

2. *Ibid.*, f. 65va [§ 4, 8].

3. *Ibid.*, f. 65va : Alexandre de Halès [§ 11], Thomas d'Aquin [§ 12], Jean Duns Scot [§ 13], Gilles de Rome [§ 14], Albert le Grand [§ 15], Bonaventure [§ 16], Guillaume d'Auxerre [§ 17-18], Richard Carew [§ 19], Henri de Gand [§ 20], Godefroid de Fontaines [§ 21].

## ARGUMENTS CONTRE LE POUVOIR DE DIEU SUR LE PASSÉ

Les vingt arguments de Buckingham contre la possibilité de défaire le passé, dans ses questions sur les *Sentences*, ne sont malheureusement pas encore disponibles dans une édition critique, alors qu'ils ont été repris dans sa *Determinatio de contingentia futurorum*, traité beaucoup moins copié, mais qui a eu droit à deux éditions critiques. Pour l'instant, je dois m'en tenir à la première édition, fautive, des questions sur les *Sentences*, ainsi qu'au propre récit de Ceffons.

Parmi les vingt arguments décomptés ici, plusieurs invoquent l'idée que j'ai attribuée à Bonaventure, et selon laquelle le passé n'est rien, il est un non-être pur, qui ne peut être soumis à aucune puissance, car une puissance interagit avec un être dans le but de créer ou de détruire, au commencement ou à la fin. Buckingham débute avec une expérience de pensée : imaginons que Dieu n'ait encore rien créé. Dans ce cas, cela n'a pas de sens de dire que Dieu est la cause du fait qu'il n'y a rien, car si l'on imagine que Dieu n'existe pas, il n'y a toujours rien, et Dieu ne serait certainement pas la cause du fait que rien n'est [1]. Et si l'on persiste à dire, continue Buckingham, que Dieu est la cause de la non-existence du monde avant sa création, le terme « cause » est alors compris dans un sens imprécis, de la même manière qu'Anselme utilise, dans le *De casu diaboli*, le terme « faire » (*facere*) pour dire que, lorsque Dieu ne fait pas une chose qu'Il peut faire, on peut dire qu'il « fait en sorte qu'elle ne soit pas » ; mais cette manière de parler est « impropre », selon Anselme [2]. Buckingham ne semble pas approfondir cette ligne d'argumentation, car il se contente de la reprendre, et de répéter à la fois que la privation ou le non-être ne sont soumis à aucune puissance et que, indépendamment de ce que Dieu fait à l'instant présent, y compris s'il anéantit tout, le monde aura toujours existé de toute manière [3].

Buckingham donne peut-être de meilleurs arguments ensuite, lorsqu'il déclare que si Dieu avait fait en sorte que le monde n'ait jamais existé, Il aurait fait cela à partir de quelque chose ou à partir de rien. Si c'était à partir de quelque chose, alors évidemment quelque chose aurait à la fois existé et jamais existé, ce qui est impossible. Si c'était à partir de rien, alors rien ne serait fait à partir de rien, ce qui est tout aussi insensé que de faire la chose X à partir de la chose X. Buckingham insiste sur l'idée

1. Pierre Ceffons, *In I Sententiarum*, d. 44, q. 1, Troyes 62, f. 65va [§ 22].
2. *Ibid.*, f. 65va [§ 23].
3. *Ibid.*, f. 65va-b [§ 24-27].

que faire quelque chose a toujours comme résultat un changement, qui exige à son tour un *terminus a quo*[1].

Même si Buckingham n'atteint jamais le niveau des superbes *obligationes* de Ceffons, il s'efforce du moins de tracer les contours de certaines idées absurdes. Une de ses lignes d'argumentation se réfère aux auteurs qui défendent l'idée du pouvoir de Dieu sur le passé, et qui affirment que Dieu peut défaire quelque chose qui relève du passé, du présent ou du futur sans pour autant causer un changement dans le passé, le présent ou le futur[2]. Buckingham énumère les idées absurdes qui en découleraient, si cela était vrai :

> Dieu pourrait faire en sorte que mon père ne soit pas mon père, sans aucun changement, [Il pourrait] faire qu'une chose noire soit blanche, sans aucun changement, et [Il pourrait] faire en sorte que moi-même, qui suis à Paris, sois dans le ciel ou à Rome, sans aucun changement[3].

Buckingham clarifie sans doute ce qu'il veut dire, et se rapproche ainsi, dans le passage suivant, de l'exemple des *obligationes* :

> Il s'ensuit que Dieu pourrait faire en sorte que je n'existe pas sans que mon existence cesse, car Dieu peut faire en sorte que je n'aie jamais existé, ni n'existe à présent. Et s'Il fait cela, Il ferait en sorte que je n'existe pas sans détruire mon existence, car je n'aurais jamais eu d'existence[4].

Sans approfondir la discussion, cet argument ainsi que celui qui le précède n'ajoute rien aux deux premiers arguments de Ceffons. Buckingham met également en avant des arguments reposant sur la liberté et la bonté de Dieu, mais ils ne contribuent pas vraiment à notre compréhension de la thèse selon laquelle les auteurs scolastiques auraient pensé que le passé pouvait être défait[5].

1. *Ibid.*, f. 65vb [§ 36-37].

2. *Ibid.*, f. 65vb [§ 28].

3. *Ibid.*, f. 65vb [§ 29] : « Primo, secundum hoc posset Deus de patre meo facere ipsum non esse patrem meum sine omni mutatione, et de albo facere nigrum sine omni mutatione, et me qui sum Parisius esse in caelo vel Romae sine omni mutatione ». *Cf.* Buckingham, *In I Sententiarum*, q. 3, a. 1, no. 5.1, ed. cit., f. 41ra, qui a une omission *per homoeoteleuton*.

4. Pierre Ceffons, *In I Sententiarum*, d. 44, q. 1, Troyes 62, f. 65vb [§ 31] : « Similiter, sequitur quod [Deus] posset facere me non esse sine hoc quod desineret esse meum, quia potest Deus facere [me] numquam fuisse nec nunc esse. Et si ita faceret, facere[t] me non esse sine hoc quod destrueret esse meum, quia numquam habuisse[m] esse ».

5. *Ibid.*, f. 65vb [§ 33-35, 40-41].

## LES AUTEURS SCOLASTIQUES CENSÉS AVOIR SOUTENU LE POUVOIR SUR LE PASSÉ

Après l'énumération d'un large éventail d'autorités fortes en faveur de sa propre position, Thomas Buckingham propose des autorités en faveur de l'autre position, mais il le fait en quelque sorte à contrecœur, si l'on tient compte de son refus déterminé d'admettre un pouvoir sur le passé. C'est pourquoi Ceffons complète sa présentation de la position opposée par des autorités tirées d'un théologien parisien un peu antérieur, l'augustin Grégoire de Rimini, qui avait lu les *Sentences* en 1343-1344, et qui constitue l'autre élément intéressant de l'étude de Courtenay sur la thèse que Dieu peut défaire le passé [1]. Le texte de Pierre Damien était déjà oublié et le traitement donné à cette question par Pierre d'Ailly était encore à venir, mais je m'y arrêterai brièvement par la suite. Les autres auteurs supposés avoir admis le pouvoir sur le passé, Anselme, Gilbert de Poitiers, Guillaume d'Auxerre, Bradwardine et Grégoire de Rimini, ainsi que certains autres, sont tous présents dans la question de Ceffons.

Buckingham avait classé Anselme parmi ses soutiens, tout en trouvant dans ses œuvres, comme on l'a vu, des passages qu'il interprète comme une négation du pouvoir de défaire le passé. Dans le *Proslogion*, chapitre 7, Anselme interroge Dieu : « Mais comment es-Tu aussi tout-puissant, si Tu ne peux toutes choses … que par exemple ce qui fut fait n'ait pas été fait ? » Buckingham en fait une lecture qui suppose l'incapacité de Dieu de défaire le passé [2]. Le *De concordia*, livre I, chapitre 2, est plus clair : « Car il ne peut jamais se faire qu'une chose, qui est passée, devienne non-passée, comme il se peut faire qu'une chose, qui est présente, devienne non-présente, et que certaine chose, qui n'est pas future par nécessité, ne soit pas future » [3].

1. Courtenay (1972) et (1973).

2. Anselme de Cantorbéry, *Proslogion*, c. 7, trad. fr. Corbin, t. 1, p. 253. Pierre Ceffons, *In I Sententiarum*, d. 44, q. 1, Troyes 62, f. 65rb-va [§ 4] : « 4°, quia Anselmus, [II] *Cur Deus homo*, capitulo 17, ubi dicit Anselmus quod postquam aliquid factum est, iam non potest non esse factum, [et] [65va] *Proslogion*, capitulo 7, [ubi] quaerit Anselmus, loquens Deo : "Omnipotens quomodo es, si omnia non potes" etc. et "ut quod factum est non esse factum ?" in quaestione ista pro certo praesupponit Anselmus quod Deus non possit facere quod factum est non fuisse ».

3. Anselme de Cantorbéry, *De concordia praescientiae et praedestinationis et gratiae Dei cum libero arbitrio* I, c. 2, trad. fr. Corbin, t. 5, p. 165. Pierre Ceffons, *In I Sententiarum*, d. 44, q. 1, Troyes 62, f. 65va [§ 8] : « Ad idem arguitur per Anselmum, *De concordia*, capitulo 4°, ubi ponit differentiam inter futurum, praesens, et praeteritum, [et] dicit : "Numquam enim fieri potest ut res quae praeterita est fiat non praeterita, sicut quaedam res quae praesens est

Grégoire de Rimini cite au contraire le *Cur Deus homo* en faveur du pouvoir divin sur le passé, car Anselme affirme dans ce traité que la nécessité et l'impossibilité sont soumises à la volonté de Dieu et non pas l'inverse, de telle manière qu'une chose est impossible seulement parce que Dieu veut qu'il en soit ainsi. Ceffons en tire une conclusion hypothétique, plus brièvement que ne le fait Grégoire : on peut en inférer que, s'il est impossible qu'Adam n'ait jamais existé, ce ne serait que parce que Dieu le veut, alors que, selon l'adversaire, Dieu n'est une cause nécessaire de rien *ad extra* [1]. D'après la formulation même d'Anselme :

> Et, de même qu'il est impossible que ce que Dieu fait, après avoir été fait, n'ait pas été fait, mais toujours vrai qu'il a été fait ; sans qu'il soit juste de dire : il est impossible à Dieu de faire que ce qui est passé ne soit pas passé – car n'œuvrent ici ni la nécessité de ne pas faire ni l'impossibilité de faire, mais la seule volonté de Dieu qui, étant lui-même la Vérité, veut que la Vérité, comme Lui, soit toujours immuable – ; de même, si Dieu se propose immuablement de faire quelque chose, et bien que ce qu'Il se propose, avant d'être fait, ne puisse pas ne pas être futur, il n'est en Lui, pourtant, ni nécessité de faire ni impossibilité de ne pas faire, parce qu'œuvre en Lui la seule volonté [2].

Ceffons ajoute, peut-être de manière rhétorique : « *Haec Anselm. Ecce*, il dit qu'il n'est pas impossible pour Dieu de faire en sorte que le passé ne soit pas le passé » [3]. Dans un autre passage, comme le suggère Grégoire [4], Anselme semble affirmer implicitement que la nécessité du passé consiste seulement dans la nécessité de la conséquence, puisqu'il ne se réfère à cet endroit à aucun autre type de nécessité.

potest fieri non praesens, et aliqua res quae [non] necessario futura est potest non esse futura" ».

1. Pierre Ceffons, *In I Sententiarum*, d. 44, q. 1, Troyes 62, f. 66va [§ 97].

2. Anselme de Cantorbéry, *Cur Deus homo* II, c. 17, trad. fr. Corbin, t. 3, p. 453. Pierre Ceffons, *In I Sententiarum*, d. 44, q. 1, Troyes 62, f. 66va [§ 98] : « Et sicut cum Deus facit aliquid, postquam factum est iam non potest non esse factum, quoniam semper verum est factum esse, nec tamen recte dicitur impossibile Deo esse ut faciat quod praeteritum est non esse praeteritum – nil enim ibi operatur necessitas non faciendi aut impossibilitas faciendi, sed Dei sola voluntas, quae veritatem semper, quoniam ipse veritas immutabilem sicuti est vult esse – ita si proponit se aliquid immutabiliter facturum, quamvis quod proponit antequam fiat non possit non esse futurum, non tamen ulla est faciendi [im]possibilitas aut necessitas, quoniam sola in eo operatur voluntas ».

3. Pierre Ceffons, *In I Sententiarum*, d. 44, q. 1, Troyes 62, f. 66va [§ 98] : « Haec Anselmus. Ecce quod dicit quod non est impossibile Deo facere praeteritum non esse praeteritum ».

4. *Ibid.*, f. 66va [§ 100].

Il est difficile d'affirmer qu'Anselme ait adopté une position *tranchée* en faveur du pouvoir de Dieu sur le passé, même *prima facie*. Grégoire rejette lui-même l'affirmation selon laquelle, pour Anselme, seule la nécessité de la conséquence est attachée au passé, car on peut également considérer le cas où « dans le passé, il y a aussi *necessitas antecedens* », qui en constitue le contexte, ce qu'Anselme ne nie pas [1]. Grégoire n'interprète pas non plus la longue citation d'Anselme comme soutenant le pouvoir sur le passé, mais comme niant l'impuissance de Dieu : « Cela ne découle pas de son impuissance, mais [il en est ainsi] parce qu'il est impossible que cela arrive, et ainsi il est dit, à juste titre, que cela ne peut pas arriver, mais il n'est pas correct de dire que Dieu ne peut pas le faire » [2]. Ceffons résume et reformule les réponses de Grégoire [3].

En tout état de cause, les propos d'Anselme n'ont pas valeur de preuve irréfutable. Mais qu'en est-il des autres auteurs ? On rencontre d'abord Gilbert de Poitiers sous la forme, pour ainsi dire, d'une citation de troisième main chez Ceffons. Buckingham cite Guillaume d'Auxerre pour autant qu'il nie le pouvoir sur le passé [4]. Guillaume interroge la possibilité de restaurer une vierge déflorée en citant Jérôme et, selon Buckingham, il donne deux réponses. La première est que Dieu ne peut pas faire cela, car Il n'a jamais déclaré qu'Il pouvait le faire. Cette réponse est attribuée à Gilbert de Poitiers, « qui a affirmé que ce qui s'est passé est susceptible de ne pas s'être passé, ce qui », ajoute Buckingham, « a été désapprouvé par le Docteur de Bonaventure » [5]. La seconde réponse est celle que donne Jérôme [6].

1. Grégoire de Rimini, *Lectura super primum librum Sententiarum*, d. 42-44, q. 1, a. 2, éd. Trapp et Marcolino, t. 3, p. 384.12-13 : « cum hoc tamen stat quod in praeterito sit etiam necessitas antecedens, de qua loquitur, nec huius oppositum ibi dicit ».

2. *Ibid.*, d. 42-44, q. 1, a. 2, éd. Trapp et Marcolino, t. 3, p. 384.6-8 : « quod hoc non possit, non est ex eius impotentia, sed quia illud non est possibile fieri. Et ideo recte dicitur illud non posse fieri, non autem recte dicitur quod deus non potest facere illud ».

3. *Ibid.*, d. 44, q. 1, Troyes 62, f. 66vb [§ 117-118].

4. Adams (1983), p. 28, veut probablement parler de Guillaume d'Auxerre lorsqu'elle mentionne Guillaume d'Auvergne et Gilbert de Poitiers comme retracteurs de la nécessité sur le passé ; Schabel (2003), p. 171, a fait la même erreur.

5. Pierre Ceffons, *In I Sententiarum*, d. 44, q. 1, Troyes 62, f. 65va [§ 17] : « Idem patet per dominum Altissiodorensem, primo *Sententiarum*, quaestione 58ª, ubi quaerit utrum Deus de corrupta possit facere non corruptam, et allegat dictam auctoritatem Hieronymi, ad quam ponit duas responsiones. Prima est quod Deus non potest resuscitare virginem, quia numquam declaravit se posse, et haec responsio fuit Gilberti Porretani, qui posuit quod praeteritum est posse non esse praeteritum, quem reprobavit doctor de Bonaventura ».

6. *Ibid.*, f. 65va [§ 18].

Comme Courtenay ne manque pas de le remarquer [1], Buckingham exagère lorsqu'il évoque le soutien de Guillaume d'Auxerre, et Ceffons répond alors en reprenant la discussion plus complète de Grégoire, au cours de laquelle il est évident, à partir de la formulation même de Guillaume, qu'il avait en fait adopté la position de Gilbert et non celle de Jérôme. En fait, lorsqu'il expose, à une autre occasion, des arguments en faveur de la théorie opposée à celle que soutient Buckingham, Ceffons commence ainsi :

> Or il semble qu'il y a longtemps, certains [auteurs] soutenaient l'autre position, parmi lesquels Maître Guillaume d'Auxerre semble se ranger. Ainsi, ils s'efforcent de répondre aux *motiva* des autres [qui nient le pouvoir sur le passé]. C'est pourquoi je donne forme aux moyens d'évasion qui peuvent apparaître chez ceux qui sont attirés par l'opinion de [Guillaume] d'Auxerre. Car ils affirment que Dieu peut vouloir que le monde n'ait pas existé. Ils donneraient comme preuve pour cela l'autorité de Gilbert de Poitiers, s'il mérite bien d'être [cité comme] autorité [2].

Le premier argument présente, par l'intermédiaire de Grégoire, une citation du commentaire de Gilbert de Poitiers tirée du *De Trinitate* de Boèce : « Toute chose est soumise de manière égale à la puissance de Dieu ; de même que tout ce qui n'a pas existé est susceptible d'avoir existé, et que ce qui n'est pas, ou ne sera pas, est susceptible d'être, ce qui a existé est susceptible de ne pas avoir existé, et ce qui est, ou sera, est susceptible de ne pas être » [3]. Pour cette raison, Guillaume d'Auxerre se permet de dire : « On doit affirmer, comme le fait Maître Gilbert, que Dieu peut faire en sorte que [la vierge] ne soit jamais corrompue, car tel qu'Il est en lui-

1. Courtenay (1973), p. 151.

2. Pierre Ceffons, *In I Sententiarum*, d. 44, q. 1, Troyes 62, f. 65vb [§ 45] : « Sed aliqui videntur antiquitus fuisse alterius opinionis, de quorum numero videtur esse magister Guillelmus Altissiodorensis. Unde illi conarentur respondere ad motiva aliorum. Fingo ergo evasiones quae possent affectatis ad opinionem Altissiodorensis occurrere. Dicerent enim quod Deus potest velle mundum [numquam] fuisse. Quod probarent auctoritate Gilberti Porretani, si valeat eius auctoritas… ».

3. *Ibid.* : « Quod probarent auctoritate Gilberti Porretani, si valeat eius auctoritas, quoniam in commento suo super libro *De Trinitate* Boethii hoc vult. Nam dicit : "Aeque etenim universa Dei subiecta [sunt] potestati, ut scilicet [sicut] quaecumque non fuerunt possunt fuisse et quaecumque non sunt vel non erunt possunt esse, ita etiam quaecumque fuerunt possunt non fuisse et quaecumque sunt vel erunt possunt non esse" » (= Gilbert de Poitiers, *In Boethii De Trinitate*, éd. Häring, p. 129.26-28).

même, Il n'est pas disposé à l'égard des choses autrement qu'il ne l'était *ab aeterno* »[1].

Le contexte dans lequel écrit Gilbert se réfère à la prédication des accidents au sujet de Dieu, opposée à leur prédication au sujet de toute autre chose. Le lieu et le temps ne sont pas prédiqués de Dieu de la même façon qu'ils sont prédiqués des êtres humains, par exemple. À la différence des choses perpétuelles, comme le ciel, on ne dit pas au sujet de Dieu : « Il existe toujours », parce qu'Il est différent : « Car pour les autres choses dont on dit qu'elles existent toujours, *tempora temporibus conferuntur*, mais en Lui, *aeternitas temporibus* »[2]. Gilbert décrit ici amplement, et de manière plutôt poétique, la différence entre les choses inscrites dans le temps et Dieu, qui est en dehors du temps : 135 lignes sur un seul *lemma*[3], et la *seule* chose qu'il a à dire sur le pouvoir de Dieu et sur le passé consiste dans la citation mentionnée plus haut. Si l'on prend en considération toutes les œuvres de Gilbert, cette seule proposition n'est tout simplement pas une preuve suffisante pour affirmer qu'il ait soutenu que Dieu pouvait défaire le passé, dans le sens que nous donnons à cette affirmation. L'interprétation la plus plausible consiste plutôt à affirmer que Gilbert avait voulu expliquer la manière dont on ne peut pas dire qu'un Dieu immuable

1. Pierre Ceffons, *In I Sententiarum*, d. 44, q. 1, Troyes 62, f. 66ra [§ 61] : « Altissiodorensis autem, libro primo, tractatu *De potentia*, dat [RIMINI] "duas solutiones. Prima est quod Deus potest, [AUXERRE] *sed ideo dicitur non posse quia non ostendit se posse eo quod non legitur hoc fecisse*", scilicet de corrupta virginem. Secunda eius responsio est – ad hanc auctoritatem – "*quod Deus non potest de corrupta facere virginem quantum ad omnem dignitatem virginitatis. Potest quidem incorruptam facere quantum ad animam et clausam quantum ad corpus, sed non potest facere quin fuerit corrupta*, quod est in virgine dignitatis. Sed statim contra hanc solutionem arguit, probando quod Deus non esset omnipotens si hoc non posset". Et ideo finaliter dicit determinando sic : "*Propter hoc oportet dicere, sicut dicit magister Gilbertus, quod Deus potest facere quod ista numquam fuerit corrupta, quia quantum in se est non aliter se habet ad res quam se haberet ab aeterno*, volens per hoc ostendere quod sicut potuit ab aeterno etc., ita nunc potest. Et ad auctoritatem Hieronymi dicit quod ipse *loquitur cum suppositione praeteriti*". Ait enim sic : "*Non enim potest de corrupta facere virginem cum suppositione praeteriti. Potest tamen secundum se, cum sit omnipotens*". Propter hoc oportet dicere, sicut dicit magister Gilbertus, quod Deus potest facere quod ista numquam fuerit corrupta, quia quantum in se est non aliter se habet ad res quam se haberet ab aeterno ». Cf. *ibid.*, [§ 69] : « Ad Altissiodorensem, diceretur quod in fine ex certo proposito determinat pro opinione Gilberti, quamvis aliquas alias recitet solutiones ».

2. Gilbert de Poitiers, *In Boethii De Trinitate*, éd. Häring, p. 129.8-11 : « At de Deo non ita dicitur, "semper est". Intelligitur quidem collatio atque collectio sed differt. Nam in ceteris, que dicuntur semper esse, tempora temporibus conferuntur. In hoc uero eternitas temporibus ».

3. *Ibid.*, p. 128-133, § 67-87.

et éternel « perd » le pouvoir sur le temps de telle sorte qu'une chose future soit soumise à son pouvoir mais que, une fois qu'elle appartient au passé, elle ne soit plus soumise à Dieu de cette façon. Dans la perspective de Dieu, qui est en dehors du temps, il n'y a pas de sens à parler d'un tel changement, particulièrement quand tout ce qui est arrivé, dans notre perspective à nous, était ou est soumis à la volonté divine. Pour cette raison, Simo Knuuttila rejette à juste titre l'interprétation de « certains commentateurs » selon lesquels Gilbert aurait pensé « que Dieu pouvait changer le passé » [1].

La formulation par Guillaume d'Auxerre de sa propre interprétation de la manière dont Gilbert comprend l'exemple de la vierge de Jérôme, arrivée par l'intermédiaire de Grégoire de Rimini à Pierre Ceffons, est très parlante : « Dieu peut faire que telle vierge n'ait jamais été déflorée. En effet, quant à Lui, il ne se rapporte jamais à une chose autrement qu'Il ne le fait de toute éternité ». La manière dont Guillaume a expliqué *prima facie* la conclusion opposée de Jérôme est encore plus révélatrice : « Jérôme a parlé avec la supposition du passé (*cum suppositione praeteriti*) en affirmant que Dieu ne peut rendre vierge celle qui ne l'est plus. Il ne peut effectivement le faire si l'on présuppose que le passé est passé ; mais Il le peut selon ce qu'Il est, puisqu'Il est tout-puissant ». Ainsi, après s'être rangé du côté de Gilbert, Guillaume explique : « lorsqu'on dit que ce qui a été fait ne peut pas ne pas avoir été fait, cette nécessité vaut du point de vue des choses, non du point de vue de Dieu » [2].

1. Knuuttila (2012), p. 323. Voir aussi Knuuttila (1993), p. 75-82, citant Nielsen, Schmidt, van Elswijk et Courtenay en faveur de la lecture selon laquelle Dieu peut défaire le passé.

2. Guillaume d'Auxerre, *Summa aurea* I, tract. 11, c. 6, ed. Ribaillier, t. 1, p. 214-215 ; trad. fr. Solère (1994), p. 122. Pierre Ceffons, *In I Sententiarum*, d. 44, q. 1 [§ 61], Troyes 62, f. 66ra [§ 61] : « "Propter hoc oportet dicere, sicut dicit magister Gilbertus, quod Deus potest facere quod ista numquam fuerit corrupta, quia quantum in se est non aliter se habet ad res quam se haberet ab aeterno", volens per hoc ostendere quod sicut potuit ab aeterno etc., ita nunc potest. Et ad auctoritatem Hieronymi dicit quod ipse "loquitur cum suppositione praeteriti". Ait enim sic : "Non enim potest de corrupta facere virginem cum suppositione praeteriti. Potest tamen secundum se, cum sit omnipotens" ». Solère (2000) a traité en détail le problème général du possible chez Guillaume d'Auxerre, mais seulement brièvement et avec prudence le problème du pouvoir sur le passé (p. 288) : « Est-elle une limite à l'omnipotence divine ? En fait de limite, Guillaume rappelle celle de la non-contradiction : Dieu ne peut faire que la vierge qui a été déflorée ne l'ait pas été (on dira, d'une façon plus générale, que ce qui a été ne peut pas ne pas avoir été). Mais cela n'empêche pas que l'on puisse affirmer que Dieu peut fair qu'une vierge n'ait jamais été déflorée. Guillaume reprend simplement la solution de Gilbert de la Porrée (qui d'abord est celle de Pierre Damien, et, avant ce dernier, est une distinction qu'on trouve chez saint Augustin) : la distinction du

Dans sa tentative de présenter et de défendre honnêtement l'opinion soutenant le pouvoir de Dieu sur le passé, Ceffons se sert de l'argument *cum suppositione praeteriti* de Guillaume d'Auxerre pour chacune des propositions d'Augustin, d'Anselme ou de Pierre Lombard qui pourraient être interprétées comme ayant nié un tel pouvoir [1].

Si Guillaume d'Auxerre, l'un des rares auteurs censés avoir défendu le pouvoir de Dieu sur le passé, a expliqué ainsi sa position, il est alors peu probable qu'aucun auteur scolastique, sain d'esprit, ait jamais prétendu que Dieu pouvait changer le passé. C'est pourquoi on ne trouve jamais chez Gilbert, ou chez un autre auteur scolastique, la formule qui nous semble à nous la plus naturelle lorsque nous sommes confrontés à cette problématique : *mutare*. Gilbert ne prétend pas que Dieu *potest mutare praeteritum*, car le verbe *mutare* désigne la supposition de l'existence du passé ou s'accompagne de celle-ci. Tel est également le cas des verbes *destruere, eradere, eliminare, annihilare*, et ainsi de suite. Notre emploi du verbe « défaire » représente plutôt un compromis entre le terme médiéval *facere* et notre terme « changer », mais même le verbe « défaire » va trop loin.

En effet, *facere* constitue déjà une extension. Ceffons accorde beaucoup d'attention à ce verbe lorsqu'il répond à son premier argument, qui ressemble à celui de Bonaventure : « Si quelqu'un, par curiosité ou pour toute autre raison, voulait savoir comment [la thèse] est affirmée selon chacune des parties, alors il faut savoir ce que dirait quelqu'un qui soutient l'opinion de [Guillaume d'] Auxerre » [2]. En réponse à l'argument selon lequel Dieu peut faire en sorte que le monde n'ait jamais existé seulement par sa destruction ou par sa préservation, Ceffons se déclare d'accord avec la thèse, si *facere* est entendu au sens propre ; mais si le verbe est entendu au sens *impropre*, l'argument n'est pas valide :

> Et ainsi, ceux qui affirment que Dieu pourrait faire en sorte qu'Adam n'ait jamais existé n'entendent pas *facere* comme « faire quelque chose » ou comme « arranger ou produire quelque chose de différent *ad extra* », mais ils entendent *facere* de manière *impropre*, tout comme ceux qui affirment que Dieu peut faire en sorte que l'Antéchrist n'existe jamais. Par conséquent, cet argument peut être utilisé contre ceux qui affirment que Dieu peut faire en sorte que l'Antéchrist n'existera jamais, mais [qui

passé, du présent et de l'avenir n'a pas de sens du point de vue de Dieu, et ce que Dieu *a pu* (de notre point de vue), il le peut éternellement ».

1. Pierre Ceffons, *In I Sententiarum*, d. 44, q. 1 [§ 61], Troyes 62, f. 66ra [§ 62-64].

2. *Ibid.*, f. 66ra [§ 54] : « Si tamen aliquis curiose vel aliter velit videre quomodo dicitur a ratione utriusque partis, est sciendum quid tenens opinionem Altissiodorensis diceret ».

> affirment aussi] qu'Il ne peut pas faire en sorte qu'Adam n'ait jamais existé. Parce que j'arguerai ainsi : si Dieu peut faire en sorte que l'Antéchrist n'existe jamais, Il fera, dans ce but, l'Antéchrist par son anéantissement ou par sa préservation, et ainsi de suite. Par conséquent, on affirme que si l'on entend *facere* de manière propre, on ne doit pas admettre que Dieu puisse faire [en sorte que l'Antéchrist n'existera jamais]. Mais cette autre proposition sera accordée : « Dieu peut vouloir que le monde n'ait jamais existé », ou cette autre proposition est possible : « Le monde n'a jamais existé » [1].

L'adversaire renforce sa position : puisque Dieu peut faire en sorte qu'Adam n'ait jamais existé, « mettons que Dieu commence alors à faire en sorte qu'Adam n'ait jamais existé ». Ceffons répond, en défendant Guillaume d'Auxerre et ses partisans, que, tout comme Dieu peut vouloir une chose dans l'avenir et pourtant Il ne peut pas commencer à la vouloir dans l'avenir, puisqu'Il est immuable, « Dieu peut vouloir que d'autres choses existent qu'Il ne veut jamais, et pourtant Il ne peut pas commencer à vouloir » [2]. L'adversaire appuie encore plus fort sa position : « Comment Dieu pourrait-il faire en sorte qu'Adam n'ait jamais existé ? » Ici, la réponse consiste à dire qu'Il peut le faire en le voulant, « si l'on emploie *facere* de manière impropre – ou très impropre : si rien d'autre ne te déterminera à te taire (*si aliter non quiescas*). Par conséquent, si Dieu voulait qu'Adam n'ait jamais existé, je dis que Dieu aura aussi voulu *ab aeterno* qu'Adam n'ait jamais existé » [3].

1. *Ibid.*, f. 66ra [§ 55] : « Et idcirco illi qui dicunt quod Deus posset facere quod Adam numquam fuisset non capiunt "facere" pro "facere" rem aliquam aut disponere vel producere aliquid aliud ad extra, sed capiunt "facere" improprie, sicut illi qui dicunt quod Deus potest facere quod Antichristus numquam erit. Unde et illud argumentum posset retorqueri in illos qui dicunt quod Deus potest facere quod Antichristus numquam erit, sed non potest facere quin Adam fuerit. Quia arguam sic : si Deus potest facere quod Antichristus numquam erit, ad hoc faceret Antichristum annihilando aut ipsum conservando etc. Dicitur ergo quod capiendo "facere" proprie, non debet concedere quod Deus possit facere etc. Sed haec concedetur : "Deus potest velle mundum numquam fuisse", seu haec est possibilis : "Mundus numquam fuit" ».

2. *Ibid.*, f. 66ra [§ 57] : « Et si dicat : "ex quo est possibile Deo seu apud Deum quod Adam numquam fuerit, incipiat Deus facere quod Adam numquam fuerit", dicetur hic quod possibile est etiam per te quod Deus faciat quod Antichristus numquam erit nec fuit, et tamen [non] potest incipere facere quod Antichristus non sit nec fuerit nec futurus sit etc. Dico ergo quod Deus potest velle alia esse quae numquam volet etc., et tamen non potest incipere velle etc. ».

3. *Ibid.*, f. 66ra [§ 58] : « Et si quaeras : "quomodo faceret Deus Adam numquam fuisse ?", dicitur quod faceret hoc volendo quod Adam numquam fuerit, loquendo de "facere" improprie – vel impropriissime, si aliter non quiescas. Unde si Deus vellet quod

Il devrait être évident que, même en défendant les auteurs qui affirment que Dieu peut faire en sorte que le passé n'ait pas existé, Ceffons affirme clairement qu'ils n'ont pas l'intention d'affirmer ce que l'on pourrait penser qu'ils affirment. Puisque Dieu ne peut pas commencer à vouloir quoi que ce soit, étant donné que Dieu ne peut pas changer, et puisque Dieu a en fait voulu *ab aeterno* qu'Adam existe, qu'il existe actuellement et qu'il ait existé, en fonction des différents moments dans le temps dont les êtres humains ont l'expérience – la preuve en étant qu'Adam a vraiment existé –, alors Dieu ne peut pas, dans notre temps présent, faire en sorte qu'Adam n'ait jamais existé.

Mais Ceffons donne par la suite une réponse hypothétique à son propre argument, brillant d'ailleurs, des *obligationes* : « Je suis certain que Dieu ne fera pas en sorte que je n'existe pas ». Qu'est-ce qui te rend aussi certain de cela ? « Parce que j'existe, et j'ai existé, et je sais que j'existe et que j'ai existé » [1]. J'estime que cela est la réponse la plus intelligente que l'on puisse proposer, c'est-à-dire : pas du tout intelligente ; et cela renforce la théorie selon laquelle aucun auteur scolastique, doué d'intelligence, n'a jamais prétendu que Dieu pouvait défaire le passé, dans le sens où nous l'entendons.

Il est important de comprendre d'où tout cela provient. Ceffons explique, employant les mêmes mots de ces auteurs, que

> nous ne devrions pas rétrécir les limites de la puissance divine. Ainsi, Dieu peut faire tout ce qui n'entraîne pas de contradiction. Mais le fait qu'Adam n'ait jamais existé n'entraîne pas de contradiction, car il était à un certain moment vrai qu'Adam n'avait jamais existé, etc. [2].

Ce fait, ainsi que celui qui porte sur l'immutabilité de Dieu, fournissent des arguments difficiles à réfuter logiquement [3]. Lorsque Ceffons donne néanmoins une réponse, il commence ainsi : « Nous ne devrions pas réduire la puissance divine, et cela est assez vrai, mais il ne s'ensuit pas que

Adam numquam fuisset, et dico quod etiam Deus ab aeterno voluisset quod Adam numquam fuisset ».

1. Pierre Ceffons, *In I Sententiarum*, d. 44, q. 1 [§ 61], Troyes 62, f. 66ra [§ 59] : « Ad 2$^{m}$, dicerent quod antecedens non est mihi dubium, sed sum certificatus quod Deus non faciet quin ego fuerim. Et si quaeras : "per quid es certificatus ?", diceretur quod per hoc quod ego sum et quod ego fui et scio me esse et me fuisse ».

2. *Ibid.*, f. 65vb [§ 46] : « Dicerent se moveri ad hoc dicendum quia non debemus angustare limites potentiae divinae. Unde et Deus potest quicquid non implicat contradictionem. Sed Adam non fuisse non implicat contradictionem, cum quandoque fuerit verum Adam numquam fuisse, ergo ».

3. *Ibid.*, f. 65vb-66ra [§ 47-53].

nous devions dire que Dieu peut faire tout ce que l'on imagine »[1]. Tout comme Dieu ne peut pas pécher, ou se mouvoir d'un endroit à l'autre, ou devenir une pierre, et ces soi-disant restrictions n'affectent pourtant pas la puissance divine, de la même manière, si Dieu est soumis à la loi de non-contradiction, cela ne constitue pas une impuissance. Autrement dit, affirmer que Dieu ne peut pas faire ce qui ne peut pas être fait ne constitue pas une restriction[2]. Quant à l'argument selon lequel le fait de faire en sorte que le monde n'ait jamais existé n'entre pas en contradiction avec le premier principe, Ceffons dit seulement : « cela est faux »[3].

Les opposants peuvent alors prolonger leur raisonnement, tout en traçant un parallèle entre le passé et le futur. Grégoire de Rimini fournit l'argument suivant :

> Dieu n'est pas moins capable de ne pas avoir éternellement voulu produire Adam, qu'Il a voulu de toute éternité produire à un certain moment, qu'Il n'est capable de ne pas avoir éternellement voulu produire l'Antéchrist, qu'Il a également voulu de toute éternité produire à la fin du monde[4].

Il est vrai à la fois que Dieu a voulu de toute éternité produire Adam au commencement du monde, et que Dieu a voulu de toute éternité produire l'Antéchrist à la fin du monde[5].

Comme nous le verrons au chapitre IV, les théologiens se sont efforcés de soutenir que le futur était contingent et que l'Antéchrist pouvait toujours ne pas advenir, même si cette thèse était très difficile à prouver et à expliquer, à cause de la prescience et de l'immutabilité divines. En effet, au chapitre IV nous entendrons des arguments hypothétiques, tirés de l'argumentation de Ceffons, selon lesquels tout advient de toute manière par nécessité, arguments qui pourraient constituer l'une des solutions à ce problème : le passé, le présent et le futur sont déterminés, que cela soit par Dieu ou autrement, de telle manière que ni le passé ni le futur ne peuvent être changés, parce que chacune de ces options impliquerait une contradiction. Mais, comme presque tout théologien

1. *Ibid.*, f. 66va [§ 106] : « Unde dicere[n]t quod non debemus divinam potentiam minuere, et hoc est bene verum, sed non ex hoc sequitur quod debeamus dicere quod Deus possit qualitercumque possimus imaginari ».

2. *Ibid.*, f. 66va-b [§ 106].

3. *Ibid.*, f. 66vb [§ 107] : « Cum autem dicitur quod mundum non fuisse non infert primum principium non esse verum, dicitur quod falsum est ».

4. *Ibid.*, f. 66ra [§ 47] : « quia non minus Adam, quem aeternaliter voluit aliquando producere, potest aeternaliter non voluisse producere quam Antichristum, quem etiam aeternaliter voluit producere in fine mundi, possit aeternaliter non voluisse producere ».

5. *Ibid.*, f. 66ra [§ 51].

médiéval a donné des arguments en faveur de la contingence du futur, il était toujours possible pour eux que l'Antéchrist n'advînt pas. Pourquoi alors le fait qu'Adam ait existé devrait-il être nécessaire ? Le passé et le futur devraient tous les deux demeurer contingents, et il n'y aurait ainsi pas de contradiction dans l'affirmation selon laquelle il est possible qu'Adam n'ait pas existé [1].

La seule réponse possible consiste à poser une différence significative entre le passé et le futur : Adam a déjà été placé dans l'existence et il est en dehors du pouvoir de ses causes, tandis que l'Antéchrist est toujours sous le pouvoir de ses causes. L'existence passée d'Adam n'est pas contingente, mais l'existence future de l'Antéchrist l'est [2]. Peut-être l'appellerait-on aujourd'hui la « nécessité accidentelle » du passé. Toute évidente que cette réponse puisse être, Ceffons réagit en disant que c'est une pétition de principe : « Adam, qui a déjà été placé dans l'existence, pourrait-il ne pas avoir été ? » « Cette réponse ne semble pas être très subtile », remarque Ceffons [3]. Les opposants affirmeront simplement que mettre une chose dans la réalité ne peut pas affecter la liberté de la puissance immuable et absolue de Dieu [4].

Tout en présentant des réactions potentielles à ces arguments, Ceffons ne peut pas faire plus que de répéter que l'énoncé selon lequel le fait qu'Adam n'ait jamais existé n'implique pas de contradiction qui enfreigne le premier principe « falsum est », « falsum est », « est falsum », et « non est verum » :

> Lorsqu'on dit que [la nécessité] ne saurait être davantage prouvée d'une chose que de l'autre, il est dit que cela n'est pas vrai ; à partir du fait qu'une chose a existé, même librement (*sponte*), il est plutôt naturellement présent à l'esprit de chacun qu'elle ne peut pas ne pas avoir existé. Par conséquent, les infidèles et tous les philosophes de la nature s'accordent sur cela, comme s'il s'agissait d'une conception courante de l'âme. Cela est clair concernant Agathon, qui a même affirmé que Dieu est dépourvu de cela seulement. Et tous ceux qui ne se sont pas engagés dans des disputes à ce sujet, ou ceux qui n'ont pas entendu les disputes des théologiens, affirment certainement que quelque chose qui a existé, ne peut pas ne pas

1. Pierre Ceffons, *In I Sententiarum*, d. 44, q. 1, Troyes 62, f. 66ra [§ 50].

2. *Ibid.*, f. 66ra [§ 48].

3. *Ibid.*, f. 66ra [§ 49] : « "Ista responsio", ut dicunt, "fundatur super eo ipso quo vertitur praesens dubium. Hoc enim inquiritur principaliter, an Adam, cuius positio fuit iam in effectu, possit non fuisse", quod non est aliud quam quaerere utrum ex hoc quod tales res sint in effectu et deducta[e] de causis suis sequatur etc., aut hic stet possibilitas etc. Idcirco non videtur responsio multum subtilis ».

4. *Ibid.*, f. 66ra [§ 52].

> avoir existé. Même s'il ne peut être prouvé avec évidence, ou avec beaucoup d'évidence, que cela implique une contradiction davantage que le fait que l'Antéchrist ne sera pas dans l'avenir, il n'en découle pourtant pas que cela n'implique pas de contradiction [1].

Est-on arrivé à une impasse ? Encore une fois, cela dépend. Un déterministe pourrait tout simplement nier la contingence du passé et également celle du futur, en affirmant que le fait que le passé n'a pas été et le fait que le futur ne sera pas, entraînent tous les deux une violation du premier principe. Pour des raisons différentes, si l'on prend en considération un Dieu omnipotent, omniscient, immuable, même en dehors du temps, qui crée toute chose *ex nihilo*, un observateur objectif et placé à l'extérieur serait susceptible de tirer exactement la même conclusion : à savoir, qu'il n'y a pas de contingence et que l'affirmation selon laquelle Adam est capable de ne pas avoir existé, et l'Antéchrist est capable de ne pas advenir, entraîne une contradiction, si Dieu a voulu de toute éternité leur existence. Les deux positions nient que le passé peut être défait, mais aucune des deux positions n'est acceptable pour le théologien chrétien du Moyen-Âge.

Il semble que la seule solution est d'expliquer plus clairement qu'il y a une différence entre le passé et le futur, en affirmant, par exemple, que si le passé est défini comme ce qui a été, l'avenir, en revanche, devrait être redéfini comme ce qui arrivera de manière disjonctive. Ainsi, pour le passé, nous disons : « X est arrivé », mais pour l'avenir nous déclarons : « X ou non- X arrivera ».

Laissons le futur de côté. Pour l'instant, il faut remarquer que les arguments soutenant le pouvoir sur le passé ne prouvent aucunement que le fait de défaire le passé n'implique pas de contradiction, mais ils affirment seulement cette thèse tout en ajoutant, dans une sorte d'argumentation de type *reductio ad absurdum*, qu'autrement le futur serait tout autant nécessaire. Si l'on revient sur les *auctoritates* utilisées contre le pouvoir sur le passé, Ceffons, comme s'il soutenait un tel pouvoir,

1. *Ibid.*, f. 66vb [§ 110-111] : « Et cum dicitur quod non potest plus probari de uno quam de alio, dicitur quod non est verum, immo ex quo res fuit, quamvis sponte, se offert cuilibet naturaliter quod non potest non fuisse. Unde infideles et omnes naturales statim quasi communem animi conceptionem hoc concedunt. Patet de Agathone, qui etiam dicit hoc solo privari Deum. Quilibet etiam qui non de hac materia disputavit nec audivit theologorum disputationes statim concedit quod, si aliquid fuerit, non potest non fuisse. Et esto quod non posset probari evidenter aut evidentissime quod hoc implicat contradictionem plus quam Antichristum [non] esse futurum, adhuc non sequitur quin implicet contradictionem ».

et parfois Grégoire de Rimini et Guillaume d'Auxerre lui-même déclarent que ces *auctoritates* parlent *cum suppositione praeteriti*, comme on l'a déjà vu. Ceffons remarque aussi qu'autrement dit, Jérôme, Augustin et Anselme parlent *in sensu composito* [1]. La différence entre le sens composé et le sens divisé des propositions composées modales était un élément particulièrement important dans les discussions autour de la prescience et de la prédestination, comme nous le verrons aux chapitres IV et V. Bref, dans le contexte présent, l'exemple principal est le suivant : « Adam, qui a existé, est capable de ne pas avoir existé ». Considéré dans le sens divisé, donc sans la supposition qu'il a existé, Adam est capable de ne pas avoir existé. Dans ce sens, la vérité de la proposition n'implique pas de contradiction. Dans le sens composé, tout en supposant qu'Adam a existé, le cas est alors le suivant : Adam a existé et n'a pas existé. Dans ce sens, la vérité de la proposition entraîne bien une contradiction, à savoir celle qu'Adam a existé et n'a pas existé, d'un même point de vue temporel. Selon la formulation de Ceffons, tout en défendant le pouvoir sur le passé :

> D'après Jérôme, [la thèse] que [la vierge] a été corrompue et qu'elle est devenue vierge entraîne une contradiction, de telle manière que si l'on admet le premier fait, l'autre ne sera jamais posé dans l'existence, car selon ce qu'il veut, [cette thèse] implique que ces deux faits soient placés dans l'existence dans le même temps. Par conséquent, il serait également affirmé qu'il n'est pas possible que quelque chose qui s'est passé ne se soit pas passé, même si dans le sens divisé quelque chose s'est passé et il est possible que cette chose n'ait jamais existé. Ainsi, le bienheureux Jérôme nie que le sens composé soit possible, mais non pas le sens divisé [2].

Encore une fois, si l'on fait abstraction du fait qu'un argument parallèle est invoqué pour défendre la contingence du futur, on peut considérer cela aussi comme la reconnaissance que, même pour ceux qui soutiennent le pouvoir sur le passé, le passé ne peut pas être changé, dans le sens de *mutare*. Il en est ainsi parce que le fait de changer le passé entraîne une contradiction et enfreint le premier principe. Si l'on revient à l'argument des *obligationes* de Ceffons, la contradiction est patente : si Dieu peut

1. Pierre Ceffons, *In I Sententiarum*, d. 44, q. 1, Troyes 62, f. 66ra [§ 60, 62-63].

2. *Ibid.*, f 66ra [§ 60] : « Ad 3$^{m}$, dicitur quod Hieronymus intellexit quod implicat contradictionem et [quod] ipsa fuerit corrupta et quod ipsa fiat virgo, ita quod stante primo numquam aliud ponetur in esse. Sed implicat quod illa duo simul ponantur in esse, ad intellectum suum, sicut etiam diceretur quod non est possibile quod illud quod praeteriit non praeterierit, tamen in sensu diviso aliquid praeteriit et possibile est quod numquam fuerit, ita quod beatus Hieronymus negat sensum compositum esse possibilem, non tamen sensum divisum ».

changer le passé, et si demain Il supprime ton existence, alors tu existes et tu n'existes pas ; voilà la contradiction.

Qu'en est-il de tous ces films de science-fiction, comme *Retour vers le futur* ? Vers la fin de sa longue question, Ceffons insère un dialogue sur la mutabilité du passé :

> *Contre* : S'il était possible pour Dieu qu'Adam n'ait jamais existé, alors il serait possible pour Lui qu'Abel ne soit jamais né ou engendré sans aucun changement, et il est encore possible pour Dieu qu'Adam n'ait jamais été engendré du non-être vers l'être. C'est clair, en prenant « faire » (*facere*) aussi largement que vous voulez le prendre : disons que Dieu fait de telle sorte qu'Adam n'ait jamais existé, sans faire aucun changement par rapport à Abel. Alors je demande : Abel a-t-il été engendré ou non ? S'il ne l'a pas été, alors je fais mon point. S'il l'a été, je demande, par qui ? Il est établi que ce n'est pas par Adam, parce qu'Adam n'a jamais existé. Donc, si [Abel] a été engendré, il s'ensuit qu'il a été engendré par quelqu'un d'autre qu'Adam, et dans ce cas il y a un changement par rapport à Abel…
>
> *Pour* : L'adversaire répondrait à cela qu'il est possible pour Dieu, sans aucun changement par rapport à Abel, qu'Abel n'ait jamais été le fils d'Adam, et bien plus, qu'Adam n'ait jamais existé et qu'Abel n'ait jamais existé …
>
> *Contre* : Mais celui qui dispute continue : disons que cela seul se produise, qu'Adam n'a jamais existé, tout en soutenant en même temps qu'Abel existait et qu'aucun changement ne se produit à l'égard d'Abel … Par qui [Abel a-t-il été engendré] ?
>
> *Pour* : L'adversaire dirait qu'il se pourrait qu'il soit produit par n'importe quel homme que vous voulez montrer, qui n'est pas ou n'était pas Abel.
>
> *Contre* : Alors disons qu'il soit produit par Caïn. Alors un changement a été fait en ce qui concerne Abel, parce qu'il était le fils d'Adam et maintenant il est ou était le fils du fils d'Adam, ou le fils de Caïn.
>
> *Pour* : A cela on répondrait qu'aucun changement n'a été fait, parce qu'Abel n'a jamais été le fils d'Adam, mais seulement de Caïn, et ainsi il n'y a aucun changement fait de la filiation d'Adam à la filiation de Caïn …
>
> *Contre* : Alors il s'ensuit que quelqu'un a engendré quelqu'un sans changement, ce qui est faux, parce que personne n'engendre sans changement.
>
> *Pour* : Ici on dirait que cet argument est vraiment naïf [*rudis*], parce que je ne dis pas ici que Caïn a engendré Abel sans aucun changement du non-être vers l'être ou sans aucun mouvement, mais je dis que ce n'est pas nécessaire pour Abel de changer d'une filiation à l'autre, compris

correctement. Car il n'est pas nécessaire que pour un temps il ait été le fils d'Adam et que pour un autre il ait été le fils de Caïn… [1].

1. Pierre Ceffons, *In I Sententiarum*, d. 44, q. 1, Troyes 62, f. 66rb-va [§ 86-92] : « Potest etiam aliter argui contra conclusionem illam, quia si Deo esset possibile quod Adam numquam fuit, tunc est ei possibile quod Abel numquam fuerit genitus nec productus sine mutatione quacumque, et est ei possibile quod Adam numquam sit productus de non-esse ad esse. Patet, quia faciat ipse Deus, capiendo "facere" quantumcumque large volueris capere "facere", [quod] Adam numquam fuerit, nullam mutationem faciendo circa Abel. Tunc quaero, aut Abel [66va] est improductus, et habetur intentum, aut productus est ? Si productus, quaero a quo ? Et tunc constat quod non ab Adam, quia Adam numquam fuit. Ergo, si est productus, sequitur quod est productus ab alio quam ad Adam, et tunc est mutatio facta circa Abel, quem pono non esse penitus. Unde ponamus quod Abel sit annihilatus. Adhuc per te Deus potest facere quod Adam numquam genuerit Abel. Vel etiam arguatur sic : ponamus quod *a* fuerit filius *b*, et annihiletur tam *a* quam *b*. Tunc per te Deus potest facere quod *a* numquam fuerit filius *b*. Ponatur ergo, et deducatur mutatio in nonente, quod implicat. Item, tunc poterit Deus facere quod *b* fuerit filius *a* et numquam *a* erit filius *b*. —Ad hoc diceret adversarius quod possibile est apud Deum sine quacumque mutatione circa Abel quod Abel numquam fuerit filius Adae, immo quod Adam numquam fuerit nec Abel umquam fuerit. —Et cum dicitur quod faciat Deus hoc solum quod Adam numquam fuerit, nihil immutato circa Abel, dico hic quod oportet ibi sumere "facere" improprie, si velis hic uti hoc verbo "facere". Diceret autem adversarius quod posset esse quod Adam numquam fuisset nec Abel similiter, et sic nulla est facta mutatio circa Abel. —Sed arguens vult aliter, quod fiat hoc solum quod Adam numquam fuerit, tenendo cum hoc quod Abel fuerit et quod nulla fiat mutatio circa Abel, et hoc etiam advertet adversarius. Cum ergo quaeritur "aut Abel est improductus aut productus fuit ?" [et] cum quaeritur "a quo ?", diceret adversarius quod stare posset quod esset productus a quocumque homine quem signare volueris qui non sit aut fuerit ipse Abel. —Et si dicas : "tunc sit ita quod ipse sit productus a Caym ; tunc est facta mutatio circa Abel, quia fuerat filius Adae et modo est filius aut fuit filius filii Adae seu fuit filius Caym", ad hoc diceretur quod non est facta mutatio, quia Abel numquam fuit filius Adae, sed Caym solum, et sic non est mutatio facta de filiatione Adae ad filiationem Caym, ut sic loquar, sicut esto quod Deus faceret quod Antichristus numquam erit, non esset facta mutatio de futuritione Antichristi ad non-futuritionem Antichristi. —Et si dicas : "tunc sequitur quod aliquis genuit aliquem sine mutatione, quod est falsum, quia nullus homo generat sine mutatione", diceretur hic quod hoc argumentum est nimis rude, quia non dico hic quod Caym genuerit Abel sine quacumque mutatione de non-esse ad esse aut sine quocumque motu etc., sed dico quod non oportet quod ad hoc quod Abel mutetur de filiatione una ad aliam ad bonum intellectum etc. Non enim oportet quod per unum tempus fuerit filius Adae et per aliud fuerit filius Caym, nec desineret umquam esse filius Adae. Et potest esse quod fuerit filius Caym sine hoc quod incipiat esse filius Caym, sicut nec ipse incipit esse filius Adae, quicquid alias incepit. —Et cum dicitur quod tunc posset esse quod semper Abel fuisset et quod numquam fuisset productus de non-esse ad esse, diceret adversarius quod posset esse quod Abel fuisset ab aeterno, nec umquam habuisset esse post non-esse, nec umquam incepisset esse. Et sic non esset sic productus de non-esse ad esse quod habuisset esse post non-esse, quamvis etiam non deducatur ex his evidenter quod sit possibile Abel fuisse ab aeterno seu ab aeterno fuisse, quia quamvis probaretur quod nulla est mora imaginabilis finita in utroque termino quando

Il est évident que la discussion ne va nulle part, mais il est clair aussi que celui qui est en faveur du pouvoir sur le passé n'accorde jamais que le passé peut être changé, seulement que si le passé est X, il n'a jamais été Y, et que si Dieu fait le passé Y, il n'a jamais été X. Autrement, comme le fait valoir celui qui s'oppose au pouvoir divin sur le passé, changer une chose implique d'en changer une autre, et une autre, et une autre. Pour cette raison, changer le passé dans la science-fiction conduit souvent à des univers parallèles, peut-être même infinis ou quasiment infinis, et la simple hypothèse d'une possibilité physique de remonter dans le temps a suscité aujourd'hui les théories des univers multiples : *notre* passé n'est pas modifié. Il est peut-être amusant de noter que, dans un autre contexte, Ceffons a conclu « qu'il n'a pas été prouvé par la raison naturelle qu'il n'y a pas un nombre infini de mondes », une possibilité qu'il soutenait davantage par son allégorie des taupes :

> [C'est comme] si les taupes qui se sont rassemblées au centre de la Terre avaient demandé s'il y avait beaucoup d'animaux et soutenu qu'il n'y en avait pas : « Une pluralité ne doit pas être posée sans nécessité ; mais nous les taupes suffisons dans le monde ; donc c'est en vain… ». Car nous sommes comme des taupes par rapport à un autre monde, s'il existait ; nous ne voyons pas au-delà, et ainsi il ne nous a pas été démontré s'il est nécessaire [1].

Alternativement, Dieu pourrait mettre fin à cette chronologie et pourrait en commencer une nouvelle à n'importe quel moment du passé, mais pas en changeant le passé, car cela impliquerait une contradiction.

Il est possible qu'au Moyen-Âge, tout comme aujourd'hui, certains aient affirmé, et même cru, que Dieu pouvait changer le passé, mais cela ne veut pas dire que ces personnes ont vraiment réfléchi sur la question. La question qui se pose est de savoir si les auteurs scolastiques éduqués étaient de cet avis. Même si, à part moi-même, je n'ai rencontré personne pour donner une réponse négative, l'accord n'est pourtant pas unanime parmi les spécialistes concernant chaque cas spécifique. En 1347, le

ante illam potuerit esse Abel, non ita quod ab aeterno potuit esse Abel, et etiam adhuc non nulla est more finita etc. quin sit possibile Abel ante illam fuisse, non tamen ad hoc evidenter deducit quod haec sit possibilis : “Ab aeterno fuit Abel” ».

1. Pierre Ceffons, *In II Sententiarum*, d. 1, éd Duba, Pedersen et Schabel (2016), p. 39, § 52 : « Ad primum, videtur mihi quod argumentum primum est sicut si talpae in centro terrae congregatae quaererent an essent plura animalia et arguerent quod non : “Pluralitas non est ponenda sine necessitate ; sed nos talpae sufficimus in mundo ; ergo frustra” etc. Nos enim sumus sicut talpae respectu alterius mundi, si esset : nos enim ultra non vidimus, ideo non est nobis demonstratum an necesse sit etc. ».

cistercien Jean de Mirecourt a été accusé d'avoir affirmé que Dieu pouvait défaire le passé. L'écho des difficultés de Mirecourt se fait entendre dans les questions sur les *Sentences* de son confrère Ceffons :

> Ainsi, j'ai dit ce que ceux qui sont attirés par cette opinion [en faveur du pouvoir sur le passé] pourraient dire ou diraient. Néanmoins, on doit prendre conscience que beaucoup [d'auteurs] étaient de l'opinion contraire. Ainsi, à Paris, on n'aurait pas accepté le cœur léger l'idée que cette [proposition] est possible : « Le monde n'a jamais existé », et à la vérité beaucoup de docteurs, à la fois anciens et nouveaux, estimaient impossible qu'Adam n'ait pas existé, tout comme n'importe quelle autre chose du passé [1].

Mirecourt a été inspiré par Buckingham et il n'a pourtant rien soutenu de tel, comme Courtenay l'a bien montré, bien que la structure du texte de Mirecourt soit confuse, comme celle de Ceffons. Pour sa défense, Mirecourt lui-même a nié que Dieu puisse changer le passé, et, pour qui connaît le contexte historique et philosophique, il ressort assez clairement que, dans ses questions sur les *Sentences* de 1344-1345, il a nié cette possibilité. En tout cas, que Dieu puisse défaire le passé est devenu un article condamné à Paris, comme on l'apprend des *Sentences* du franciscain André de Neuchâtel, une décennie après Céffons [2].

## DE PIERRE DAMIEN À PIERRE D'AILLY

Une étude récente affirme, en citant l'article de Courtenay [3] dans une discussion autour de l'idée que le passé peut être changé, que Pierre Damien, Gilbert de Poitiers, Guillaume d'Auxerre, Thomas Bradwardine, Grégoire de Rimini, et Pierre d'Ailly ont tous soutenu l'idée que Dieu peut

1. Pierre Ceffons, *In I Sententiarum*, d. 44, q. 1, Troyes 62, f. 66va [§ 93-94] : « Haec ergo dixi quae dicere possent aut dicerent illi qui essent ad illam opinionem affectati. Advertendum tamen quod plurimi fuerunt alterius opinionis. Unde et Parisius non gratanter his diebus sumeretur quod haec sit possibilis : "Mundus numquam fuit", et secundum veritatem multi doctores et antiqui et novi reputarent impossibile esse quod Adam numquam fuerit, sicut et de quolibet alio praeterito ».

2. Friedman (1994), p. 124 et p. 130.43-45 : « Item : in posterioribus articulis Parisiensibus sic dicitur : "quod Deus potest facere omnem rem preteritam non fuisse ut quod potest facere Magdalenam non peccasse, error" ».

3. Courtenay (1972), p. 226 et (1973), p. 148-149, p. 157, p. 162. Le franciscain Raoul de Cornaco est également inclus dans cette catégorie [(1973) p. 162], mais sa position est connue seulement indirectement *via* l'augustin Alphonse de Vargas.

défaire le passé. Courtenay lui-même fait en effet cette affirmation, en écrivant que Mirecourt a essayé « d'établir une position moyenne entre les extrêmes Bradwardine et Buckingham »[1], mais il conclut ainsi dans son étude sur Mirecourt et Grégoire :

> Personne [parmi les auteurs] que j'ai examinés sur la question du pouvoir de Dieu de faire qu'une chose passée n'ait jamais existé, n'a jamais envisagé le désir de Dieu de changer le passé… Ni n'aurait-Il pu, même *de potentia absoluta*, transformer le passé avec la supposition du passé, car cela implique une contradiction[2].

Par conséquent, dans son article concernant Richard Carew, que Buckingham ainsi que Ceffons citent, Jean-François Genest a montré plus tard que, même s'il s'est opposé à Bradwardine, « [à] vrai dire, Buckingham n'a pas compris, ou affecte de ne pas comprendre le sens de cette thèse. Bradwardine, en effet, n'a jamais prétendu que Dieu ait le pouvoir de *transmuer* le passé en non-passé » : *Nam contradictionem evidenter includit quod A prius fuit praeteritum et nunc non sit praeteritum*[3].

Nous avons rayé Gilbert de Poitiers et Guillaume d'Auxerre de la liste évoquée au début, aussi bien qu'Anselme, Grégoire de Rimini et à présent Bradwardine, mais deux autres auteurs sont toujours cités, dans la littérature spécialisée, comme ayant prétendu précisément cela : Pierre Damien et Pierre d'Ailly. Bien que Damien ait écrit avant Ceffons, son texte a depuis été oublié. On a beaucoup écrit sur le *De divina potentia* de Damien, y compris des monographies, en affirmant généralement que Damien a soutenu l'idée que Dieu pouvait changer le passé[4]. La lecture attentive que Toivo Holopainen fait de ce texte, dans son contexte philosophique et historique, a montré le contraire. Holopainen explique :

> Il est facile de se méprendre sur la position de Damien au sujet de la validité du principe de non-contradiction et de la possibilité de transformer le passé. Cela est dû en partie au désordre de certaines idées de Damien. Mais il a y aussi un autre facteur important qui favorise la mécompréhension. Selon Damien, il y a des idées qu'il ne faut pas exprimer nettement, même si elles sont vraies. L'idée que Dieu ne peut pas défaire le passé se range parmi celles-ci. […] Sa tâche délicate, dans le *De*

1. Courtenay (1973), p. 154.
2. *Ibid.*, p. 166.
3. Genest (1980), p. 498. Voir aussi Genest (1977-1978), p. 393.
4. Pour le texte en français voir Pierre Damien, *Lettre sur la toute-puissance divine*, trad. fr. Cantin.

> *divina potentia*, est de convaincre les lecteurs que l'omnipotence divine reste intacte, même si Dieu ne peut pas défaire ce qui a été fait, sans dire pour autant que Dieu ne peut pas défaire ce qui a été fait, car cela serait « une méchante chose à dire » [1].

Quelque chose de similaire peut être dit, *mutatis mutandis*, de Pierre d'Ailly, qui a lu les *Sentences* à Paris en 1377-1378, à l'aube du Grand Schisme, bien après Ceffons, et dont je suis en train d'éditer les questions sur la connaissance, la volonté et le pouvoir divins, pour l'édition critique commencée par Monica Brînzei [2]. À l'époque de d'Ailly (et de Ceffons), on affirmait couramment qu'il était même dans *mon* pouvoir de faire en sorte que Dieu n'ait jamais eu la prescience du fait que je donnerai une conférence demain. On pourrait considérer qu'il s'agit d'un jeu de mots, mais celui-ci combine l'immutabilité de la connaissance divine et la contingence de l'action qui résulte de ma volonté libre : Dieu a su depuis l'éternité que je donnerai une conférence demain, mais je suis tout de même capable de ne pas le faire ; si je ne donne pas de conférence demain, Dieu le savait depuis l'éternité. Tout le monde ne sera pas d'accord avec cette formulation, mais une fois que l'on comprend de quoi il retourne, il y a peu de raisons de soulever des objections, bien que tout le monde ne semble pas l'avoir compris.

On peut accepter certaines propositions comme vraies dans le sens divisé, par exemple : "Dieu peut faire qu'une chose qui a existé ou qu'une chose qui s'est passée n'ait jamais existé" ; et on peut accepter d'autres propositions dans le sens composé, telles que : "Dieu peut faire en sorte que le monde ou Adam n'aient pas existé". Or d'Ailly déploie des efforts pour soigneusement éviter de discuter le sens composé de la première proposition. La raison en est patente : une proposition de ce type est fausse dans le sens composé, car dès que l'on suppose que quelque chose est passé – que ce soit le monde ou Adam – alors Dieu ne peut pas faire en sorte que cela ne soit pas passé, sans impliquer une contradiction et sans violer le premier principe. Lorsque l'on dit seulement : "Dieu peut faire en sorte qu'Adam n'ait jamais existé", sans prétendre quoi que ce soit au sujet

1. Holopainen (2016), § 6. Voir aussi Genest (1977-1978), p. 391 ; Courtenay (1985), p. 243-245 ; Knuuttila (1993), p. 63-68 (citant Endres, Oakley et Copleston en faveur de la lecture que Dieu peut défaire le passé) ; Backus (2003), n. 16 p. 11 ; Bornholdt (2017), n. 40 p. 22, etc.

2. Pour les *Sentences* de Pierre d'Ailly, voir Calma [Brînzei] (2007) et son edition des *Principia* et du *Prologus* (2013). Pour une nouvelle datation, voir Courtenay (2011), p. 942-943. Concernant la position de d'Ailly à propos du passé et des futures contingents, voir Gaskin (1997b) et Schabel (2019a).

de l'existence passée et réelle d'Adam, alors la proposition en tant que telle n'entraîne aucune contradiction. Mais si l'on précise ce que tout chrétien sait, alors la proposition "Dieu peut faire en sorte qu'Adam, qui a existé, n'ait pas existé" est fausse. D'après la formulation de Courtenay, qui fait en même temps écho à celle de Ceffons, « d'Ailly pense que, avec la supposition du passé, la proposition est fausse ».

Et pourquoi alors ne pas être clair à ce sujet ? Mise à part la volonté d'éviter l'apparente limitation de l'omnipotence divine, Pierre d'Ailly explique qu'il en est ainsi parce qu'une telle clarification causerait encore plus de difficulté à prouver la contingence du futur. Compte tenu de la prescience divine, ainsi que de l'emploi des verbes au passé afin de décrire ce que Dieu a su *ab aeterno*, il est certain que toute affirmation de la nécessité du passé aura des répercussions sur le futur, qui apparaîtra alors comme étant tout aussi nécessaire, tandis que toute affirmation sur la contingence du futur aura des répercussions sur le passé, qui apparaîtra comme étant tout aussi contingent[1]. Dans sa deuxième question sur le commentaire portant sur *De consolatione Philosophiae* de Boèce, précédant ses questions sur les *Sentences* et donné à la Faculté des Lettres vers 1371, d'Ailly avait exprimé succinctement le problème en deux conclusions :

> La première est qu'aucune chose passée ne peut pas ne pas avoir été, et je pose ceci parce que c'est communément accepté. La deuxième conclusion, que *je* pose, est celle-ci : il serait tout aussi facile de soutenir que quelque chose du passé peut ne pas avoir été que de soutenir qu'une chose future est capable de ne pas arriver[2].

1. Pierre d'Ailly, *In I Sententiarum*, q. 11, a 1, éd. Schabel (à paraître) : « Si vero quaeratur, "Cum ita faciliter sustinetur praeteritum posse non fuisse sicut futurum posse non fore, quare ergo facilius imaginamur secundum quam primum, secundum enim communiter recipitur et conceditur et non primum ?" – dico quod causa est quia per experientiam evidenter et clare cognoscimus aliquod praeteritum fuisse et idem iudicium reputamus de quolibet praeterito quo ad posse non fuisse, sed per experientiam non clare cognoscimus aliquod futurum fore, ideo facilius imaginamur illud posse non fore quam illud posse non fuisse de quo experimur ipsum fuisse. Et hoc maxime quando non advertimus difficultatem sustinendi aliquod futurum contingenter evenire seu posse non fore. Unde advertens difficultatem in sustinendo talem contingentiam futurorum, ita difficulter imaginatur unum sicut reliquum, ut patet ex praedictis etc. ».

2. *Id.*, *In Boethii De consolatione Philosophiae*, q. 2, a 5, punctus 2, éd. C. Schabel (à paraître) : « Nunc est dubitatio utrum possit sustineri quod illud quod fuit potest non fuisse... Et ideo pono duas conclusiones ad istud dubium responsivas. Prima est quod nullum praeteritum potest non fuisse, et istam pono quia conceditur communiter. Secunda conclusio, quam ego pono, est haec : quod ita faciliter sustineretur quod aliquod praeteritum

D'Ailly a laissé sa question dans le commentaire sur le *De consolatione* inachevée, mais il a repris le sujet dans ses questions sur les *Sentences* afin d'expliquer et d'élargir sa position :

> Je dis que la cause en est que, par l'expérience, nous savons avec évidence et clairement que quelque chose est passé, et nous avons le même jugement pour toute chose passée en ce qui concerne sa capacité de ne pas avoir été. Mais à travers l'expérience, nous ne savons pas si clairement qu'un futur se réalisera, donc il nous est plus facile d'imaginer qu'il peut ne pas arriver que d'imaginer que cela [quelque chose de passé] peut ne pas avoir été quand nous faisons l'expérience qu'il existait. C'est particulièrement le cas lorsque nous ne sommes pas conscients de la difficulté de maintenir que quelque chose advient de façon contingente ou qu'elle peut ne pas se réaliser. Donc, en prêtant attention à la difficulté de maintenir une telle contingence des choses futures, il est aussi difficile d'imaginer l'un que l'autre [1].

Pour certains, dont Pierre d'Ailly, la solution consiste à éviter, dans le contexte de la connaissance et du pouvoir divins, de prendre en considération sérieusement notre succession temporelle comme étant réellement pertinente. Ainsi, bien que personne (à ce niveau de subtilité) n'ait écrit ou dit que Dieu pouvait changer le passé, ou détruire le passé, ou défaire le passé, ou tout autre verbe qui désignerait l'existence antérieure du passé, la façon dont les auteurs scolastiques comme d'Ailly ont écrit ou parlé de cette question a néanmoins déterminé certains à penser que ces auteurs étaient enclins à affirmer cette idée fermement. Et pourtant, personne (à ce niveau de subtilité) n'a accusé d'Ailly ou d'autres auteurs

potest non fuisse sicut sustineretur quod aliquod futurum potest non fore ». Pour l'édition du *Principium* et de la question 1, voir Pierre d'Ailly, *Tractatus super De consolatione Philosophiae*, éd. Marguerite Chappuis, Amsterdam, G.B. Grüner, 1988, mais pour la date voir Schabel (2019a), p. 63-72.

1. Pierre d'Ailly, *In I Sententiarum*, q. 11, a. 1, éd. Schabel : « Si vero quaeratur, "Cum ita faciliter sustinetur praeteritum posse non fuisse sicut futurum posse non fore, quare ergo facilius imaginamur secundum quam primum ? Secundum enim communiter recipitur et conceditur et non primum", – dico quod causa est quia per experientiam evidenter et clare cognoscimus aliquod praeteritum fuisse et idem iudicium reputamus de quolibet praeterito quo ad posse non fuisse, sed per experientiam non sic clare cognoscimus aliquod futurum fore, ideo facilius imaginamur illud posse non fore quam illud posse non fuisse de quo experimur ipsum fuisse. Et hoc maxime quando non advertimus difficultatem sustinendi aliquod futurum contingenter evenire seu posse non fore. Unde advertens difficultatem in sustinendo talem contingentiam futurorum, ita difficulter imaginatur unum sicut reliquum, ut patet ex praedictis ».

comparables d'avoir fait une affirmation ferme de ce type. Tout se réduit, sans doute, à un désaccord sur ce qui semble le plus absurde ou le plus inquiétant, à savoir l'idée que Dieu ne puisse pas faire quelque chose, ou bien que ce qui a existé soit susceptible de ne pas avoir existé.

Ceffons a raison : tout en supposant le passé, personne n'a soutenu que Dieu puisse faire en sorte que le passé n'ait jamais existé. Si tel était le cas, tout débat philosophique ou théologique aurait cessé.

CHAPITRE III

## *OMNIA DE NECESSITATE EVENIUNT* Y A-T-IL DE LA CONTINGENCE DANS L'UNIVERS ?

Nous avons vu dans le chapitre II que soutenir la nécessité du passé a eu comme conséquence de mettre apparemment en danger la contingence du futur, et nous verrons dans le chapitre IV qu'au moins un des théologiens les plus importants, à savoir Pierre Auriol, affirme que la vision chrétienne traditionnelle de la prescience divine entraîne de toute manière le fatalisme. Cependant, même si on laisse de côté la croyance en un Être Suprême omnipotent et omniscient, le déterminisme absolu constitue un véritable problème. Tout au long de l'histoire de la philosophie, divers penseurs ont compris qu'il était impossible de démontrer l'existence d'une causalité efficiente dans la nature, et certains ont même adopté une vision du monde occasionaliste (selon laquelle Dieu est la seule cause efficiente dans le monde). À l'autre extrême, quelques philosophes ont parfois vu que le déterminisme absolu ne pouvait pas être réfuté et, à en croire ce que l'on rapporte, l'idée selon laquelle tout ce qui arrive advient par nécessité n'était pas une simple option théorique, mais avait ses propres défenseurs.

Bien que les cibles spécifiques de l'époque nous soient inconnues ou mal comprises, parmi les 219 articles qu'Étienne Tempier, évêque de Paris, condamna en 1277, nombre d'entre eux affirmaient diverses formes de déterminisme, comme par exemple : (159) « La volonté de l'homme est nécessitée par la connaissance, comme l'appétit de la bête » ; (160) « Aucun agent n'est devant une alternative ; bien au contraire, il est déterminé » ; (163) « La volonté poursuit nécessairement ce qui est cru fermement par la raison ; et elle ne peut pas s'abstenir de ce que la raison lui dicte » ; (208) « Si deux biens sont proposés, celui qui est le plus fort meut le plus fortement » ; (207) « À l'heure de la génération d'un homme, en vertu de l'ordre des causes supérieures et inférieures, une disposition inclinant l'homme vers telles actions et tels événements est introduite dans son corps et, par conséquent, dans son âme, laquelle est liée au corps » ; (161) « Les effets des étoiles sur le libre arbitre sont occultes » ; (162) « Notre volonté est soumise au pouvoir des corps célestes » ; (133) « La volonté et l'intellect ne sont pas mus en acte par eux-mêmes, mais par une cause sempiternelle, à savoir les corps célestes » ; (206) « On attribue la santé, la maladie, la vie et la mort à la position des étoiles et au regard de la fortune, en disant que si la fortune a regardé un tel, il vivra ; si elle ne l'a pas regardé, il mourra » ; (167) « Par certains signes, on connaît les intentions des hommes et les changements des intentions, et si ces intentions doivent se réaliser… » ; (209) « Tous les mouvements volontaires se ramènent au premier moteur » ; (21) « Rien ne se produit par hasard, mais tout arrive par nécessité, et tous les futurs qui seront, seront par nécessité, et ceux qui ne seront pas, c'est qu'il est impossible qu'ils soient ; et rien ne se produit de manière contingente, si l'on considère toutes les causes » [1].

Même si les condamnations de 1277 n'étaient pas encore tombées dans l'oubli au temps de la peste noire, certains théologiens traitaient la position nécessitariste comme une véritable opinion circulant parmi leurs contemporains, quoiqu'elle ne le fût sans doute pas dans le milieu académique. Toutefois, à ma connaissance, seul Pierre Ceffons donne une voix philosophique ferme à ce qui est présenté comme un groupe de défenseurs des positions extrêmes, en prenant la défense de presque tous les articles condamnés énumérés ci-dessus. Dans le présent chapitre, je voudrais proposer une version possible de l'arrière-plan historique spécifique de la présentation de Ceffons, et esquisser ensuite une présentation de sa flamboyante contribution.

Le fait que la version que je propose n'est qu'une des histoires possibles de cet arrière-plan historique de Ceffons est partiellement dû à la multitude étonnante des théologiens et des philosophes actifs au cours du siècle qui sépare les lectures parisiennes sur les *Sentences* de Thomas d'Aquin et celles de Pierre Ceffons. On peut écrire plus d'une histoire de la causalité pour toutes ces années, en allant peut-être dans la direction opposée à celle de Ceffons, de sorte que, selon certains historiens, c'est une tendance à la « contingence radicale » qui a caractérisé cette période. En outre, dans

1. Piché (1999), p. 86-87, p. 120-121, p. 126-131 et p. 142-143.

les universités médiévales, beaucoup de théologiens et de maîtres ès arts étaient prolifiques à titre individuel. En raison de la complexité intrinsèque à la présentation d'une vision unitaire du monde, concomitante à l'acceptation de l'idée d'un Créateur tout puissant, on trouve souvent des contradictions apparentes dans leurs œuvres respectives, de sorte que ce qui est amplement expliqué à un certain endroit semble incompatible avec quelque remarque faite ailleurs. Dans ce qui suit, je préfère me concentrer sur un contexte déterminé et sur des discussions approfondies plutôt que sur des remarques éparses, tout en avançant de la contingence vers la nécessité. Plus précisément, j'ai l'intention de mettre en évidence la réduction graduelle de la portée de la contingence de Thomas d'Aquin à Pierre Ceffons [1].

## THOMAS D'AQUIN

L'*Index Thomisticus* donne 269 occurrences pour le mot *contingentia* dans l'œuvre de Thomas d'Aquin, que cela soit sous la forme du nom féminin singulier « contingence » ou du neutre pluriel « contingents ». Les discussions principales de Thomas sur la contingence apparaissent dans le contexte de son traitement de la prescience divine, dans son *Scriptum*, ses deux *Summae* principales, et dans le *De veritate*, même si des passages sur ce sujet se retrouvent tout au long de ses œuvres. De manière générale, Thomas n'était pas excessivement préoccupé par la signification de la « contingence », ou par la distinction entre diverses formes de « contingence », mais il a souvent répété son *dictum* selon lequel les causes proches étaient importantes quant à la nécessité et la contingence, par exemple dans la distinction 17 de son *Scriptum* (*c.*1252-1257) sur le livre I : « L'opération suit les conditions de la cause prochaine sous le rapport de la nécessité, de la contingence… et non les conditions de la cause première » [2], et dans la distinction 38 : « Lorsqu'il y a plusieurs causes ordonnées les unes aux autres, l'effet dernier ne suit pas la cause première dans la nécessité et la contingence, mais il suit la cause

1. Pour les années qui séparent Thomas d'Aquin et François de la Marche, voir la discussion parallèle chez Porro (2013), p. 121-144, avec une section consacrée à Siger de Brabant et aux condamnations de 1277 aux p. 127-134. Voir aussi Fedriga (2015) et sa discussion de la littérature.

2. Thomas d'Aquin, *Commentaire des Sentences* I, d. 17, q. 1, a. 1, co., trad. fr. Alarcón.

prochaine »[1]. Dans la *Somme théologique* (*c.*1265-1273), première partie, question 14, article 13, Thomas donne l'exemple suivant :

> Même si la cause suprême est nécessaire, l'effet peut être contingent du fait de la cause prochaine, si elle est contingente. Ainsi la germination d'une plante est un effet contingent en raison de sa cause prochaine, bien que la cause primaire de cette germination, le mouvement solaire, soit une cause nécessaire[2].

Dans la *Somme contre les gentils* (*c.*1259-1265), livre I, chapitre 85, Thomas s'exprime ainsi :

> Nous le voyons bien : toute nécessaire que soit la cause éloignée, si la cause prochaine est contingente, l'effet sera contingent. C'est ce qui arrive avec évidence pour les corps inférieurs; ils sont contingents en raison de la contingence de leurs causes prochaines, bien que les causes éloignées, les mouvements célestes, soient nécessaires[3].

Il est évident ici que, dans le contexte de la prescience des contingents par Dieu, l'intérêt de Thomas d'Aquin porte sur la chaîne de la causalité et de la contingence dans le monde naturel. En effet, Thomas a parlé parfois de différents degrés de la contingence, des contingents *ad utrumlibet*, par exemple les actes et les actions des êtres humains issus de la volonté libre, aux contingents *ut in pluribus*, qui ne sont pas très éloignés de la nécessité. Il ne s'arrête pourtant pas sur la question, même si les interprètes modernes ont construit un système thomiste à partir de ses affirmations éparpillées. L'essentiel est que Thomas met l'accent sur le fait que « la contingence n'admet pas… [la] détermination » [4] et que « la contingence implique la mutabilité »[5]. Ainsi, en particulier, « les effets contingents *ad utrumlibet* ne peuvent aucunement être connus dans leurs causes »[6], même par Dieu, car, généralement parlant, un contingent dans sa cause

> est considéré comme futur et comme contingent, non encore déterminé à être ou à ne pas être… Dans ce cas le contingent ne peut être connu avec

1. Thomas d'Aquin, *Commentaire des Sentences* I, d. 38, q. 1, a. 5, co., trad. fr. Alarcón.
2. *Id.*, *Somme théologique* I, q. 14, art. 13, ad 1, trad. fr. Roguet, p. 266a (trad. corr.).
3. *Id.*, *Somme contre les gentils* I, c. 85, trad. fr. Bernier et Corvez, p. 151-152.
4. *Id.*, *Commentaire des Sentences* I, d. 38, q. 1, a. 5, co., trad. fr. Alarcón.
5. *Ibid.*, d. 43, q. 2, a. 1, ad 4, trad. fr. Alarcón.
6. *Ibid.*, d. 38, q. 1, a. 5, co., trad. fr. Alarcón.

> certitude. En conséquence, celui qui ne connaît un effet contingent que dans sa cause, n'a de lui qu'une connaissance conjecturale [1].

Cependant, dans la *Somme contre les gentils*, Thomas d'Aquin est plus optimiste, pas seulement en ce qui concerne Dieu, mais aussi en ce qui concerne les êtres humains. Dans le livre I, chapitre 67, Thomas circonscrit ainsi la connaissance divine :

> De même qu'un effet découle avec certitude d'une cause nécessaire, ainsi le fait-il d'une cause contingente complète si elle n'est pas empêchée. Or Dieu, qui connaît toutes choses, comme on l'a vu, connaît non seulement les causes des faits contingents mais aussi ce qui peut les empêcher de produire ces derniers. Il sait donc avec certitude si les contingents sont ou ne sont pas [2].

Dans le livre III, chapitre 154, il admet même quelque chose de plus restreint pour les êtres humains :

> Toutefois, certains futurs contingents sont susceptibles d'être connus des hommes, non certes comme contingents, mais comme préexistant en leurs causes ; la connaissance de celles-ci en elles-mêmes ou en certains de leurs effets apparents, que l'on appelle des signes, permet aux hommes une prescience de quelques effets futurs ; ainsi le médecin qui prévoit la mort ou le retour à la santé... Cette connaissance des futurs comporte une part de certitude et une part d'incertitude [3].

Ainsi, Thomas d'Aquin affirme habituellement que la connaissance certaine du futur par les causes, même les causes des phénomènes naturels, est impossible, y compris pour Dieu, car la contingence y fait obstacle. Mais à certaines occasions il semble admettre la certitude divine au sujet des phénomènes naturels futurs, à condition que toutes les causes soient considérées ensemble, et peut-être a-t-il même admis que les êtres humains pouvaient en deviner certains.

1 . Thomas d'Aquin, *Somme théologique* I, q. 14, art. 13, co., trad. fr. Roguet, p. 265b-266a.

2. *Id.*, *Somme contre les gentils* I, c. 67, trad. fr. Bernier et Corvez, p. 123.

3. *Ibid.*, III, c. 154, trad. fr. Gerlaud, p. 753.

## DURAND DE SAINT-POURÇAIN ET JEAN DUNS SCOT

Au début du XIV$^{e}$ siècle, des auteurs dominicains indépendants comme Jacques de Metz (*sententiarius* à Paris 1300-1301) et, après lui, Durand de Saint-Pourçain (1308-1309), qui se sont tous les deux parfois opposés au docteur officiel de leur ordre, semblent s'être emparés des affirmations de Thomas d'Aquin dans la *Somme contre les gentils* : connaissant toutes les causes et toutes les entraves, Dieu connaît le futur avec certitude [1]. Et pourtant, lorsqu'il introduit sa solution, Durand, après Jacques, prend le temps d'en fournir l'arrière-plan, ce que Thomas n'avait pas fait, du moins pas dans ce contexte :

> Certaines causes sont nécessaires en elles-mêmes et concernant leurs effets, comme le mouvement des cieux, comparé aux éclipses et aux autres effets qui adviennent nécessairement à partir du mouvement des orbes ; les effets qui préexistent dans ces causes sont en effet futurs, mais ils ne sont pas contingents, plutôt nécessaires. D'autres causes ne sont pas nécessaires (c'est-à-dire nécessaires comparées à leurs effets dans le sens où elles les produiraient nécessairement), mais elles sont plutôt capables de ne pas les produire ; les effets qui préexistent dans ces causes sont futurs et contingents. Ces causes sont de trois types, car certaines causes contingentes sont déterminées à la production de leurs effets *ut frequenter*, et elles n'y échouent que *raro*, comme par exemple un homme qui est né avec cinq doigts, ce qui arrive *ut in pluribus*, mais *raro*, il arrive qu'il soit né avec plus ou moins de cinq doigts. Ainsi, les effets de telles causes, lorsqu'ils préexistent dans celles-ci, sont futurs et contingents, mais certains parmi ceux-ci sont contingents *ut frequenter*, tandis que certains sont [contingents] *raro*. Mais il y a d'autres causes qui n'ont en elles-mêmes aucune détermination à produire ou à ne pas produire cet effet,

1. Jacques de Metz, *In I Sententiarum*, d. 38, a. 3, éd. Schabel (2014c), p. 61-62.12-45 : « Contra : sicut a causa necessaria evenit effectus necessario, ita a causa impedibili, non tamen impedita, evenit effectus determinate et cum certitudine… Modo ad propositum, qui videt causam impedibilem et omnia supervenientia et quae impedient et quae non impedient, talis potest videre effectum determinate et in veritate… ». *Cf.* Durand de Saint-Pourçain, *In I Sententiarum*, d. 38, q. 3, a. 2, éd. Schabel, Friedman et Balcoyiannopoulou (2001), p. 253.97-106 : « Sed istud non videtur verum, quia sicut ex causa necessaria sequitur effectus necessarius, sic ex causa impedibili, si non sit impedita, sequitur effectus contingens infallibiliter… sic cognita causa impedibili et omnibus quae eam impedire possunt et insuper eis quae eam impedient vel non impedient, certitudinaliter potest cognosci quis effectus eveniet vel non eveniet ». Jacques de Lausanne, *In I Sententiarum*, d. 38, a. 2, éd. Schabel, Friedman et Balcoyiannopoulou (2001), p. 279.63-73, reste très proche du Durand.

> mais elles sont plutôt disposées indifféremment *ad utrumlibet*, comme dans le cas du choix libre, par exemple le fait que Socrate court ou ne court pas ; les effets qui préexistent dans ces causes sont futurs et contingents *ad utrumlibet*. Donc il y a, en général, certains futurs contingents *frequenter*, certains *raro*, et certains *ad utrumlibet*. Il est également clair qu'un contingent *ad utrumlibet* n'est jamais tel comparé à une cause agissant par la nécessité naturelle, car celle-ci est toujours déterminée en vue d'une chose [déterminée], sauf si elle en est entravée, ce qui arrive *raro*. Il est plutôt tel par comparaison avec une cause agissant librement, qui peut agir ou ne pas agir, et qui, en tant que telle, ne produit jamais rien de manière déterminée, car elle est également indifférente aux [termes] opposés [1].

Après cet exposé clair, Durand poursuit en soutenant que Dieu a la certitude concernant le futur par l'intermédiaire de sa connaissance des causes. Il semble renoncer à la contingence *ad utrumlibet* par le choix humain libre, en affirmant même que

> lorsqu'une cause indifférente et susceptible d'être entravée [dans son activité] est connue, si, en même temps qu'elle, tout ce qui peut la déterminer et qui la déterminera, ainsi que tout ce qui peut l'entraver et l'entravera,

1. Durand de Saint-Pourçain, *In I Sententiarum*, d. 38, q. 3, a. 1, éd. Schabel, Friedman et Balcoyiannopoulou (2001), p. 251-252.51-75 : « Causarum autem invenitur triplex gradus : quaedam enim sunt necessariae in se et in ordine ad effectus, sicut est motus coeli in comparatione ad eclipses et ad alios effectus qui ex motu orbium necessario eveniunt. Et effectus praeexistentes in talibus causis sunt quidem futuri, sed non contingentes, immo sunt necessarii. Quaedam autem aliae sunt causae quae non sunt necessariae, saltem in comparatione ad effectus, ut eos necessario producant, immo possunt non producere. Et effectus praeexistentes in talibus causis sunt futuri et contingentes. Et horum triplex est differentia, quia quaedam causae contingentes determinatae sunt ad producendos suos effectus ut frequenter, nec deficiunt nisi raro, ut quod homo generetur cum quinque digitis solum. Hoc enim evenit ut in pluribus, raro autem evenit ut generetur cum pluribus quam quinque. Effectus igitur talium causarum, dum praeexistunt in eis, sunt futuri et contingentes, sed quidam eorum sunt contingentes ut frequenter, quidam raro. Aliae vero sunt causae quae de se nullam habent determinationem ad producendum hunc effectum vel non producendum, sed indifferenter se habent ad utrumque, sicut est liberum arbitrium, ut Sortem currere vel non currere. Et effectus praeexistentes in talibus causis sunt futuri et contingentes ad utrumlibet. Ergo sunt in universo futura contingentia quaedam frequenter, quaedam raro, quaedam ad utrumlibet. Patet etiam quod contingens ad utrumlibet numquam dicitur per comparationem ad causam agentem ex necessitate naturae, illa enim semper determinata est ad unum nisi impediatur, quod fit raro. Sed dicitur per comparationem ad causam agentem libere, quae potest agere et non agere, quae, ut sic, numquam aliquid producit determinate, cum sit aeque indifferens ad opposita ».

> est connu, on peut connaître de manière infaillible lequel de ses effets adviendra [1].

Cette explication n'est pas restée sans effet sur le confrère de Durand, Pierre de la Palu (1310-1311), ou sur ses autres lecteurs, tel que le franciscain Pierre Auriol (1317-1318) [2].

Dans les années 1320, le dominicain Bernard Lombard (1327-1328) a interprété la discussion de Durand comme une réfutation directe de la théorie avancée par Thomas d'Aquin dans la *Somme théologique*, et s'est trouvé ainsi contraint de prendre cette situation en considération. C'est pourquoi Bernard a interprété la négation par Thomas de la connaissance par les causes comme si elle concernait seulement les causes proches : « En ce qui concerne les arguments de Durand contre le Saint Docteur, il est clair qu'ils ne sont pas valides, car [Durand] considère les causes parmi lesquelles l'une est nécessaire et déterminée, comme Dieu, tandis que le Docteur considère seulement la cause contingente ». Cependant, en arrivant à cette conclusion, Bernard dit que les causes contingentes renvoient en dernière instance à une cause déterminée, sinon on aurait une régression à l'infini [3].

L'interprétation donnée par Bernard à la *responsio* de Thomas d'Aquin est une tentative pour protéger la réputation de celui-ci à une époque où la science ainsi que la question de la prescience divine avaient avancé. D'un côté, même parmi les dominicains, certains avaient soutenu que le fait de connaître la chaîne causale en entier, vraisemblablement seulement pour ce qui concerne la causalité naturelle, aurait comme résultat la connaissance certaine du futur, tandis que d'un autre côté, la volonté humaine libre était devenue le centre de l'attention [4]. En citant Aristote, Bernard avait aidé Thomas à sauver la face par la seule déclaration selon laquelle « l'effet suit la cause proche ». Ensuite, Bernard avait

1. Durand de Saint-Pourçain, *In I Sententiarum*, d. 38, q. 3, a. 1, éd. cit., p. 253.106 : « Et similiter, cognita causa indifferente et impedibili, si cum ea cognoscuntur omnia quae et eam determinare possunt et determinabunt et omnia quae eam impedire possunt et quae eam impedient, potest infallibiliter cognosci quis effectus eveniet ».

2. Schabel, Friedman et Balcoyiannopoulou (2001), p. 225-226.

3. Bernard Lombard, *In I Sententiarum*, d. 38, a. 1, éd. cit., p. 296.6-20 : « Sciendum tamen quod sicut causae per accidens reducuntur ad per se, sic omne contingens ad aliquam causam determinatam… Et per hoc patet, ad rationes Durandi contra Sanctum Doctorem, quod non valent, quia accipit causas quarum altera est necessaria et determinata, ut Deus, Doctor autem accipit praecise causam contingentem ».

4. Durand a évoqué le libre arbitre humain dans son argumentation dans *In contrarium* : Durand de Saint-Pourçain, *In I Sententiarum*, d. 38, q. 3, éd. Schabel, Friedman et Balcoyiannopoulou (2001), p. 251.35-41.

ajouté que « puisque Dieu agit par l'intermédiaire du libre choix, qui est un principe contingent, il en résulte que les effets sont contingents »[1]. On voit ici un signe de la tête en direction du criticisme franciscain de Thomas, répandu grâce à la formulation donnée par Jean Duns Scot (1302-1303), dont la discussion à ce sujet avait été ignorée par les premiers dominicains.

Le traitement par Scot de la prescience divine, qui précède celui de Durand et qui est indépendant de celui de Jacques de Metz, est célèbre pour un certain nombre de raisons, comme nous le verrons dans le chapitre IV, mais il est important de comprendre le contexte partiellement thomiste de sa discussion. Dans son *Ordinatio* des *Sentences*, Scot ouvre la discussion par la présentation et la réfutation de trois opinions, toutes les trois susceptibles d'être mises en lien avec Thomas d'Aquin, mais particulièrement les deux dernières. La troisième est celle-ci : « même si, en ce qui concerne la connaissance divine, certaines choses sont nécessaires, il ne s'ensuit pas que, en ce qui concerne les causes proches, elles ne peuvent pas être contingentes »[2]. Scot répond en soulignant la nécessité de la causalité secondaire :

> Une cause qui meut, dans la mesure où elle est mue, si elle est mue nécessairement, meut nécessairement, donc toute cause secondaire qui produit dans la mesure où elle est mue par la première cause, si elle est mue nécessairement par la première cause, meut nécessairement la cause qui est proche d'elle, ou elle produit son effet nécessairement. Ainsi tout l'ordre des causes jusqu'au dernier effet agira nécessairement, si la disposition de la première cause envers la cause qui est proche d'elle est nécessaire[3].

Donc, au cœur même de la question, affirme Scot, se trouve d'abord l'explication de la manière dont la contingence existe. Scot commence par

1 . Bernard Lombard, *In I Sententiarum*, d. 38, a. 1, éd. Schabel, Friedman et Balcoyiannopoulou (2001), p. 296.12-17 : « Sed hic est unum dubium, quia si contingens habet causam determinatam semper, contingentia perit a rebus. Ad hoc dicendum quod non, quia secundum Philosophum, secundo *Physicorum*, effectus sequitur causam proximam, et quia Deus agit mediante libero arbitrio, quod est principium contingens, ideo effectus sunt contingentes ».

2. Jean Duns Scot, *Ordinatio in I Sententiarum*, d. 38 pars 2 et d. 39 q. 1-5, éd. Balić, p. 411.16-18 : « Tertia positio dicit quod licet aliqua respectu scientiae divinae sint necessaria, tamen non sequitur quin respectu causarum proximarum possint esse contingentia ».

3. *Ibid.*, p. 412.15-413.2 : « … causa movens – in quantum mota – si necessario movetur, necessario movet ; quaelibet ergo causa secunda quae producit in quantum mota a prima, si necessario movetur a prima, necessario movet proximam sibi vel producit effectum suum. Tota ergo ordinatio causarum, usque ad ultimum effectum, necessario producet si habitudo primae causae ad sibi proximam causam sit necessaria ».

affirmer que la contingence existe en acte dans le monde, mais la raison fondamentale en est que, sans cela, on n'aurait pas besoin de délibérer, selon Aristote. Si quelqu'un nie cela, alors Avicenne a raison lorsqu'il suggère que l'on devrait le torturer jusqu'à ce qu'il admette que sa torture n'est pas nécessaire, mais contingente, et que l'on peut y mettre un terme [1].

Ainsi, en prenant l'existence de la contingence comme étant impossible à démontrer, mais comme étant manifeste, Scot situe, comme tout le monde le sait, l'origine de la contingence dans la volonté divine, et l'explique par les moments de nature et par la capacité simultanée pour les termes opposés : « En postulant qu'une volonté créée est dotée d'être à un seul instant, et que, à cet instant-là, elle a cette volition, elle n'a pas cette volition nécessairement » [2]. Pour Scot, même à ce seul instant où l'on veut quelque chose, on le veut de manière contingente, et non pas nécessaire, de sorte que l'on pourrait vouloir le terme opposé. Puisque Dieu est immuable, ce stratagème est un moyen convenable pour Scot d'affirmer que la volonté de Dieu est toujours contingente et qu'elle pourrait être orientée vers le terme opposé. Le résultat en est que Dieu veut de manière contingente, et ainsi tout ce qui s'ensuit de sa volonté est contingent, même si le lien causal entre les causes secondes et les effets est nécessaire. Par la connaissance de sa volonté, Dieu connaît donc le futur.

Le franciscain Pierre Auriol lit attentivement Durand et Scot. Tout comme Scot, Auriol considère l'existence de la contingence dans le monde comme un *per se notum*, qui ne peut être démontré par des arguments. Durand affirme que la connaissance des causes secondaires contingentes prises ensemble, tout en laissant de côté le choix libre de l'homme, suffit pour la connaissance du futur. Scot avait donné des clarifications en disant qu'il en est ainsi parce que les causes secondaires, si on laisse de côté le choix libre de l'homme, agissent nécessairement, donc le fait même qu'elles soient contingentes dépend d'une origine contingente de la chaîne causale, à savoir la volonté de Dieu. La contingence de la volonté divine à un seul moment de l'éternité non seulement garantit, pour Scot, la contingence dans le monde, mais rend la prescience divine plus simple même qu'elle ne l'était pour Durand : le fait de connaître les déterminations contingentes de la volonté divine était suffisant, car tout le reste

1. Jean Duns Scot, *Ordinatio in I Sententiarum*, d. 38 pars 2 et d. 39 q. 1-5, éd. Balić, p. 414.1-415.14.

2. *Ibid.*, p. 417.22-418.2 : « Ponendo enim voluntatem creatam tantam habere esse in uno instanti, et quod ipsa in illo instanti habeat hanc volitionem, non necessario tunc habet eam ».

s'ensuivait, dans un sens, nécessairement, même si ce n'était pas, bien sûr, de manière absolue.

Pour Pierre Auriol, une chose capitale était perdue de vue : le choix libre de l'homme. Après tout, Scot admettait lui-même que la contingence avait aussi pour origine la volonté humaine et Durand soulignait que la volonté humaine agissait de manière indéterminée. Comment Dieu connaît-il les futurs contingents qui ne sont pas naturels mais dérivés du choix humain ? À partir de ce moment-là, la question n'était plus traitée en usant du langage général de Thomas d'Aquin, parce que Scot et Durand avaient fait disparaître le problème général, mais la question était à présent exposée dans les termes spécifiques de la connaissance du futur qui dépendait de la liberté humaine.

Pierre Auriol n'était pas capable de réconcilier toute prescience du futur à proprement parler avec la contingence du futur et il a même nié que les propositions concernant le futur puissent être vraies à présent sans en détruire la contingence. Auriol est ainsi parvenu à proposer une théorie radicalement nouvelle, comme nous le verrons dans le chapitre IV, si radicale qu'aucun auteur scolastique important ne l'a acceptée pendant le siècle et demi qui a suivi. Et pourtant c'était Auriol qui avait fait mûrir tout le débat, car il avait défié ses successeurs d'expliquer comment la prescience réelle pouvait fonctionner en lien avec le choix libre de l'homme. François de la Marche (1319-1320) est l'auteur qui a relevé ce défi.

## FRANÇOIS DE LA MARCHE

François de la Marche a accompli deux choses. Premièrement, par la réduction de la contingence réelle au choix libre de l'homme, le franciscain italien a d'abord pris le temps d'expliquer la contingence et la nécessité dans le monde comme on ne l'avait jamais fait auparavant, de sorte qu'Anneliese Maier, qui se trompe rarement, a pu écrire : « Il nous semble que le premier à avoir adopté cette position en pleine conscience et avec une pleine clarté fut François de la Marche » [1]. Deuxièmement, il a essayé de réduire l'étendue de la contingence et d'accroître davantage encore celle du déterminisme dans son traitement du libre choix humain.

1. Maier (1949), p. 241.

En s'inspirant peut-être de Durand, la présentation que François de la Marche fait de la contingence va encore plus loin, et elle est plus claire. Cependant, on a exprimé certains doutes concernant sa signification. Par conséquent, afin de la rendre absolument limpide, je citerai longuement la formulation classique proposée par François :

> J'affirme qu'il y a deux types de contingence : l'une est la contingence *per accidens*, et l'autre [est la contingence] *per se*. La contingence *per accidens* est celle par laquelle l'effet est contingent quant aux causes *per accidens* qui concourent avec les causes *per se*, et qui n'est pas contingent à partir des causes *per se*. Cela correspond à la contingence des effets naturels susceptibles d'être générés ou altérés, qui peuvent être entravés ou non entravés en raison de la combinaison des diverses causes accidentelles avec les causes *per se*. Ainsi, ils adviennent de manière contingente non pas à partir des causes *per se* en tant que telles, car les causes *per se* agissent nécessairement en tant que telles – parce que lorsqu'un [élément] actif et un [élément] passif sont présents, l'action s'ensuit nécessairement, selon le Philosophe, dans le livre XI de la *Métaphysique* – mais plutôt en raison des causes *per accidens*, lesquelles, même si elles sont des causes *per accidens* quant à un des effets, sont pourtant des causes *per se* d'un autre effet. Ainsi, une telle contingence est une contingence [de type] *secundum quid*, non pas *simpliciter*, parce que l'effet est seulement contingent comparé à l'une des causes partielles, mais il n'est pas contingent comparé à l'ordre entier des causes qui concourent dans le même temps, car lorsque toutes les causes ont été posées, un effet naturel s'ensuit nécessairement. Et il ne peut non plus en être entravé par toute cause naturelle, car alors cette cause-là agirait quant à la production de cet effet-là, et ainsi sans cette cause-là, on n'aura pas toutes les causes [1].

1. François de la Marche, *Scriptum in I Sententiarum*, d. 36, a. 1, éd. Schabel (2000a), p. 30-31.26-47 : « Quantum ad primum, dico quod duplex est contingentia : Quedam est contingentia per accidens, quedam per se. Contingentia per accidens est qua effectus est contingens in ordine ad causas per accidens concurrentes cum causis per se, et non est contingens ex causis per se. Et hec est contingentia effectuum naturalium generabilium et corruptibilium, qui propter concursum varium causarum accidentalium cum causis per se possunt impediri et non impediri. Ideo eveniunt contingenter non ex causis per se quantum est ex se – quia cause per se necessario agunt quantum est ex se, quia presente activo et passivo, necessario sequitur actio, secundum Philosophum, 9 *Metaphysice* – sed eveniunt contingenter propter causas per accidens, que tamen cause per accidens, licet sint cause per accidens respectu unius effectus, sunt tamen cause per se alterius effectus. Et ideo talis contingentia est contingentia secundum quid, non simpliciter, quia effectus solum est contingens in ordine ad unam causam partialem comparatus. Non autem est contingens comparatus ad totum ordinem causarum simul concurrentium, quia positis omnibus causis, effectus naturalis necessario sequitur. Nec potest impediri per aliquam causam naturalem,

François de la Marche continue de cette façon, en répétant que ce type de contingence est *per accidens*, non *per se*, *secundum quid*, non *simpliciter*, et en ajoutant qu'elle est *privativa*, non *positiva*, *extrinseca*, non *intrinseca*. Le point important ici est que « cette contingence se réfère à l'une des causes, qui est susceptible d'être entravée par une autre, non pas à toute la combinaison des causes » [1].

Il est évident que ce type de contingence existe et il n'est pas nécessaire d'en fournir des preuves, affirme François, car cela signifie seulement que certaines causes peuvent être entravées par d'autres causes, que cela soit dans la nature ou dans les affaires humaines. Cela ne veut pourtant pas dire qu'il y a ici de la contingence *per se*. En fait, François déclare ce qui suit comme une conclusion : « Un effet contingent naturel, compte tenu de l'influence générale de la première cause, peut être connu de manière déterminée par un intellect créé, quoique non pas par un intellect humain, par ses causes contingentes ». Il en est ainsi parce que « tout effet naturel contingent dépend d'un nombre fini de causes qui coïncident d'un nombre fini de manières et causent nécessairement, compte tenu de l'influence générale » [2]. Cela arrive à son tour parce que :

> Même si, comparé à une cause particulière, un effet contingent peut être entravé par une autre cause naturelle, lorsqu'il est comparé à l'ordre entier des causes naturelles qui coïncident ensemble, l'effet ne peut être entravé par aucune cause naturelle, car on postule que toutes les causes naturelles concourent [à la production de l'effet].

Qui plus est, ces causes « existant dans leur disposition finale, causent nécessairement, si elles en sont capables, ou entravent nécessairement, si elles en sont capables ». Comme pour ne pas laisser de doutes quant à la nécessité de la causalité naturelle, François remarque que « l'intellect

quia tunc illa causa faceret ad positionem illius effectus, et ita sine illa causa non haberentur omnes cause ».

1. François de la Marche, *Scriptum in I Sententiarum*, d. 36, a. 1, éd. Schabel (2000a), p. 31.47-50 : « Ideo talis contingentia que est in ordine ad unam causam impedibilem per aliam causam, vel ex parte agentis vel ex parte pacientis, et non in ordine ad totum ordinem causarum simul ».

2. *Ibid.*, d. 36, a. 2, éd. Schabel (2000a), p. 38.264-275 : « Prima conclusio est quod effectus contingens naturalis, stante generali influentia prime cause, potest determinate cognosci ab intellectu creato, licet non ab humano, per suas causas contingentes. Quod declaro sic : Omnis effectus dependens ex causis finitis necessario ipsum inferentibus potest cognosci determinate per suas causas ab aliquo intellectu finito... ; sed quilibet effectus contingens naturalis dependet ex causis finitis modis finitis concurrentibus et necessario causantibus, stante generali influentia ; igitur... ».

humain connaît fréquemment à l'avance certains effets contingents futurs à travers des causes contingentes » et, si l'on ne peut pas atteindre pleinement cette connaissance, c'est seulement « à cause de l'imperfection de l'intellect uni au corps, et de la brièveté de la vie » [1].

François de la Marche rejette ainsi complétement le Thomas d'Aquin de la *Somme théologique*, et il extrapole plutôt à partir du Thomas de la *Somme contre les gentils*, en démêlant ainsi ce qui faisait désordre. François s'en prend aussi à Scot et précise que sa théorie s'applique seulement à la causalité naturelle. Cette contingence *per accidens* des phénomènes naturels, s'il s'agit en dernière instance de contingence, doit s'appuyer en dernière instance sur une base contingente, évidemment non pas la volonté humaine, puisque le monde naturel ne peut guère dépendre de celle-ci, mais plutôt de l'action contingente de la première cause, « car si celle-ci n'agissait pas de manière contingente, rien n'adviendrait de manière contingente dans le monde, mais toutes les choses adviendraient nécessairement » [2].

François semble presque nous offrir ici une vision déiste de l'univers, dans laquelle Dieu fait commencer les choses selon son choix, et ensuite tout s'enchaîne, pour ainsi dire, nécessairement, compte tenu de ce commencement contingent. Il est clair que François jette les bases du « progrès » scientifique, pourrait-on dire, en mettant en lien notre manque de certitude totale dans la prédiction des phénomènes naturels avec les limites de notre esprit, pour autant qu'il est attaché au corps, et avec la durée réduite de la vie, cette dernière limitation étant peut-être

1. François de la Marche, *Scriptum in I Sententiarum*, d. 36, a. 1, éd. cit., p. 38.278-295 : « Licet effectus contingens comparatus ad unam causam particularem possit impediri per aliam causam naturalem, tamen effectus comparatus ad totum ordinem causarum naturalium simul concurrentium non potest impediri per aliquam causam naturalem, quia omnes cause naturales ponuntur concurrere... Et cause in ultima dispositione existentes necessario causant, si possunt, vel necessario impediunt, si possunt. Ergo quilibet effectus contingens naturalis dependet ex causis finitis modis finitis concurrentibus necessario ad ipsum, cuius signum est quod frequenter intellectus humanus precognoscit aliquos effectus contingentes futuros per causas contingentes. Quod autem non possit plene attingere, hoc est propter imperfectionem intellectus coniuncti et brevitatem vite ». L'exemple des astronomes prédisant certains evenements futurs était bien connu, mais alors que Durand, par exemple, soutenait que les anges pourraient peut-être prédire l'avenir naturel, Pierre de la Palu a averti que les astronomes ne pouvaient pas connaître tous les obstacles : Schabel, Friedman et Balcoyiannopoulou (2001), p. 226.

2. François de la Marche, *Scriptum in I Sententiarum*, d. 36, a. 1, éd. Schabel (2000a), p. 34.140-142 : « Igitur causa prima agit contingenter, quia nisi ageret contingenter nihil eveniret in rebus contingenter, sed omnia evenirent necessario ».

dépassable, au contraire de la première. Dans sa *Reportatio*, François fait cette affirmation, en s'inspirant d'Avicenne :

> Le fait que l'on ne puisse pas connaître exactement tous ces effets naturels futurs s'explique par le fait que, en raison de la courte durée de notre vie, on ne peut pas connaître toutes leurs causes, ni tous les moyens de les entraver, ni toutes les manières dont ils peuvent être entravés… car, si on connaissait tout cela, on connaîtrait bien évidemment les effets futurs de manière déterminée [1].

La montée de ce proto-déisme coïncide, sans surprise, avec le déclin de la notion de providence. Tandis que chez Thomas d'Aquin, dans le contexte de la connaissance divine dans le *Scriptum*, on trouve une forme du nom *providentia* environ une centaine de fois, François de la Marche n'utilise jamais le terme dans la version principale de sa *Reportatio*, par exemple. La providence n'est pas nécessaire pour François, car la connaissance par Dieu de sa propre création libre et de la fonction de la causalité naturelle est suffisante. C'est pourquoi, tout ce qu'il faut à François est la notion d'« influence générale » dans le maintien de la causalité naturelle. Même si, occasionnellement, la providence constitue un sujet de discussion au cours du XIVe siècle, elle ne reviendra pas en force avant sa réapparition, au siècle suivant, chez les humanistes et les thomistes.

Parmi les auteurs qui ont suivi François de la Marche dans sa discussion sur la contingence, l'augustinien Michel de Massa (*c.* 1330) a été probablement le plus intéressant dans sa manière de développer la théorie du franciscain [2]. Michel veut s'assurer que le lecteur comprend que la nécessité *secundum quid*, admise par François dans les phénomènes naturels, n'est en réalité pas du tout de la contingence :

> Pour parler simplement, dans la mesure où les effets naturels dépendent de toutes leur causes *per se*, un tel empêchement n'existe pas de manière contingente, et on ne trouve pas non plus de la contingence dans un tel empêchement, ou dans la combinaison à partir de laquelle l'empêchement surgit, mais [on y trouve] plutôt de la nécessité et de la *naturalitas*, car lorsque toutes leurs causes *per se* qui concourent sont postulées, également

1. François de la Marche, *Reportatio in I Sententiarum*, d. 36, a. 2, éd. Mariani, p. 366.384-395 : « Quod autem a nobis omnes huiusmodi effectus futuri naturales non possint determinate cognosci, hoc est quia propter breuitatem uite nostre non possumus cognoscere omnes causas eorum, nec omnes modos inpediendi siue quibus possunt inpediri et fieri seu expediri ; si enim ista omnia sciremus, effectus utique futuros determinate cognosceremus ».

2. Sur Michel de Massa, voir Schabel (1998), Courtenay (2008), chap. XIII et XXV et *passim*, et Friedman (2013), p. 809-831.

> du côté de ce qui est actif et du côté de ce qui est passif, les effets naturels adviennent à partir de la nécessité de nature [1].

Pour Michel de Massa, même si la première cause agit de manière contingente, il est préférable de ne pas parler de contingence *secundum quid* pour les phénomènes naturels, « parce que, absolument parlant, en ce qui concerne toutes leurs causes *per se* qui concourent, les effets sont nécessaires et ils ne sont susceptibles d'être entravés par l'action d'aucun agent naturel » [2].

Pour revenir à François de la Marche, après avoir clarifié le fait que la prescience divine des phénomènes naturels supposés contingents n'est pas vraiment une question qui mérite d'être débattue, celui-ci se penche ensuite sur la contingence *per se*. Les causes contingentes *per se* sont les causes qui peuvent agir ou ne pas agir, sans égard pour le fait que toutes les causes accidentelles sont posées ou supprimées, et la seule source d'une telle contingence *per se* est le choix libre, divin et humain. La tentative par François de prouver l'existence d'une telle contingence est tout aussi faible que celle de Scot, mais l'effort qu'il consacre à la réfutation de Pierre Auriol et à l'établissement du fondement causal de la prescience divine des contingents issus du choix libre de l'homme est digne d'intérêt.

1. Michel de Massa, *In I Sententiarum*, d. 36, q. 1, éd. Schabel (1998), p. 209-210.22-41 : « Respondeo. Contingentia potest accipi dupliciter : Uno modo secundum quid et in comparatione ; alio modo simpliciter et absolute. Est autem contingentia secundum quid et in comparatione quando effectus est contingens uni cause particulari que potest impediri ex concursu alterius particularis cause. Et hoc pro quanto illa particularis causa impedibilis non est usquam causa sufficiens ad producendum totaliter effectum, sed necessario requirit aliquam dispositionem in se vel in alio que tollitur per concursum alicuius cause accidentaliter concurrentis accidentalitate relata ad intentionem cause particularis agentis impedibilis. Tamen non concurrit accidentaliter et contingenter per habitudinem ad totum universum et in ordine ad omnes causas concurrentes, ymo ille concursus ex quo provenit impedimentum est per se intentus ab aliqua superiori causa. Et ideo talis contingentia est secundum quid et in comparatione, scilicet in comparatione ad hanc particularem causam que potest impediri. Tamen simpliciter loquendo, prout effectus naturales dependent ex omnibus suis causis per se, tale impedimentum non est contingenter ; nec in tali impedimento nec in concursu ex quo impedimentum provenit reperitur contingentia, sed necessitas et naturalitas, quia effectus naturales, positis omnibus suis per se causis concurrentibus, tam ex parte activi quam ex parte passivi, eveniunt de necessitate nature ».

2. *Ibid.*, p. 210.42-45 : « Et ideo de effectibus sic contingentibus secundum quid et in comparatione, qui tamen simpliciter loquendo in ordine ad omnes suas per se causas concurrentes sunt necessarii et non impedibiles per actionem alicuius agentis naturalis ».

Contre Auriol, qui refusait d'admettre toute détermination antérieure dans la volonté humaine, dans le but de sauvegarder la liberté et la contingence, François de la Marche rétorque en affirmant qu'une certaine détermination antérieure est nécessaire pour que les êtres humains puissent agir d'une manière un tant soit peu cohérente :

> Chaque effet contingent est déterminé, du point de vue de la disposition, dans la cause, avant d'être formellement déterminé en lui-même; sinon chaque agent agirait de manière aléatoire et par hasard. Et ainsi, tous ceux qui postulent qu'un effet contingent n'est pas déterminé dans la cause avant d'être déterminé en lui-même, doivent postuler que tous les contingents dans l'action humaine sont aléatoires et [adviennent] par hasard. Et ainsi toute délibération et tout effort humain est perdu, parce qu'il n'y a ni délibération ni prudence en ce qui concerne les choses aléatoires [1].

J'ai appelé cela le « déterminisme psychologique » de François de la Marche, qui accompagne son déterminisme physique du monde naturel. François invente un dialogue fictif avec Auriol, à partir de ce constat évident, selon lequel toute cause libre décide, à un moment donné, de faire quelque chose en vertu d'une certaine détermination :

> Et je demande concernant la détermination dans la cause : y avait-il [une détermination] dans la cause avant que l'effet ne soit posé [dans la réalité] ou pas ? Si oui, alors j'ai ma thèse. Sinon, je demande : comment l'effet est-il déterminé dans sa cause avant d'être posé dans l'être, de manière nécessaire ou contingente ? Si c'est de manière nécessaire, alors il advient nécessairement, selon cette opinion. Si c'est de manière contingente, et si le contingent n'est pas déterminé d'un côté dans sa cause, alors cette détermination n'est pas déterminée autrement que par une détermination contingente antérieure. Et je demanderais à ce sujet exactement comme je l'ai fait avant : continuera-t-on ainsi à l'infini, ou est-il nécessaire de s'arrêter à une certaine détermination contingente dans la cause avant l'effet [2]?

1. François de la Marche, *Scriptum in I Sententiarum*, d. 36, a. 2, éd. Schabel (2000a), p. 36-37.225-232 : « Ergo effectus quicumque contingens prius est determinatus in causa habitualiter quam in se ipso formaliter, aliter agens omne ageret a casu et a fortuna. Et ita omnis qui ponit quod effectus contingens non est prius determinatus in causa quam in se habet ponere quod omnia contingentia in actibus humanis sint a casu et fortuna. Et ita perit omne consilium et omnis sollicitudo humana, quia de casualibus non est consilium nec prudentia ».

2. *Ibid.*, d. 35, éd. Schabel (2000a), p. 75.119-129 : « Et quero de illa determinatione in causa, aut prefuit in causa ante positionem effectus aut non ? Si sic, habetur propositum.

François avait déjà expliqué comment fonctionnait cette détermination antérieure. Avec beaucoup de profondeur, François présente une théorie complexe de la détermination et de l'indétermination *de inesse* et *de possibili*, en parlant du fait d'agir en acte, en puissance et entre les deux, en fonction de la disposition et de l'aptitude. Pour l'instant il suffit de remarquer que, pour François, la volonté humaine est déterminée *de inesse* au fait d'agir, mais pas *de possibili*, puisque la possibilité de faire autrement n'est pas supprimée. Lorsque l'on est déterminé *de inesse* à faire quelque chose dans le futur, cette détermination est comme une disposition, et elle n'est pas en acte, puisque l'événement n'est pas encore advenu, ni en puissance, puisque la possibilité de faire autrement existe toujours.

Le stratagème de François représenté par la distinction entre la détermination et l'indétermination *de inesse* et *de possibili*, tout comme sa présentation de la contingence et de la nécessité, ont connu une grande popularité. Plusieurs théologiens à l'intérieur et à l'extérieur de l'ordre franciscain l'adoptèrent dans les décennies suivantes, et le maître ès arts François Marbres, connu auparavant sous le nom de Jean le Chanoine, incorpora la plus grande partie de la discussion de François de la Marche dans ses questions sur la *Physique*, vers 1330. Son œuvre devint une sorte de best-seller à la fin du XVe et au début du XVIe siècles. L'exemplaire le plus ancien appartenait à Francesco della Rovere, qui utilisa la distinction *de inesse/de possibili* contre le disciple de Pierre Auriol, Pierre de Rivo, dans la fameuse querelle sur les futurs contingents à Louvain – ce dont Luca Bianchi a amplement discuté dans ses Conférences Pierre Abélard il y a quelques années. Une fois devenu pape sous le nom de Sixte IV, Francesco della Rovere condamna les positions d'Auriol et de Rivo en 1474[1].

Toutefois l'instrument conceptuel de François de la Marche était potentiellement ouvert à des attaques venant de deux directions différentes. La détermination *de inesse* de quelqu'un qui décide d'assister à une conférence française, donnée par un Américain, plutôt que de profiter

Si non, quero quomodo effectus sit determinatus in causa antequam ponatur in esse, aut necessario aut contingenter ? Si necessario, ergo necessario evenit, secundum istam opinionem. Si contingenter, et contingens non est determinatum in sua causa ad alteram partem, ergo illa determinatio non est determinata nisi per aliam determinationem priorem contingentem. Et queram de illa sicut de priori, vel ibitur in infinitum, vel oportet stare ad aliquam determinationem contingentem in causa priorem effectu ? ».

1. Schabel (2000b), p. 207-220, 268, 325, 327, 334 ; Bianchi (2008), p. 69-86 ; Duba (2012) ; Duba et Schabel (2017b), notamment p. 109 et p. 116-117.

d'un après-midi tranquille pourrait expliquer la prescience à court terme, mais qu'en est-il de la prescience à long terme ? Assurément, Pasquale Porro n'était pas déterminé *de inesse* à assister à cette conférence, avant que lui-même et le conférencier ne fussent nés, ou même avant la création. Plus intéressant encore dans notre perspective, quelqu'un pourrait prétendre que la détermination *de inesse* est en réalité mise en place de toute éternité, de telle manière que la contingence *per se* de François de la Marche n'existe pas dans la mesure où elle est issue du libre choix de l'homme. Selon les mots de Michel de Massa :

> Il semble qu'il y ait un doute particulier en ce qui concerne la contingence dans le deuxième sens [*per se*], le type [de contingence] caractéristique des actes humains. Car tous les philosophes ne seraient pas d'accord avec l'idée que cette contingence n'est d'aucune manière sujette à l'ordre des causes qui agissent naturellement. Même s'ils l'ont bêtement nié, en ayant en vue certaines considérations extrinsèques et certaines difficultés extrinsèques qui menacent ceux qui postulent une liberté de choix à travers laquelle, lorsque toutes les choses *per se*, exigées pour l'acte, ont été posées, un être humain peut agir ou ne pas agir, certains parmi eux étaient cependant ainsi enclins à nier cette contingence, considérée absolument [1].

Michel fournit ensuite les arguments de Scot et de François de la Marche en faveur de cette contingence, mais il présente la réplique d'un adversaire possible. Face à des arguments aussi faibles, cet adversaire dirait qu'il s'agit d'une pétition de principe, que ces arguments supposent ce qu'ils sont censés démontrer. Quant à l'argument selon lequel, sans une telle contingence, les actions humaines ne seraient pas louables ou blâmables, et ainsi les êtres humains ne seraient ni plus ni moins vertueux ou vicieux que les bêtes, l'adversaire serait d'accord : « mais à cause de l'altération de l'appétit, et en raison de certaines difficultés extrinsèques, il ne considérerait pas comme absurde ce dont on conclut que c'est absurde ». En tout cas, tel qu'il est présenté, l'argument est toujours une

1. Michel de Massa, *In I Sententiarum*, d. 36, q. 1, éd. Schabel (1998), p. 211-212.71-79 : « Sed dubitatio specialis videtur esse de contingentia secundo modo dicta, qualis reperitur in actibus humanis. Hanc enim contingentiam nullo modo subiectam ordini causarum naturaliter agentium non concessissent omnes philosophantes. Licet fatuissime negassent eam, tamen habentes aspectum ad quasdam extrinsicas considerationes et ad quasdam extrinsicas difficultates eis imminentes ponendo libertatem arbitrii, per quam homo potest, positis omnibus per se requisitis ad actum, agere et non agere, ideo aliqui moti fuerunt ad negandum talem contingentiam simpliciter acceptam ».

pétition de principe, car il suppose que les actions humaines sont en effet louables ou blâmables [1].

Michel de Massa finit par recourir à l'argument *per se notum*, d'après la recommandation d'Avicenne selon laquelle toute personne qui nie cette contingence devrait être sévèrement battue :

> Et celui qui applique le tabassage et la frappe à coup de gourdins devrait dire [à celui qui est dans la dénégation] : « Je ne peux pas faire autrement. Tu sais qu'il faut nécessairement qu'il en soit ainsi, parce que tout ce qui arrive, advient par une nécessité inévitable ». Et il faudrait le soumettre à encore plus de souffrances, en disant : « Je te percerai et ensuite je te tailladerai ». Et s'il pense que c'est absurde, et qu'il dit : « Au contraire, tu pourrais t'arrêter et ne pas me matraquer », alors il sera d'accord avec la liberté de choix qu'il avait auparavant niée. Et ainsi, tu convaincras ceux qui disent que toutes les choses adviennent par nécessité. Et en vérité, il ne semble pas y avoir d'argument que l'adversaire ne niera également avec facilité, en raison de l'altération de son appétit et de la défaillance de son jugement naturel [2].

1. Michel de Massa, *In I Sententiarum*, d. 36, q. 1, éd. cit., p. 213-214.118-154 : « Sed quamvis ista ratio concludat verum et per medium aliqualiter probabile, tamen adhuc diceret adversarius quod petit quod est in principio. Nam ratio supponit quod in rerum natura sit quedam per se contingentia ad quam reducatur contingentia per accidens, et hoc est principaliter probandum… Et ideo arguunt ulterius sic : Si in actibus humanis non esset alia contingentia quam in effectibus causarum naturalium, sequeretur quod actus humani non essent magis laudabiles vel vituperabiles quam sint effectus causarum naturalium. Et ita homo non esset magis subiectum virtutis et vicii quam animal brutum, quod est magnum inconveniens. Sine dubio ista ratio est bona ; tamen propter corruptionem appetitus et propter quasdam extrinsecas difficultates non haberet adversarius pro inconvenienti illud quod concluditur pro inconvenienti. Quicquid tamen sit de conclusione que intenditur, quia infallibiliter est vera, tamen illud quod assumitur pro medio, scilicet quod actus humani sint laudabiles et vituperabiles eo modo quo loquimur hic de laude et vituperio, prout videlicet debentur agentibus habentibus in potestate sua agere et non agere, etiam positis in esse omnibus per se causis requisitis ad agendum, est eque dubium sicut sit conclusio principaliter intenta, scilicet quod homo agat contingenter actus suos contingentia simpliciter accepta, que est libertas arbitrii ad agere et non agere, positis in esse omnibus per se causis requisitis ad agendum ».

2. *Ibid.*, p. 215-216.173-186 : « Nec apparet melior modus ad reprobandum talia principalia moralia, que sic cadunt sub experientia cuiuslibet, nisi modus ille quem docet Avicenna. Nam si quis negat talem libertatem in actibus humanis, tunc est verberandus et fustigandus fortiter. Et debet sibi dicere fustigans et verberans, "Ego non possum aliud facere. Tu scis quod oportet necessario sic esse, quia omnia que fiunt de necessitate inevitabili eveniunt". Et debet ulterius maiores penas communicari, dicendo, "Ego ponam te ad aculeum et tandem te gladio". Et si ipse habuerit ista pro inconvenienti, et dixerit, "Ymo, tu potes abstinere et non fustigare me", tunc concedit libertatem arbitrii quam prius negaverat.

On peut penser que cette forme extrême de nécessitarisme connut son apogée dans les années 1330 et 1340 et, compte tenu de l'ampleur que Michel de Massa lui donna, il est possible qu'il ait eu présent à l'esprit quelqu'un de bien particulier en construisant le profil de son adversaire[1]. Pierre Ceffons fera encore un pas de plus.

## Pierre Ceffons

Afin de comprendre ce que notre cistercien est en train de faire et pourquoi il le fait, il est nécessaire d'en expliquer le contexte. Pierre Ceffons traite de la mutabilité du passé et de la contingence du futur dans les distinctions finales de ses questions sur le livre I des *Sentences*, mais Ceffons choisit surtout la position du nécessitarisme en tant que sujet de premier intérêt dans ses quatre *principia*. À la différence des questions sur les quatre livres des *Sentences*, dans lesquelles chaque bachelier en théologie aborde des sujets selon un ordre qui suit plus ou moins le manuel de Pierre Lombard, dans la seconde décennie du XIVe siècle, les débats des *principia* parmi les bacheliers se situaient avant les lectures de chaque livre, et portaient sur les sujets de leur choix. Dans les *principia* situés avant le livre I, chaque bachelier prêchait d'abord un sermon dont le *thema* était souvent lié au bachelier lui-même, de manière plus ou moins évidente, et il posait ensuite une question de son propre choix à laquelle il répondait. Les bacheliers faisaient cela à tour de rôle en des jours différents, et ceux qui arrivaient plus tard reprenaient les affirmations ou les arguments des bacheliers précédents et les attaquaient, ces attaques faisant partie intégrante de leurs propres questions des *principia*. Les premiers bacheliers avaient ensuite l'occasion de répondre dans leurs *principia* du livre II, et ce débat continuait à intervalles réguliers au cours de l'année universitaire. Il arrivait souvent que chaque bachelier continuât à traiter des variations sur le même thème dans l'ensemble de ses quatre *principia*. De 1320 à 1350, le genre écrit des *principia* des bacheliers a progressivement remplacé le genre écrit des *quodlibeta* des maîtres en tant que *forum* principal des débats philosophiques et théologiques dans les universités médiévales. Voici un schéma des débats dans

Et iste est modus convincendi illos qui dicunt omnia de necessitate evenire. Et in rei veritate non apparet aliqua ratio quam non negaret eque faciliter adversarius, propter corrumptionem appetitus et propter defectum iudicii naturalis, sicut conclusionem principalem ».

1. Voir, par exemple, la discussion chez Courtenay (1990), p. 147-171.

les *principia* des années 1348-1349, avec des numéros de ligne selon mon édition préliminaire :

*Sententiarii* à Paris 1348-49 :

[1] Petrus de Turribus (Pèire de Torre ?), OCarm

[2] Nicolas, prieur du Pecq, OSB

[3] Grimier Boniface de Rouen, séculier

[4] Jean Charel d'Aubepierre, Collège de Navarre (séculier)

[5] Laurent d'Yves, séculier

[6] Jean Maheu de Signéville, prieur du Collège de Sorbonne (séculier)

[7] Pierre Ceffons, OCist

[8] Bartholomé d'Anizy, OP

[9] Ascencius de Sainte-Colombe, OFM

[10] Hugolin d'Orvieto, OESA

Pierre Ceffons, *Principia* :

*Principium I* : Utrum quilibet sciat quod rationes quae circumscripta fide adduci solent ad probandum quod non omnia eveniant de necessitate omnem intellectum convincant simpliciterque demonstrent.

Responsio : l. 19-539
Contra Nicolas : l. 540-641
Contra Jean d'Aubepierre : l. 642-781 (Petrus de Turribus l. 704-714)
Contra Grimier Boniface : l. 782-877
Contra Laurent : l. 878-914
Contra Jean de Signéville : l. 915-1092
Obiectiones possibiles : l. 1093-1290
Solutiones : l. 1094-1705

(Hugolin d'Orvieto, *Principium* I [contra Pierre Ceffons], éd. Eckermann – Marcolino t. 1, p. 40-5, l. 261-422)

*Principium II* : Utrum omne aliud a Deo de necessitate producatur seu de necessitate eveniat.

Contra Nicolas : l. 35-108
Contra Jean d'Aubepierre : l. 109-472
Contra Ascencius de Sainte-Colombe : l. 473-658
Contra Bartholomé d'Anizy : l. 659-917
Contra Hugolin d'Orvieto : l. 918-1361

(Hugolin d'Orvieto, *Principium* II [contra Pierre Ceffons], éd. Eckermann – Marcolino t. 3, p. 12-17, l. 217-353)

*Principium III* : Utrum Verbum aeternum, quod est Alpha et Omega, principium est et finis, de necessitate fuerit temporaliter caro factum.

Contra Nicolas : l. 16-520
Contra Jean de Signéville : l. 521-961
Contra Jean d'Aubepierre : l. 962-1680
Contra Ascencius de Sainte-Colombe : l. 1681-2051
Contra Bartholomé d'Anizy : l. 2052-2518
Contra Petrus de Turribus : l. 2519-2784

*Principium IV* : Utrum Ecclesia militans, quae ab Illo regulatur Qui Alpha et Omega, principium est et finis, necessario dignissimum veneretur his diebus eucharistiae sacramentum.

Contra Nicolas : l. 12-205
Contra Jean d'Aubepierre : l. 206-1043
Contra Ascencius de Sainte-Colombe : l. 1044-1612
Contra Jean de Signéville : l. 1613-1857

(Hugolin d'Orvieto, *Principium* IV [contra Pierre Ceffons], éd. Eckermann – Marcolino t. 4, p. 139-47, l. 28-283, et p. 155-60, l. 538-684)

Dans son premier *Principium*, Ceffons demande « si tout le monde sait que, si on laisse la foi de côté, les arguments qui sont invoqués habituellement pour démontrer que toutes choses n'arrivent pas par nécessité convainquent tout intellect et démontrent absolument »[1]. Ceffons avait sans doute préparé bien à l'avance son matériau général, mais il l'avait modifié après avoir vu les *scripta* préliminaires de ses *socii*, ou après avoir

1. Pierre Ceffons, *Principium* I, Troyes 62, f. 3va : « Circa principium primi *Sententiarum* quaero utrum quilibet sciat quod rationes quae circumscripta fide adduci solent ad probandum quod non omnia eveniant de necessitate omnem intellectum convincant simpliciterque demonstrent ».

entendu leurs présentations orales. Deux de ses *socii* qui avaient déjà donné leur premiers *principia*, Nicolas du Pecq et Jean de Signéville, étaient supposés avoir affirmé que tout le monde est convaincu par expérience que toute chose n'arrive pas nécessairement, et que l'on ne peut trouver de démonstration ou de preuve plus évidente pour cela. Ceffons décide de répondre comme les maîtres l'entendent, non pas en jouant sur le sens des mots, mais en s'attaquant à leur intention [1].

La réponse de Ceffons consiste à dire que lui-même, en toute honnêteté, ne sait pas comment s'opposer aux positions du déterminisme ou nécessitarisme, si on laisse la foi de côté. Même si cette seule affirmation suffit à réfuter ses *socii*, Ceffons y ajoute une « coloration », en jouant le rôle d'un philosophe dans la lumière ou l'obscurité naturelle, et en laissant de côté non seulement la foi, mais aussi toute religion [2]. Il jouera ce rôle presque sans interruption tout au long des presque 250 pages de ses quatre *principia*, ce qui lui permettra de défendre la position du déterminisme absolu, naturel ou autre. Premièrement, Ceffons introduit ce qui ressemble à une *protestatio*, même si ce n'est pas la *protestatio* officielle, récitée par tous les bacheliers entre le sermon et la *quaestio*, dans les débats des *principia* :

> Mais avant d'en dire plus, on devrait remarquer que, même si je donne une *coloration* [à l'argument] selon lequel toutes choses arrivent par nécessité, je déclare (*protestor*) ne pas affirmer que toutes choses arrivent par nécessité. Car je suis un catholique fidèle et j'affirme que la vérité de la question est que toutes choses n'arrivent pas par nécessité. Et il y a un article parisien condamné selon lequel toutes les choses arrivent par nécessité… Et c'est l'article 21. Ainsi ce serait une hérésie que d'affirmer qu'il n'y a pas d'agent libre et que toutes choses arrivent par nécessité absolument. Mais je ne tombe pas non plus dans l'erreur par laquelle je dirais que cela est vrai conformément à la philosophie, mais non pas selon la foi,

1. Pierre Ceffons, *Principium* I, Troyes 62, f. 3va : « Respondendo ad hanc quaestionem, non nimis curiose innitendo proprietati sermonis, sed modo usitando loquendo, quia sic etiam volunt magistri nostri, ponetur una conclusio, deinde multiplex replicatio, et ultimo replicationum evasio ».

2. *Ibid.* : « Et pro eius declaratione dico quod nescio sustinere quin opinio opposita, puta omnia evenire de necessitate, circumscripta fide et sectis sit aliquo modo probabilis seu aliquo modo colorabilis et quin ad rationes per socios adductas apparenter dici posset quod mihi sit credendum in hoc quod dico me nescire. Satis patet, quia homini in tali casu allegantí suam nescientiam satis faciliter est credendum, cum in multis sumus nescientes… Et ut adducatur aliqualis color, sumo personam unius philosophi praecise in lumine vel obscuritate naturali constituti circumscripta fide et sectis, qui esset illius opinionis et coloret opinionem contra venerabiles socios supradictos, secundum scilicet et sextum ».

> parce que je sais bien que deux vérités ne sont jamais opposées, mais que tout s'accorde dans la vérité, selon le Philosophe [1].

Après cette jolie allusion à la question de la double vérité [2], Ceffons continue de cette manière, en soulignant que, alors qu'il est erroné de nier le Dieu trinitaire ou la création du monde *ex nihilo*, il n'y a cependant pas d'erreur dans l'affirmation que, sans la foi, il est plus probable que Dieu ne soit pas un et trois, et il est plus probable que le monde n'ait jamais commencé, et qu'il n'est pas hérétique de faire de telles affirmations. Il veut s'assurer que son public est au courant de cela, parce qu'il est dangereux, « par les temps qui courent », de parler sans prendre les précautions nécessaires, ce qui fait probablement référence aux condamnations récentes des articles issus des questions sur les *Sentences* de son confrère Jean de Mirecourt et des *principia* et lettres de Nicolas d'Autrécourt [3].

Ceffons argumente par la suite, aussi fortement que possible, en faveur du déterminisme, sur la base de la logique, de la causalité naturelle, et même de la psychologie, même si, en parlant en tant que philosophe, il soutient comme Pierre Auriol que la prescience divine *qua* prescience supprime également toute contingence du futur. Premièrement, en

1. *Ibid.* : « Antequam tamen plus dicam, notetur quod, licet colorem quod omnia evenient de necessitate, protestor quod non teneo omnia evenire de necessitate. Sum enim fidelis catholicus et teneo quod rei veritas est quod non omnia de necessitate evenient. Et est articulus Parisius condemnatus quod omnia evenient de necessitate sub hac forma : quod nihil fit a casu, sed omnia de necessitate eveniunt. Et quod omnia futura quae erunt ex necessitate est, et quae non erunt impossibile est esse, et quod nihil eveniet contingenter, considerando omnes causas – error. Sed concursus causarum est de definitione casuali, in libro *De consolatione*, et est hic articulus XXI[9]. Haeresis igitur esset dicere quod nullum esset agens liberum et quod omnia evenirent de necessitate simpliciter. Sed nec incido in illum errorem quod dicam hoc esse verum secundum philosophiam, non tamen secundum fidem, quia bene scio quod numquam duae veritates opponuntur, sed vere omnia consonant secundum Philosophum ».

2. *Cf.* Bianchi (2008).

3. Pierre Ceffons, *Principium* I, Troyes 62, f. 3va : « Et advertatur pro dicendis quod licet sit erroneum dicere quod Deus non est trinus et unus aut quod mundus non incepit, tamen non est erroneum dicere quod seclusa fide probabilius est Deum non esse trinum et unum aut mundum numquam incepisse quam eorum opposita... Sic enim extensive recipio probabile quanto minus videretur mihi fore erroneum quod seclusa fide probabile aut etiam colorabile est aliquo modo omnia evenire de necessitate, et potissime non est maxima haeresis quod nesciam quod seclusa fide hoc sit aliquo modo probabile seu etiam colorabile. Et per consequens pars quaestionis negativa quam teneo non est haeretica iudicanda, et hoc non displiceat si ita patenter vera asseram, quia re vera adhuc vix audeo dicere illud quod dico... Nam sicut noscis qui his diebus non caute loquitur, maxime discrimen se exponit ».

accord tacite avec Grégoire de Rimini (1343-1344), Ceffons affirme que toute proposition concernant le futur est soit vraie, soit fausse, comme par exemple « l'Antéchrist existera ». Mais ensuite, en suivant Auriol, Ceffons affirme que cela entraîne le déterminisme [1]. Même si Ceffons s'arrête longuement sur ce sujet, cependant, parce que quelqu'un comme Auriol pouvait répondre et avait en effet répondu simplement en niant que toute proposition sur un futur contingent est vraie, il est préférable de garder cette ligne d'argumentation pour le chapitre IV.

Même si on laisse de côté la prescience et la vérité propositionnelle, de toute manière, Pierre Ceffons épouse *in persona philosophi* la conception dominante de la nécessité de la causalité naturelle. Ce qui attire notre attention est l'ampleur avec laquelle Ceffons va illustrer cette nécessité naturelle en introduisant des *imaginationes,* empruntées souvent à la tradition classique. En tant que philosophe, Ceffons imagine que l'univers se déploie dans le temps selon une chaîne de causes irréfragable que même les trois divinités du Destin que sont les Moires, à savoir Clotho (la Fileuse), Lachesis (la Répartitrice) et Atropos (l'Implacable) ne peuvent altérer, quand bien même tout se réduirait à un instant d'éternité. Ceffons évoque également la représentation de la séquence universelle des événements comme une statue d'argent, ou d'un métal plus solide, ou même de diamant, entièrement inaltérable. Une autre comparaison soutient que l'univers se déroule dans une rotation, de sorte que les girations des millénaires créent les conditions actuelles du monde [2]. Usant d'une autre image classique, Ceffons trace une analogie entre l'univers et les innombrables rouages qui s'entrecroisent dans une horloge complexe. Étant donné que *omne quod movetur ab alio movetur*, Ceffons affirme, dans le rôle du philosophe, que l'influence entière de l'univers fonctionne comme une horloge, et que toutes les causes collaborent pour produire ensemble chaque effet [3].

1. Pierre Ceffons, *Principium* I, Troyes 62, f. 3va-b : « Et sic haec prima suppositio : quacumque propositione de futuro ostensa, ipsa est de facto vera vel ipsa est falsa... Ex duabus suprapositis suppositionibus in prima illius cuius supra infero conclusionem. Nam si a erit, verum erit dicere quod a erit impossibile ut innuit prima suppositio, et si verum fuerit dicere quod a erit, impossibile est quin fuerit verum dicere quod a erit, ut dicit secunda propositio, igitur ex communi animi conceptione quae faciliter sumi potest sequitur quod nullum quod eveniet potest non evenire ».

2. *Ibid.*, f. 4ra.

3. *Ibid.* : « Qui autem de qualibet re vult habere considerationem partialem potest imaginari plures lineas aut etiam plures rotas positas infra unam magnam rotam diversimode rotari, quae omnes ad motum magnae rotae habent connexionem, ut fabricet [per] imaginationem unam magnam rotam in qua sint innumerabiles parvae rotae cum ea connexiones

Plus crucialement encore, Ceffons défend le déterminisme dans le domaine humain. Ceffons nie que les êtres humains puissent avoir l'expérience de la liberté de contradiction, bien que les hommes pensent disposer de cette liberté. Pour Ceffons, nous ne serions même pas capables de saisir la différence entre avoir et ne pas avoir la liberté *contradictionis*. Après tout, la position du nécessitarisme n'implique pas que l'on soit contraint de manière violente à faire quelque chose ; il est possible de faire l'expérience de quelque chose doucement et plaisamment, même sans avoir vraiment d'alternative. S'il y a besoin d'une illustration, Dieu pourrait nous imposer la nécessité avec une telle douceur que l'on ne sentirait aucune force, comme les bienheureux sont supposés avoir l'expérience de la vision béatifique. Ainsi, notre soi-disant « liberté de contradiction » est en réalité une liberté *secundum quid*, qui n'est pas une liberté du tout [1].

En affirmant cela, le cistercien dépasse manifestement ce que François de la Marche affirmait en proposant ce que je qualifiais de « déterminisme psychologique », plus proche de ce que certains contemporains et de nombreux historiens modernes reprochent au maître ès arts Siger de Brabant et au théologien Godefroid de Fontaines, les défenseurs d'un « intellectualisme radical ». Même les théories de Thomas d'Aquin et de Gilles de Rome ont suscité des inquiétudes à l'égard d'un possible déterminisme liées aux condamnations de 1277, notamment aux articles 159, 160, 163 et 208 énumérés au début de ce chapitre. Néanmoins, dans tous les cas spécifiques, même Siger et Godefoid, ceux qui ont été accusés de « déterminisme psychologique », ont effectivement fait des efforts concertés pour défendre la liberté humaine, même si leurs doctrines

et colligationes diversas habentes, ut videmus etiam in his subtiliter compositis horologiis, ad motum unius rotae multas alias diversimode rotari ».

1. Pierre Ceffons, *Principium* I, Troyes 62, f. 4ra : « Si autem dicant se experiri quod aliquid quod numquam fecerunt potuerunt facere per hoc quod illud omiserunt, nec aliquem necessitantem aut necessitatem in se experiebantur, circa huiusmodi actus omissionem diceretur faciliter quod hoc non convincit, quia necessario illa non est violentia, sed est multum dulcis et quasi amicabilis et conveniens. Et idcirco non experitur talis se necessitari. Et advertamus ulterius hic aliquantulum sumendo etiam vestem theologicam. Isti enim dicunt ita crude quod ipsi experiuntur illam libertatem contradictionis, et tamen alii theologi multum subtiles reputati dicunt quod nullus eam experitur, immo dicunt quod illam non habemus nisi secundum quid… Dicerent etiam isti, ut puto, quod etsi Deus non necessitaret nos, posset tamen necessitare nos, et posset nos taliter necessitare, puta ita dulciter, quod non experiremur nos in aliquo necessarium. Taceo de necessitate sanctorum in patria, quam isti ponunt ».

étaient et sont encore souvent mal comprises. En revanche, Ceffons, en tant que philosophe, adopte pleinement le déterminisme [1].

Même en tant que théologien, Pierre Ceffons soutient que, par nature, on peut seulement vouloir le bien ou le bien apparent. En arguant *qua* philosophe, Ceffons ajoute que l'on ne peut pas avoir de contrôle sur ce qui nous apparaît être le bien. On ne peut pas non plus, quelque effort que l'on consente, donner son assentiment à l'opposé de ce qui nous apparaît être tel, par exemple donner son assentiment au fait que notre grand-père est vivant, alors qu'on sait qu'il est mort. Ainsi, on ne peut croire que ce que l'on croit en réalité et l'on n'a pas d'emprise sur ce qui nous apparaît vrai, de telle manière qu'un Juif ne pourrait pas, par lui-même, croire en la divinité du Christ. Si on dit qu'il pourrait chercher à en être persuadé, ou qu'il pourrait chercher le témoignage des fidèles sages et dignes de confiance, cela entraîne tout simplement une régression à l'infini, car c'est ultimement quelque chose qui est hors de son contrôle qui doit produire sa volonté d'être persuadé ou sa croyance que tels individus sont sages et dignes de confiance [2].

1. Voir, par exemple, Putallaz (1995), en particulier sur Siger, Godefroid, et Gilles, et, principalement pour Aquinas, Porro (2012), *passim*, et Hoffmann et Michon (2017).

2. Pierre Ceffons, *Principium* I, Troyes 62, f. 4vb : « Ex his infertur corollarie in persona illius quod nullus potest aliquid velle nisi illud quod volet, nec aliquis potuit aliud velle quam voluerit. Et ad hoc colores traherent. Primo enim constat quod non possemus velle nisi bonum. Et etiam teneo hoc ut theologus, videlicet quod non possemus velle nisi bonum aut apparens bonum… Unde sicut homo non potest videre sonum, ita non potest velle miseriam nec aliquid sub ratione miseriae. Nullus potest igitur velle nisi apparens bonum. Sed ulterius in persona illius dicetur quod non est in potestate nostra quod aliquid appareat nobis bonum, quia diceret quod radix apparentiae non est in potestate nostra. Unde et constat quod non est in potestate Sortis cuius pater est mortuus quod credat et sibi appareat quod pater suus non sit mortuus. Nec est in potestate nostra quod appareat mihi quod nullus est hic, immo quod multo maius est de illo ad quod non habeo apparentiam in oppositum non possum facere quod mihi appareat etc. Nam proposito mihi ista : "Rex sedet", nullam apparentiam habeo de hoc nec opposito, et tamen velim nolim haec est mihi dubia, etiam post quamcumque deliberationem. Nec possunt ei de totis viribus meis firmiter assentire. Dicet igitur adversarius quod Sortes non potest aliquid velle nisi habeat aliquod motivum. Et si dicatur quod ipse potest quaerere motivum, dicetur quod etiam non potest velle quaerere motivum ad hoc quod velit quaerere motivum nisi habeat motivum quod velit quaerere motivum etc… Secundo infertur corollarie in persona eiusdem quod non poterit aliquis credere nisi his quibus credit… Et si dicatur quod immo, Iudaeus cui dicebatur quod Ihesus erat Deus poterat credere, quia poterat apparere sibi esse verum et poterat quaerere verisimilitudines ad hoc et probabilitates, dicet adversarius quod non, quia non potest velle quaerere verisimilitudines ad hoc nis appareat sibi bonum esse. Modo in casu hoc apprehendit ut malum, immo credit quod velle quaerere verisimilitudines ad hoc sit peccatum et malum et error in fide sua. Similiter, non potest credere illis verisimilitudinibus nisi

Ailleurs, Ceffons donne des exemples plus colorés montrant que nous ne pouvons pas contrôler ce que nous croyons. Qu'en est-il de l'histoire d'un prisonnier affamé qui a mangé ses propres mains : pourquoi ne pas croire qu'il s'agissait de délicieuses pâtisseries, de perdrix et de lapin en fine sauce ? Pourquoi ne pas croire que les pierres de la tour sont les meilleurs morceaux de pain ?

> Si je disais donc à quelqu'un qui meurt de faim parmi les pierres : « Mon cher, crois que celles-ci sont de bonnes pâtisseries », en montrant les pierres, et « mange-les », et si on dit qu'il découvre avec ses dents que les pierres sont plus dures qu'etc., cela ne vaut pas, car il croit qu'elles ne sont pas dures, ou il croit qu'une telle dureté est nécessaire pour que ce soit une bonne pâtisserie [1].

Un homme dans un chaudron peut croire qu'il prend un bain dans une étuve merveilleuse, les étudiants de cette classe peuvent maintenant se croire hors de la salle de classe en train de manger un festin, quelqu'un pourrait croire que la salle de classe est dorée à l'or le plus fin, et ainsi de suite.

Tout comme François de la Marche a parlé de l'*influentia generalis* de Dieu comme garantie suffisante de la nécessité de la chaîne de la causalité dans le monde naturel, Ceffons remplace tout simplement l'influence générale de Dieu par la *totalis influentia universi* et place l'intellect et la volonté de l'homme à l'intérieur de cette chaîne causale [2]. On a ici la vision pleinement déiste présagée chez François et Michel de Massa. Pour Ceffons, toutes nos pensées, appréhensions et dispositions s'inscrivent dans cette chaîne naturelle de la causalité nécessaire. Tout ce que l'on fait,

appareant sibi esse verae. Nec potest credere quod sint verisimilitudines respectu illius articuli ».

1. Pierre Ceffons, *Principium* IV, Troyes 62, f. 210ra-b : « Unde si aliqui famelico existenti inter lapides dicam ego, "Carissime, crede quod hic sunt boni pastilli", demonstratis lapidibus etc., et "commede" etc., et si dicatur quod invenit cum dentibus lapides magis duros quam etc., hoc non valet, quia credat ipse quod non sunt duri aut credat quam esse ita durum requitur ad hoc quod sit bonus pastillus etc. ».

2. *Id.*, *Principium* I, Troyes 62, f. 4rb : « Circumscripta fide, ita faciliter diceretur quod totalis influentia universi praecedens praevenerit te ad agendum. Unde non est dicendum quod tu opereris quasi nihil te praecesserit, ita quod incipias unum aliquid circa quod nihil quod praecessit habuerit habitudinem aliquam, acsi inciperes unum novum orbem. Sed secundum imaginationem prius datam diceretur quod, sicut theologus dicit quod Deus te praevenit in agendo sic vel sic, et non est in potestate tua quin te praevenerit, ita etiam diceretur quod tota influentia universi te praevenit in tali vel in tali habitudine ad talem effectum, ut non est in potestate tua quin te praevenerit sic vel sic, et de necessitate quaedam connexio poneretur in causis et effectibus futuris ».

pense, décide, délibère, et ainsi de suite, est un produit nécessaire de tout ce qui est arrivé auparavant. Ceffons, en compatibiliste, déclare que l'on fait l'expérience de la liberté de complaisance, mais non pas de la liberté de contradiction ou de la contingence. Pour illustrer cela, en combinant les déterminismes psychologique et naturel, Ceffons s'appuie sur la Bible et sur les sources latines du cycle épique grec, pour faire l'histoire d'événements apparemment aléatoires, montrant par exemple que les événements qui conduisent à la mort d'Ulysse, impliquant Pénélope, Circé et Télégonos, motivés par des décisions simples, étaient en fait inévitables[1]. Selon les mots de Ceffons :

> Lorsque l'on arrive à une bifurcation, on a été acheminé à cet endroit par l'influence totale de l'univers. Et si l'on délibère à cet endroit, la délibération provient du concours des causes précédentes. Donc l'univers est à présent dans une certaine disposition totale et ne peut dans l'instant présent être dans une autre disposition. Et [le philosophe] dirait : Et si finalement on choisit tel chemin, par exemple celui de droite, il est dit qu'avec toutes les appréhensions que l'on a eues, on n'était pas capable de choisir l'autre chemin, ni n'était-on en capacité à tel moment de ne pas avoir ces appréhensions ou considérations[2].

1. Pierre Ceffons, *Principium* I, Troyes 62, f. 6vb : « Et contingit quandoque quod homo venit ad bivium et consiliatur per quam viam ibit, et finaliter vadit per unam, puta per dexteram. Et inde contingit quod venit ad remotum locum vel extraneam insulam, et ibi inducit uxorem et generantur ex eo filii multi ibidem, sicut a Iacob. Et postea faciunt unam magnam stragem, quae etiam praevidetur in astris. Et si ille homo ivisset per aliam viam, numquam haec scuta fuissent. Loquendo ergo in lumine naturali, apparet multis quod non potuit ire per aliam viam, quia tunc potuisset impedire unam maximam coordinationem in mundo, quae virtualiter continetur in causis suis praeviis. De Ulixe habetur in *Troiano* quasi simile, in parte saltem, qui praevidet quod filium haberet qui eum occideret. Et cum recederet a Troia cum navibus suis, applicuit ad quandam insulam in qua erat Circes, quam impregnavit. Et finaliter recessit et multas taliter navigavit quod venit ad Penelopem. Et per multa tempora postea filius suus et Circis, qui Thelagonus dictus est, qui numquam Ulixem viderat, nec eum Ulixes, casu mirabili occidit Ulixem, ut patet in Troiano, libro 35. *Pone hic illam historiam* ».

2. *Ibid.* : « Ad secundum, dico quod faciliter posset dici quod, quando venis ad bivium, a tota influentia universi illuc duceris. Et si deliberasti ibi, illa etiam deliberatio erat a concursu causarum praecedentium. Unde nunc universa est in aliqua totali certa dispositione, et non potest pro nunc in alia. Et ille diceret : et si tu finaliter elegeris hanc viam, puta dexteram, dicitur quod stantibus apprehensionibus omnibus quas habebas, tu non poteras eligere aliam viam, nec erat in potestate tua pro tunc non habere illas apprehensiones et considerationes quas habebas ».

Il est possible qu'une action ait l'apparence de la liberté ou du hasard, mais tout ce qui est arrivé avant est une cause du fait que l'on agit, cherche des conseils, hésite, négocie, et ainsi de suite.

Une partie de cette ligne de raisonnement a pour conséquence la défense de l'astrologie judiciaire et l'interprétation des signes et rêves, que Ceffons développe dans les questions sur les *Sentences*. C'est une indication que Ceffons était plus déterministe que ne le suggère sa *protestatio*, malgré l'interdiction posée par plusieurs articles condamnés en 1277, notamment les numéros 133, 161, 152, 167, 206 et 207 énumérés ci-dessus. Par exemple, dans sa question sur la peste noire, Ceffons défend à la fois, contre des détracteurs réels, la causalité céleste de la peste et les pronostics astrologiques connexes tandis que, dans une autre question, Ceffons s'appuie sur Thomas Bradwardine pour nier le pouvoir céleste sur la volonté humaine [1]. Ainsi la valse de Ceffons avec le fatalisme se poursuit tout au long de son travail.

Les bacheliers des ordres franciscain, dominicain, augustinien, carmélite, de l'ordre de saint Benoît, du Collège de Navarre, et de cette même Sorbonne où les conférences ici retranscrites ont été prononcéees, arguaient avec violence contre leur *socius* cistercien sur tous les fronts, en affirmant que sa position était insensée, constituait une innovation, contre Aristote et les autres philosophes, qu'elle était l'opinion des paysans, qu'elle détruisait la justice divine et humaine, qu'elle allait contre la religion, et ainsi de suite. Un Hugolin d'Orvieto présenta, dans ses *principia*, une longue réfutation, qui manifestait l'engouement de ce temps pour la notion de *complexe significabile*, et que Ceffons rejeta à juste titre comme infondée [2]. *In persona philosophi*, Ceffons y a même ajouté la

1. Schabel et Pedersen (2014) et Duba et Schabel (2015).

2. Pierre Ceffons, *Principium* II, Troyes 62, f. 86va-b : « Item, volo probare quod Pelagius fuit. Arguo sic : Pelagius erravit, igitur Pelagius fuit. Consequentia nota. Et antecedens patet per beatum Augustinum et Hieronymum et determinationem Ecclesiae. Constat quod hic nihil sumo quod sit causa Pelagii. Nam error Pelagii non fuit causa sui esse. Et hic possunt multiplicari ex alia qui vellet, sed transeo. Unde esto quod *b* non sit causa ipsius *a*, sicut iste pater vult, numquid qui bene declaret quod bene est verum, ex illa declaratione potest inferre aliquid circa *a* ? Puto etiam quod iste pater acciperet istam consequentiam : "*b* est verum, ergo *a* erit verum", et hoc ad bonum intellectum. Unde bene sequuntur : "Antichristus erit" est significabile complexe verum, ergo "Antichristus est" erit significabile complexe verum, esto adhuc quod "Antichristus erit" non haberet causalitatem etc. Non ergo ex hoc quod non exprimitur causalitas in antecedens etc. sequitur quin bene coloretur etc. Et sic ratio patris mei qua improbat probationem meam non valet de forma, nec forma sua improbat formam meam, ut faciam sicut ipse qui arguit contra formam non arguendo etc. ».

riposte possible d'un sceptique, du genre de Nicolas d'Autrécourt, qui refusait absolument que l'on puisse connaître la causalité efficiente, pour ne pas mentionner l'idée qu'elle puisse fonctionner de manière nécessaire [1].

Pourquoi Ceffons s'est-il mis dans la peau d'un philosophe pour défendre une opinion dont il soutenait qu'elle était erronée ? Dans son troisième *principium*, il donne la réponse suivante :

> Je me suis fondu dans le rôle d'un philosophe en vue de […] rechercher la vérité, pour voir comment les révérends pères et les *socii* procéderaient pour convaincre un tel philosophe à l'aide d'arguments philosophiques ou naturels, et afin de voir s'il est seulement cru que toute chose n'arrive pas par nécessité, ou du moins s'il s'agit presque de quelque chose de [purement] cru, et combien et de quelle manière cela se différencie de quelque chose qui est purement cru. Il en serait de même si je jouais à présent le rôle d'Aristote en disant que le monde a existé depuis l'éternité, afin de voir de quelle manière on pourrait arguer de façon convaincante en faveur de la position opposée avec des arguments naturels, de telle sorte que l'on verrait si cela est purement cru [2].

Les réponses de Ceffons aux attaques de ses *socii* sont vraiment fascinantes, mettant en lumière tous les courants fidéistes et sceptiques dont on dit parfois qu'ils existaient dans la pensée du XIV^e^ siècle. Qui plus est, Ceffons est un auteur si complexe qu'il est impossible de ne pas se

1. Pierre Ceffons, *Principium* II, Troyes 62, f. 7va : « Unde et simile argumentum posset fieri ad probandum quod ignis non comburit stuppam et quod non est sufficiens probatio quod ignis comburat stuppam quia ad approximationem ignis cum stuppa statim comburitur stuppa, quia dicetur quod non est sufficiens probatio. Nam ponamus quod ignis non comburat stuppam, sed approximato igne ipsi stuppae aliqua vis lates in stuppa vel alibi comburat ipsam stuppam, et non ipse ignis. Tunc fiet argumentum de approximatione ignis ad stuppam et non concludet. Diceretur ergo quod si ita esset quod aliud quam ignis combureret stuppam, et non ipse ignis, tunc argumentum non convinceret. Sed tamen non est ita, nec est verisimile quod ita sit, quia regulariter videmus quod ad approximationem ignis comburitur stuppa. Nec videmus quare non debeat ignis dici comburens – sed multi dicant quod probatio non est evidens ».

2. *Ibid.*, f. 185vb-186ra : « Cum autem quaeritur sumendo personam meam absolute cur hoc dixi quod assero esse falsum, dico hic quod illud gratia exercisii assumpsi in persona philosophi, seu dixi quod plus tali colorare posset etc. Et hoc dixi ad investigationem veritatis, ad videndum qualiter per reverendos patres et socios convinceretur talis philosophus per rationes philosophicas vel naturales, et ad videndum utrum sit pure creditum non omnia evenire de necessitate, vel saltem utrum appropinquet ad creditum, et quantum vel qualiter distat a pure credito. Et est simile sicut si modo sumerem personam Aristotelis dicendo mundum fuisse ab aeterno ad videndum qualiter oppositum per rationem naturalem convinceretur ut videretur an sit pure creditum vel etc. ».

demander si la moitié de ce qu'il dit n'est pas de l'ironie. En réponse à l'objection selon laquelle le déterminisme naturel détruit la justice divine dans la vie d'après, il remarque en premier que la vie n'est guère juste pour les animaux, qui ne jouissent pas de la vie après la mort, et qui ont des existences de misère ou de plaisir, selon le hasard; pourquoi en serait-il autrement pour les êtres humains? Mais, par la suite, Ceffons fait l'affirmation suivante concernant la rationalité du christianisme :

> Qui comprend, dans cette obscurité de la nature, qu'Il est miséricordieux et sage, celui qui crucifierait dans les flammes son serviteur, qu'Il peut créer et immédiatement et totalement délivrer du mal, comme s'Il trouvait du plaisir dans la douleur, laquelle n'est pas imposée [à son serviteur] en vue de son amélioration? Ces choses dépassent les limites des preuves manifestes que l'on peut avoir lorsqu'on laisse de côté la foi [1].

Il n'est pas difficile de se demander, tout comme l'avait fait Olaf Pluta au sujet de Jean Buridan [2], le contemporain de Ceffons, si celui-ci est assuré dans sa foi, particulièrement lorsque sa réponse, à l'accusation selon laquelle aucun philosophe n'a jamais soutenu sa position, consiste à expliquer que les philosophes disent souvent ce que la société veut entendre, plutôt que ce qu'ils pensent véritablement [3]. Bien évidemment, il continue en affirmant que les stoïciens étaient d'accord avec lui, dans le rôle du philosophe, comme le font certains théologiens chrétiens, tout en précisant que Thomas Bradwardine était un de ses adeptes.

Le format des *principia* permet à Pierre Ceffons de jouer ce rôle et de faire de la philosophie pure sans être inquiété, mais dans un cadre théologique, et cela nous permet de profiter du dialogue qui s'ensuit. Je trouve beaucoup d'arguments de Ceffons convaincants philosophiquement, mais ce n'était pas l'opinion d'Hugolin :

1. Pierre Ceffons, *Principium* I, Troyes 62, f. 7va : « Et rursus quis in lumine vel obscuritate naturali praecise constitutus, circumscripta fide etc., diceret quod iustus iudex pro peccato momentario debet creaturam suam, non ad emendationem ipsius creaturae, ardoribus cruciare perpetuis ? Et quis in illa obscuritate naturae comprehendet illum esse misericordem et sapientem qui servum suum, quem statim instituere posset et totaliter a malo liberare, perennibus cruciaret in flamis quasi paenis delectatus, qui non ad emendationem inferuntur ? Haec igitur transcendunt limites apparentium probationum quas circumscripta fide habemus ».

2. Pluta (2002).

3. Pierre Ceffons, *Principium* I, Troyes 62, f. 7rb : « Et multi philosophorum, quia videbant communitatem sectari illam opinionem, eandem etiam sectabantur, ne doctrina eorum aut damnaretur aut ut falsa respueretur… Ex quibus patet quod aliis credebant et non omnia quae dicebant ».

> Par conséquent, en jouant le rôle d'un autre philosophe, je veux montrer brièvement que ce philosophe ne prouve pas son point de vue. Deuxièmement, je dissoudrai son fondement. Troisièmement, je ferai valoir que sa position se détruit elle-même. Par conséquent, ce philosophe ne contraint pas les autres philosophes [1].

Hugolin d'Orvieto n'a pas laissé l'affaire en repos. Certaines des idées exprimées par Ceffons ici *in persona philosophi* apparaissent à nouveau à d'autres endroits *in persona theologi*, dans ses questions sur les *Sentences*, mais avec plus de précautions. Son obsession pour les questions modales et déterministes était une marque de son époque. En lisant Ceffons, on peut voir pourquoi, dans les questions sur les *Sentences* des auteurs plus tardifs, ces sujets seront encore plus dominants qu'avant, et pourquoi au cours des trois décennies suivantes, *necesse esse* est devenu un sujet privilégié dans les débats des *principia*.

## Pierre d'Ailly

Au cours des décennies suivantes, le paysage de la théologie européenne changea de multiples manières. Les augustins, en liens étroits avec les cisterciens, dépassèrent les dominicains et les franciscains, en dominant la théologie occidentale dans le laps de temps écoulé entre 1340 et 1370, quand, pour la première fois depuis la fondation des ordres mendiants, les théologiens séculiers prirent la tête, parmi lequels on compte Henri Totting d'Oyta, Henri de Langenstein, Pierre d'Ailly et d'autres. L'université d'Oxford a connu un profond déclin après la peste noire en termes d'œuvres, bien que le défi de Jean Wyclif eût l'impact que l'on sait. Même si Wyclif ne fut considéré comme un déterministe que tardivement, selon l'étiquette qu'on lui attribua, le débat sur le déterminisme continua de faire rage à Oxford et à Paris et s'intensifia au cours de cette période.

Dans ses questions sur le *De consolatione Philosophiae* de Boèce, rassemblées à partir des cours qu'il donna dans sa jeunesse en tant que maître ès arts à Paris, au début des années 1370, Pierre d'Ailly se révéla être, *de facto*, en parlant *in persona philosophi*, le successeur de Pierre

1. Hugolin d'Orvieto, *Principium* I, a. 4, éd. Eckermann et Marcolino, t. 1, p. 40.270-273 : « Ideo in persona alterius philosophi volo breviter ostendere quod ille philosophus non probat intentum. Secundo dissolvam fundamentum eius. Tertio arguam quod positio destruit se. Ideo ille philosophus non cogit alios philosophus ».

Ceffons. Il aborda explicitement le problème du determinisme et de la contingence *in puro lumine naturali*, comme l'avait déjà fait Ceffons [1]. Même dans cette lumière, et pas seulement selon la foi, la conclusion suivante est vraie : « Dieu est la cause immédiate de chaque chose produite, de sorte que Dieu co-agit avec chaque agent, qu'il soit naturel ou volontaire, et il ne produit pas seulement l'effet de la cause agente, mais fait aussi que la cause soit une cause » [2]. Le troisième « point » du deuxième article de la seconde question de son ouvrage (incomplet) demande « quelle opinion serait la plus probable pour un pur philosophe naturaliste : celle qui postule le destin de la nécessité, c'est-à-dire que tous les événements futurs arrivent par nécessité ou celle qui pose le contraire ? » [3]. Quant au fait qu'Aristote accuse Platon de déterminisme, lorsque celui-ci affirme que, « selon le destin de la nécessité », « tout arrive par nécessité », d'Ailly nie l'accusation mais répond comme suit :

> Quoi qu'il en soit de cela, à savoir si Platon a défendu ou non cette position, il faut voir laquelle de ces opinions serait la plus vraie pour un *pur philosophe*. Et je réponds brièvement que, suivant la *pure raison naturelle*, l'opinion qui postule que tout se passe par nécessité est plus probable que l'inverse. Cette conclusion est claire, d'abord, parce que les arguments en faveur de cette opinion sont beaucoup plus évidents que les arguments opposés [4].

Plus remarquable encore, la réponse de d'Ailly à sa propre question, qui expose la raison pour laquelle Aristote, Averroès et d'autres philosophes

1. Pierre Ceffons, *Principium* I, Troyes 62, f. 3va : « Et ut adducatur aliqualis color, sumo personam unius philosophi praecise in lumine vel obscuritate naturali constituti ».

2. Pierre d'Ailly, *In Boethii De consolatione Philosophiae*, q. 2, a. 1, punctus 3, éd. Schabel : « … sunt ponendae tres conclusiones. Prima est quod Deus est causa immediata omnis rei productae, sic quod omni agenti, sive sit naturale sive voluntarium, Deus coagit, nec solum facit effectum causae agentis, sed etiam facit causam esse causam. Haec autem conclusio vera est secundum fidem et etiam in puro lumine naturali probabilior quam sua opposita ».

3. *Ibid.* : « Quantum ad tertium punctum videndum est quae opinio apud purum philosophum naturalem esset probabilior, vel illa quae ponit fatum necessitatis, id est, omnia futura de necessitate evenire, vel illa quae ponit oppositum ».

4. *Ibid.* : « Videtur ergo ex istis verbis quod Plato non posuerit fatum necessitatis, id est, omnia de necessitate evenire, sicut imponit sibi Aristoteles. Quicquid autem sit de hoc, scilicet utrum Plato posuerit vel non, tamen videndum est quae istarum opinionum apud purum philosophum esset probabilior etc. Et breviter ad hoc respondeo quod, sequendo puram rationem naturalem, probabilior est opinio ponens omnia de necessitate evenire quam sit opposita. Patet ista conclusio, primo quia rationes pro ista opinione sunt multo apparentiores quam rationes oppositae ».

naturalistes nient que toute chose arrive par nécessité, est toujours formulée dans le sillage de Ceffons : « Ici on peut répondre que les gens ordinaires abhorrent que tout arrive par nécessité. Par conséquent, [les philosophes] ont peut-être suivi l'opinion des gens ordinaires à cause de la peur de la mort ou pour que leurs enseignements soient plus acceptables pour la foule »[1].

Cette explication curieuse, partagée par Pierre Ceffons et Pierre d'Ailly, met l'historien dans une impasse : devons-nous prendre leurs affirmations à la lettre ou lire entre les lignes ? Ceux d'entre nous qui ont enseigné dans des environnements très différents de ceux dans lesquels nous avons grandi ou dans des contextes politiques et religieux en conflit avec nos propres opinions, ont pu faire de telles déclarations par prudence ou ont même pu se taire par peur du jugement des autres. Il semble, cependant, que Ceffons et d'Ailly étaient attachés à l'orthodoxie. La véritable énigme réside donc dans la façon dont on peut réconcilier la prescience divine et les futurs contingents. Ce sera le sujet du chapitre IV.

1. Pierre d'Ailly, *In Boethii De consolatione Philosophiae*, q. 2, a. 1, punctus 3, éd. Schabel : « Sed hic occurrit dubitatio, si haec opinio naturaliter loquendo esset probabilior, quomodo Aristoteles, Commentator, et alii multi philosophi naturales oppositum posuerunt etc. Hic potest responderi quod vulgus abhorret quod omnia de necessitate eveniant. Ideo isti forte sequuti sunt opinionem vulgi propter timorem mortis vel ut eorum doctrinae essent vulgo acceptabiliores etc. Et sic apparet de probabilitate huius opinionis etc. Et haec de secundo articulo principali etc. ».

CHAPITRE IV

# *SI DEUS SCIRET FUTURA OMNIA, TUNC EVENIRENT DE NECESSITATE*
# LE FUTUR CONNU EST-IL VRAIMENT CONTINGENT ?

Nous avons vu que le frère ermite Michel de Massa s'était rabattu sur la réponse traditionnelle d'Avicenne au déterminisme absolu : battez-les jusqu'à ce qu'ils admettent qu'il est en votre libre pouvoir de vous arrêter. Dans une étrange *reductio ad absurdum*, Pierre Ceffons donne dans son premier *principium* une réponse à cette position :

> Quelqu'un pourrait soutenir un argument similaire contre ceux qui prétendent que Dieu a tout prédestiné ou préordonné de toute éternité, et que rien ne peut arriver par la puissance ordonnée de Dieu, sauf ce que Dieu a préordonné, parce qu'un adversaire dirait que la personne soutenant cela devrait être mise au feu jusqu'à admettre qu'aucune de ces choses n'a été préordonnée ou préconnue ou prédestinée. Et quand elle est battue et dit à celui qui la bat qu'il doit s'arrêter, celui qui donne les coups dira qu'il ne peut pas s'arrêter selon la puissance ordonnée de Dieu [1].

1. Pierre Ceffons, *Principium I*, Troyes 62, f. 7va : « Videtur etiam quod aliquo modo posset fieri istud vel quasi simile argumentum contra illos qui dicunt quod Deus omnia ab aeterno praedestinavit seu praeordinavit, et quod non potest de potentia Dei ordinata aliquid evenire nisi illud quod Deus praeordinavit, quia dicet adversarius quod dicens hoc ponendus est in igne quousque fateatur quod nihil de talibus fuit praeordinatum seu praescitum aut praedestinatum. Et quando flagellabitur dicet flagellanti quid cesset, dicet ille qui flagellat quod non potest cessare de potentia Dei ordinata ».

Nous avons examiné dans le chapitre II une position sur la mutabilité du passé qui n'a pas d'existence historique, du moins chez les auteurs scolastiques formés à l'Université, tandis que dans le chapitre III nous nous sommes penchés sur une position certes extrême, mais seulement hypothétique, sur le déterminisme absolu du présent. Aucune de ces positions n'inquiétait outre mesure les penseurs du Moyen Âge tardif, sauf en ce qui concerne leur lien avec le problème de la prescience divine. Dans le présent chapitre, nous verrons que le souci de sauvegarder et d'expliquer la connaissance divine du futur, et d'éviter dans le même temps de possibles implications déterministes[1], était devenu une obsession pour les théologiens du Moyen Âge tardif, tandis que, comme nous le verrons au chapitre V, de l'autre côté, et de manière quelque peu paradoxale, en ce qui concerne la prédestination, une vision plutôt déterministe du futur jouissait d'une grande popularité et était considérée, à la même époque, comme orthodoxe.

Pierre Ceffons écrivit son œuvre à la fin d'une période de fervente créativité à l'égard de la prescience divine et de la prédestination, pendant laquelle un consensus large, quoique naïf, avait été détruit et remplacé par un éventail de points de vue qui allaient d'un extrême à l'autre. Il me semble difficile de réduire cette pléthore de théories à une sorte d'ensemble raisonné et cette difficulté est également illustrée par le texte même de Ceffons. En effet, il dédie l'équivalent d'à peu près 100 pages imprimées à ces deux problèmes (outre ce qu'il a écrit dans ses quatre *principia*), mais ce traitement consiste en une série complexe de six questions et de sept *dubia*, qui auraient pu être organisés de manière plus logique. En réalité, ils devaient l'être au départ, mais le scribe du manuscrit de luxe a dû faire tomber par terre les morceaux de parchemin, ou plus probablement les papiers, contenant les notes de Ceffons, et il semble n'avoir pas réussi à les remettre dans le bon ordre. Une certaine reconstruction du texte est nécessaire. Même après cette reconstruction, le résultat final reste chaotique :

1. Pour une discussion du problème philosophique et théologique en français, voir Michon (2004).

Pierre Ceffons, *In I Sententiarum*, dd. 38-40, éd. Alisade, Kraml et Schabel :

[**d. 38, q. 1**] Circa distinctionem 38, in qua Magister agit de scientia Dei, quaero utrum ipsa futura possint sciri. [env. 7 pages]

[**d. 38, q. 2**] Secundo circa eandem distinctionem quaero utrum Deus cognoscat alia a se. [5 pages]

[**d. 39, q. 1**] Circa distinctionem 39, in qua Magister quaerit utrum scientia Dei possit augeri vel minui, quaero conformiter utrum praescientia Dei possit minui vel augeri. [32 pages]

[**dub. 1**] Hic moveo aliqua dubia. Primum erit utrum Deus sit omnisciens. [8 pages]

[**dub. 2**] Secundo dubitatur utrum futurum possit incipere esse futurum. [3 pages]

[**dub. 3**] Tertium dubium est quia videtur quod illud quod frequenter concessi et posui in primo *Principio*, scilicet quod quaelibet propositio est vera determinate aut falsa, non est verum. [11 pages]

[**d. 39, q. 2**] Secundo circa eandem distinctionem quaero utrum scientia Dei sit causa rerum. [4 pages]

[**dub. 1**] Sed hic sunt aliqua dubia. Primum est utrum saltim ipsae res dici debeant proprie loquendo causae scientiae Dei et hic capiendo causam pro causa sine qua non. [2 pages]

[**dub. 2**] Secundum dubium est utrum sit aliquid quod praecedat scientiam divinam. [4 pages]

[**dub. 3**] Sed adhuc posset aliquis dubitare utrum Deus habeat sui ipsius scientiam. [4 pages]

[**d. 39, q. 3**] Adhuc circa distinctionem 39 quaero utrum res habuerit aliquod esse ab aeterno in scientia divina. [9 pages]

[**d. 40, q. un.**] Circa distinctionem 40, in qua Magister agit de praedestinatione, quaero utrum omnes existentes in hac vita qui finaliter salvabuntur sint praedestinati. [13 pages]

[**dub. un.**] Sed est dubium utrum omnia subiaceant divinae praedestinationi seu praevidentiae. [8 pages]

Ce chaos est tout à fait approprié. Ceffons avait finalement baissé les bras face à la tâche d'expliquer la prescience divine puis de la réconcilier avec la liberté humaine :

> Puisque que je n'ai pas l'intention de dire que Dieu veut les maux du péché, car cela est condamné dans ce *studium*, par conséquent, j'affirme avec beaucoup d'autres théologiens que la manière dont Dieu connaît les

> choses futures avec certitude est incompréhensible et inexplicable pour nous [1].

Dans ce qui suit, je me servirai de Ceffons, pour autant que cela est possible, afin de présenter l'histoire de cette problématique entre 1250 et 1350. Je finirai ensuite par quelques mots sur ses conséquences.

## LES PREMIÈRES ANNÉES DE L'ARRIÈRE-PLAN MÉDIÉVAL

Dans son attaque contre le fatalisme païen, Cicéron avait soutenu que la prescience divine entraînait le déterminisme et qu'elle devait par conséquence être rejetée. Tout comme beaucoup d'autres auteurs scolastiques, Pierre Ceffons entame sa discussion sur la connaissance divine par la réponse qu'Augustin a faite à Cicéron dans le livre V du *De civitate Dei :* la négation de la prescience divine équivaut à la négation de Dieu lui-même [2]. En parallèle avec cette difficulté théologique, l'Occident avait également hérité d'un problème de logique, car dans le chapitre 9 du *De interpretatione*, Aristote écrivait que, même si en général toute proposition est soit vraie, soit fausse, si cela valait également pour les propositions portant sur le futur, celui-ci adviendrait alors nécessairement [3]. Dans le chapitre III, nous avons vu qu'en endossant le rôle de philosophe dans ses *Principia*, Ceffons argumentait amplement en faveur de la position d'Aristote.

Dans son livre *Le temps, l'éternité et la prescience de Boèce à Thomas d'Aquin*, John Marenbon trace les principaux contours de l'histoire de cette problématique, de Boèce à Thomas d'Aquin, en se concentrant

1. Pierre Ceffons, *In I Sententiarum*, d. 38, q. 1, Troyes 62, f. 59ra : « Hic igitur, quia etiam non volo dicere quod Deus velit mala culpae, quia hoc est condemnatum in hoc studio, idcirco cum pluribus aliis dico quod modus ille quo Deus certitudinaliter futura praescit, est nobis incomprehensibilis et inexplicabilis ».

2. *Ibid.*, f. 58vb-59ra : « Deus omnia novit tam praesentia quam praeterita quam futura. Unde Augustinus, 5 *De civitate Dei*, capitulo [9], ubi iuxta principium ait contra Ciceronem : "Confiteri esse Deum et negare esse praescium futurorum apertissima insania est". Et iuxta finem dicti capituli ait : "Qui enim non est praescius omnium futurorum, non est utique Deus" ».

3. *Id.*, *Principium* III, Troyes 62, f. 190rb : « … dicit Aristoteles, primo Perihermeneias, quod in singulis de futuro non est altera vera et altera falsa determinate ». Au sujet des commentaires médiévaux sur *De interpretatione* 9, voir, par exemple, Isaac (1953) et Knuuttila (2010). Dans la bibliographie générale plusieurs contributions analysent le contexte antique chez Aristote, Cicéron et Augustin, par example : voir Craig (1988), p. 1-78 ; Michon (2007), p. 10-16.

également sur Abélard et sur la période qui sépare Abélard de Thomas [1]. Marenbon corrige aussi certains spécialistes qui se sont précédemment emparés de ce sujet, en particulier des universitaires de tradition anglo-américaine qui, incapables de décider s'ils étaient en train de faire de la philosophie ou de l'histoire, finirent par échouer dans les deux domaines. Ainsi, le livre de Marenbon représente un nouveau départ, et adopte une perspective nouvelle dans ses moindres détails. Son point le plus important est le suivant : ni Boèce ni Thomas n'ont adopté ce que l'on connaît sous le nom de « solution boécienne » ou « thomasienne », et qui a été en réalité développée par les philosophes modernes de la religion, comme s'il s'agissait des théories mêmes de Boèce et Thomas. Un deuxième point important, dans l'analyse de Marenbon, est celui-ci : avant le XIIIe siècle les théologiens n'avaient pas bien compris la gravité de la question en termes de nécessité accidentelle, attachée à des propositions comme : « Dieu savait à l'avance, depuis l'éternité, que je donnerais cette conférence aujourd'hui », c'est-à-dire la nécessité accidentelle attachée au passé, dont nous avons traité au chapitre II. Pour Marenbon, Thomas d'Aquin – je dirais plutôt la génération de Thomas – a été le premier à mesurer pleinement la gravité de la question et à tenter d'y apporter une réponse décisive, même si Marenbon considère que c'était « une tâche très difficile, peut-être impossible » [2].

Même si Thomas d'Aquin représente un nouveau commencement dans l'histoire du problème de la prescience divine, beaucoup des ingrédients qui composent sa solution sont assez anciens. Boèce avait mis à la disposition des auteurs latins tardifs le vocabulaire technique nécessaire pour discuter les questions modales, dans sa traduction et ses commentaires du *De interpretatione* d'Aristote, comme on peut le lire explicitement dans le texte de Pierre Ceffons. Plus important encore, dans le *De consolatione Philosophiae*, souvent et abondamment cité par Ceffons, Boèce fournit également à la tradition occidentale l'élément essentiel à toutes les tentatives futures de circonscrire la problématique, en développant la notion augustinienne de l'éternité de Dieu [3]. Pour Augustin, Dieu voit toutes les choses à la fois dans une « vision éternelle, immuable et ineffable », de telle sorte que « pour Dieu, rien n'est absent, ni le passé, ni le futur, mais tout est présent » [4]. Sur cette base, Boèce argumente ainsi : « Pour cette raison, la prescience divine est appelée

1. Marenbon (2005).
2. *Ibid.*, p. 90.
3. *Ibid.*, p. 21-54.
4. Augustin, *De Trinitate* XV, c. 7, n. 13 et *De diversis quaestionibus* 83, q. 17.

*providence* plutôt que *prévision*, parce qu'elle réside au-dessus des choses inférieures et qu'elle regarde toutes les choses à partir de leur sommet »[1]. Il est important de remarquer que la notion boécienne d'éternité n'est pas atemporelle dans le sens où les commentateurs modernes l'ont entendu, comme Marenbon le montre bien, et que Boèce ne semble pas avoir compris la gravité du problème.

L'héritage le plus important du XII^e siècle sur les discussions plus tardives fut le développement de différents types de nécessité bienfaisante, dans le but de montrer comment la prescience divine des événements futurs ne leur impose aucunement la nécessité[2]. Anselme de Cantorbéry, Pierre Abélard et Pierre Lombard jouèrent chacun un rôle important dans le traitement de cette question. La solution d'Anselme au problème de la prescience divine est contenue dans son affirmation selon laquelle « il est donc nécessaire que quelque chose soit futur sans nécessité »[3]. Anselme veut montrer que la nécessité à même d'être attachée à nos actions est, dans le meilleur des cas, une nécessité faible, et qui ne contraint pas. Anselme est d'accord avec l'affirmation selon laquelle « Si elle sera, par nécessité elle sera »[4], et par cette nécessité non-contraignante, nécessairement : le passé est le passé, le présent est le présent et le futur est le futur. Comme nous l'avons remarqué au chapitre II, cette idée alimenta les discussions sur la contingence du passé, en parallèle avec celle du futur.

Bien que John Marenbon en tire la conclusion que Pierre Abélard « passait alors à côté du problème »[5], le point de vue sur la prescience divine du logicien fut important pour son impact sur Pierre Lombard, et tout particulièrement pour l'analyse proposée par Abélard de cette affirmation : « Il est possible que quelque chose de différent de ce que Dieu connaît à l'avance arrive », en utilisant l'opposition entre sens composé et divisé. Supposons que « ce que Dieu connaît à l'avance » est que je terminerai ce chapitre aujourd'hui et que le fait de ne pas le terminer aujourd'hui est « quelque chose de différent de ce que Dieu connaît à l'avance ». La proposition : « Il est possible que quelque chose de différent de ce que Dieu connaît à l'avance arrive », est vraie dans le sens divisé, parce

1. Boèce, *De consolatione Philosophiae* V, prosa 6.

2. Concernant ces distinctions et d'autres opérations concernant les aspects modaux, voir Knuuttila (1993).

3. Anselme, *De concordia praescientiae et praedestinationis et gratiae Dei cum libero arbitrio* I, c. 1, trad. fr. Corbin, t. 5, p. 159. Pour la position d'Anselme voir, e.g., Knuuttila (2004) et Holopainen (2006).

4. Anselme, *De concordia* I, c. 2, trad. fr. (mod.) Corbin, p. 163.

5. Marenbon (2005), p. 90 et p. 55-91 pour la position d'Abélard.

que cela veut dire seulement qu'il n'est pas incohérent d'un point de vue logique de ne pas terminer ce chapitre aujourd'hui, sans égard à toute prévision antérieure relative à ce que Dieu connaît à l'avance. Toutefois, dans le sens composé, Dieu sait à l'avance que je terminerai aujourd'hui et pourtant, dans le même temps, je ne le terminerai jamais aujourd'hui, ce qui entraîne une contradiction, compte tenu de l'omniscience infaillible de Dieu, puisqu'on suppose que Dieu sait déjà en fait que je terminerai aujourd'hui. La vérité de la proposition, dans le sens divisé, est censée préserver la liberté et la contingence divines, car il est dit que les choses peuvent être différentes de ce qu'elles sont, mais la fausseté de la proposition, dans le sens composé, maintient la nécessité et l'immutabilité divines.

Pierre Lombard se sert également de cet outil logique dans son examen de la prescience et de la prédestination (distinctions 38 à 41 du livre I des *Sentences*), en levant l'ambiguïté des propositions modales sur la connaissance de Dieu et les actions humaines, selon qu'un sens composé ou divisé leur est attribué, comme par exemple pour la proposition : « Quelqu'un de prédestiné peut être damné ».

Le XIIIe siècle ajoutera à ces distinctions la « nécessité *ex suppositione* », la « nécessité concomitante » et la « nécessité de la conséquence ». Ce dernier type de nécessité sera particulièrement important. Une conséquence est un argument qui comprend un antécédent et un conséquent, comme « Dieu connaît X à l'avance, donc X adviendra ». La conséquence est nécessaire si elle est valide, mais cela n'entraîne pas la nécessité de l'antécédent ni celle du conséquent, tout comme la proposition « Je suis en train de marcher, donc je bouge » est une conséquence nécessaire, même si la proposition « Je suis en train de marcher » n'est pas nécessaire en elle-même, ni par conséquent la proposition « Je bouge ». La « nécessité du conséquent », au contraire, est une nécessité absolue, quand le conséquent est nécessaire indépendamment de la conséquence [1].

Il est important de répéter, toutefois, que ces outils logiques étaient utilisés afin de réfuter ce que Marenbon appelle « l'argument naïf » contre la contingence, qui affirmait que la connaissance du futur par Dieu rend le futur « nécessaire », de la même manière que ma connaissance de quelque chose de présent rend la chose présente « nécessaire » : si je vous vois tous assis devant moi, il est nécessaire que vous soyez tous assis devant moi ; donc si Dieu, dans son éternité immuable, vous voit tous en train de déjeuner demain, il est nécessaire que vous preniez tous le

1. Comme on l'a mentionné, concernant ces distinctions, voir, e.g., Knuuttila (1993).

déjeuner demain. Exprimée de cette manière naïve, le problème est un simple sophisme, qui peut être résolu en utilisant les outils mentionnés auparavant. Marenbon résume ainsi l'histoire de cette problématique, avant 1250 :

> [Boèce] s'est laissé tromper par l'argument naïf. Abélard et les penseurs du douzième siècle ont réussi à résoudre le sophisme sur lequel se fonde l'argument naïf, mais ils ont négligé presque totalement l'aspect temporel. Inversement, les théologiens des années 1230 et 1240 ont réalisé l'existence de l'argument de la nécessité accidentelle, sans arriver cependant à le réfuter de manière convaincante. Thomas d'Aquin, lui aussi, connaissait bien l'argument de la nécessité accidentelle, et il se croyait à même de le réfuter [1].

## 1250-1315
### THOMAS D'AQUIN ET JEAN DUNS SCOT, THOMISTES ET SCOTISTES

Entre 1250 et 1315, comme sur de nombreux autres sujets, une position dominicaine clairement définie sur le problème de la prescience divine fut établie, essentiellement fondée sur la théorie de Thomas d'Aquin, et les franciscains developpèrent une position distincte et opposée, dont le défenseur le plus influent fut Jean Duns Scot. Nous avons vu au chapitre III que Thomas avait encombré son traitement de cette problématique de discussions inutiles sur la contingence elle-même, qui furent abandonnées par la suite même par les dominicains.

La position dominicaine initiée par Thomas d'Aquin [2] s'était servie de la notion augustinienne et boécienne d'éternité dans le but d'expliquer comment Dieu sait avec certitude ce qui est contingent. Je citerai le résumé succinct des trois éléments de la solution proposé par Marenbon :

> (1) En premier lieu, Thomas affirme que la connaissance divine d'un futur contingent est une connaissance de la chose elle-même... connaissance qui ne ressemble pas à notre connaissance du futur mais à notre connaissance directe du présent. Nous connaissons *de façon certaine* les choses qui sont néanmoins contingentes, quand elles sont présentes...

1. Marenbon (2005), p. 117-118.

2. Voir une approche plus générale *ibid.*, p. 117-162, en complement à Wippel (1985), Craig (1988), p. 99-126 et Goris (1996).

(2) En deuxième lieu, Thomas explique *comment* Dieu a cette capacité de connaître les choses futures (par rapport à nous) comme si elles étaient présentes. C'est parce que « la vision de la science divine est mesurée par l'éternité ».

(3) En troisième lieu, Thomas explique *pourquoi* ce fait – que la connaissance divine est « mesurée par l'éternité » – est la cause de la capacité divine de connaître toutes choses comme si elles étaient présentes [1].

Mais que veut vraiment dire Thomas d'Aquin lorsqu'il affirme que

> Tout ce qui est dans le temps est, de toute éternité, présent à Dieu, *non seulement pour cette raison qu'il a, présentes par devers soi, les notions des choses, comme disent certains*, mais parce que son regard se porte de toute éternité sur toutes choses selon qu'elles existent en leur présentialité [2]?

Marenbon engage un débat de 15 pages contre la « thèse réaliste » dominante qui affirme que, pour Thomas, toutes les choses sont vraiment présentes à Dieu dans l'éternité et soutient sa propre « thèse épistémologique » qui souligne que, pour Thomas, Dieu connaît les futurs « *comme s'ils* étaient présents » [3]. Tel était le débat, à la fois à l'intérieur et à l'extérieur de l'ordre dominicain, au Moyen Âge : qu'a voulu dire Thomas et avait-il raison [4] ? Pierre Ceffons réfute d'abord la « thèse réaliste », la prenant pour une position fausse : « ce qui n'existe pas ni n'a d'essence, ni n'est présent à Dieu… Ainsi, j'affirme que les choses n'ont pas eu d'être en Dieu [*ab aeterno*], à proprement parler » [5]. Toutefois, Ceffons consacre plus tard une question entière à chercher « si une chose a eu un être dans la connaissance divine *ab aeterno* » [6]. En réalité, la question prend la forme d'un débat entre les défenseurs et les opposants de la « thèse réaliste » en tant que position, mais Ceffons persiste ultimement à penser que l'opinion réaliste n'est pas convaincante.

1. Marenbon (2005), p. 123-124 (texte souligné par Marenbon).

2. Thomas d'Aquin, *Somme théologique* I, q. 14, a. 13, trad. Joseph de Finance (qui a « sa présence » pour « leur présentialité »), citée dans Marenbon (2005), p. 128 (texte souligné par Marenbon).

3. Marenbon (2005), p. 125-139 (et p. 147-157).

4. Voir, par exemple, Groblicki (1938) ; Hoenen (1993), p. 166-175, Schabel, Friedman et Balcoyiannopoulou (2001) ; Rossini et Schabel (2005).

5. Pierre Ceffons, *In I Sententiarum*, d. 38, q. 1, Troyes 62, f. 59ra : « Sed hic videtur mihi quod non est verum illud, sicut nec illud quod alii dixerunt quod omne tempus erat iam Deo praesens. Nam quod non est nec habet aliquam essentiam, non est Deo praesens… Dico igitur quod res non habuerunt aliquod esse in Deo proprie loquendo ».

6. *Ibid.*, d. 39, q. 3 : « Adhuc circa distinctionem 39 quaero utrum res habuerit aliquod esse ab aeterno in scientia divina ».

Après avoir proposé un mécanisme pour expliquer comment Dieu connaît les futurs contingents, Thomas d'Aquin doit encore expliquer comment il se fait que la connaissance de Dieu ne détruise pas leur contingence. Thomas présente la question, dans sa forme la plus radicale, dans le *De veritate* :

> Dans toute proposition conditionnelle vraie, si l'antécédent est nécessaire absolument, le conséquent le sera aussi. Or, la proposition conditionnelle « Si quelque chose est su de Dieu, cela sera » est vraie. Puis donc que l'antécédent « cela est su de Dieu » est nécessaire absolument, le conséquent sera lui aussi nécessaire absolument. Il est donc nécessaire absolument que tout ce qui est su de Dieu existe. Voici comment on prouvait que la proposition « cela est su de Dieu » est nécessaire absolument : cette proposition porte sur le passé ; or, toute proposition portant sur le passé, si elle est vraie, est nécessaire, car ce qui a été ne peut pas ne pas avoir été ; elle est donc nécessaire absolument. En outre, tout ce qui est éternel est nécessaire ; or, tout ce que Dieu a su, il l'a su de toute éternité ; il est donc nécessaire absolument qu'il l'ait su [1].

Il est intéressant de remarquer en passant, comme le fait Marenbon d'ailleurs, que parmi les solutions rejetées par Thomas d'Aquin il y en a une dont on pense aujourd'hui à tort qu'elle a été conçue par Guillaume d'Ockham, à savoir que « bien qu'il soit passé, il implique un rapport au futur et n'est donc pas nécessaire » [2]. Marenbon met cette position en lien, au XII^e siècle, avec Pierre de Poitiers ; et Wojciech Wciórka a demontré que la « solution ockhamiste » était déjà un lieu commun vers 1200. Il est probable que Thomas réponde ici à Bonaventure, qui avait largement développé cette solution, et qui fut probablement aussi la source d'Ockham, dans sa brève analyse du problème [3]. Malgré son admiration pour Bonaventure, Pierre Ceffons, comme Thomas d'Aquin, *in persona philosophi,* trouve que l'idée qu'une telle proposition « dépende du futur » est une solution inutile, même s'il remarque que les *moderni* et les *antiqui* n'ont pas utilisé cet instrument de la même manière et exprime manifestement son accord avec les *antiqui* [4].

1. Thomas d'Aquin, *De veritate*, q. 2, a. 12, arg. 7, trad. Marenbon (2005), p. 140.

2. *Ibid.*, p. 141.

3. Pour « la réponse proto-ockhamiste », voir Marenbon (2005), p. 105-106 et p. 140-141, et Wciórka (2018).

4. Pierre Ceffons, *Principium* I, Troyes 62, f. 4ra : « Unde illud "dependere de futuro", quo multi utuntur modo, non fuit ita usitatum apud antiquos sicut apud modernos... Unde si firmiter assentiam quod pluvia erit, ratione huius fugiam aut faciam mihi vestem ita quod ille asserens fuerit causa quare fugerim et quare fecerim mihi vestem, difficile est videre

Thomas d'Aquin tenta de résoudre ce problème de différentes manières, mais la seule solution qui fit l'objet d'un consensus n'allait pas au-delà de celle de Boèce, faisant appel à la prétendue nécessité faible *ex suppositione* du présent. Comme Marenbon le constate, « on peut regretter » que Thomas n'ait pas expliqué de quelle manière cette solution résoudrait le problème de la nécessité accidentelle du passé. Marenbon remarque aussi que Thomas n'employa pas une notion d'éternité atemporelle dans l'espoir de trouver une solution, comme les commentateurs modernes l'ont soutenu. Et pourtant, il avait proposé une autre solution, assez étrange, fondée sur ce que Marenbon appelle « le principe des conséquences épistémiques » [1]. Je cite ici la version abrégée de la *Somme théologique* :

> Quand, dans l'antécédent, on introduit quelque chose relevant d'une opération de l'esprit, le conséquent doit être compris non selon l'être réel, tel qu'il est en soi, mais selon l'être intentionnel qu'il a dans l'esprit. Autre, en effet, est l'être d'une chose en elle-même, autre son être dans l'esprit. Par exemple, quand je dis : « Si l'âme connaît quelque chose, ce quelque chose est immatériel », il faut comprendre que cela est immatériel dans l'intellect, non selon son être réel. De même, quand je dis : « Si Dieu a su quelque chose, cela sera », le conséquent doit être compris de l'être selon lequel la chose est présente. Ainsi compris, il est nécessaire aussi bien que l'antécédent [2].

Selon le commentaire de Marenbon, « cette solution a une certaine élégance » mais n'est pas « admissible : Thomas fit une erreur en

quomodo me asserisse dependeat plus de futuro quam me fugisse, quia me assensisse quod pluvia venit fuit causa quare feci mihi vestem et causa quare fugi ». Ceffons semble être plus favorable à cette idée dans ses questions, même s'il se soucie de ce qu'il est prudent de soutenir *in hoc studio* et s'il est conscient des répercussions concernant la vérité de telles propositions : *In I Sententiarum*, d. 39, dubium 3, Troyes 62, f. 62rb : « Nec videtur mihi securum *in hoc studio* tenere quod Deus ultra ipsam propositionem et eius significationem causaverit in ea aliquam veritatem quae fuerit essentialiter veritas. Nam etiam in hoc studio non tenetur quod praeteritum possit non fuisse praeteritum nec quod Deus fuit alicuius causa, cuius possit non fuisse causa. Et oportet ulterius tenere quod propositiones de contingenti iam sunt verae aut falsae… Et per hoc patet responsio ad argumentum quod feceram in persona philosophi probando omnia evenire de necessitate, quia esto quod propositio fuerit vera, non est necesse quod non possit non fuisse vera, sed potest non fuisse, quia ex hoc quod fuit vera, non agnoscit ei aliquid nec ex hoc ponitur aliquid in esse, sed est mere locutio dependens de futuro, ad bonum intellectum. Sed si eius veritas essentialiter fuisset aliquid iam positum in re, tunc esset aliquid… ».

1. Marenbon (2005), p. 143-145.

2. Thomas d'Aquin, *Somme théologique* I, q. 14, a. 13, ad 2, trad. fr. Roguet, p. 266b-267a.

l'acceptant »[1]. J'ai étudié la réception de cette idée et il semble que les premiers dominicains en furent trop gênés pour la mentionner, tandis que les opposants ultérieurs la tournèrent en dérision et que les dominicains tardifs ne surent pas quoi en faire[2].

Finalement, Thomas d'Aquin conçut une version populaire, mais dont l'ambiguïté suscita la controverse, de l'ancienne théorie de la prescience divine des futurs contingents par l'intermédiaire de leur présence dans l'éternité ; et il présenta le problème de la réconciliation de la prescience et de la contingence en des termes forts. Par la suite, il se contenta cependant d'une solution plus faible, tout en ayant proposé des solutions plutôt inutiles concernant la contingence et les actes de l'âme.

Bien que Bonaventure et d'autres théologiens franciscains aient partagé certains des éléments de la théorie thomiste de la présence dans l'éternité, les attaques dirigées contre Thomas d'Aquin encouragèrent sans doute l'émergence d'une solution franciscaine alternative, partiellement inspirée par Henri de Gand, qui atteignit sa maturité dans la formulation de Jean Duns Scot[3]. Scot soutenait que Dieu connaît les futurs contingents par l'intermédiaire des déterminations de la volonté divine. Le Docteur Subtil affirmait que, en un seul instant d'éternité mais suivant une séquence de « signes » ou d'« instants de nature », l'intellect divin présente à la volonté divine tous les couples possibles de propositions contradictoires, comme par exemple « Beauvais achèvera sa cathédrale » et « Beauvais n'achèvera pas sa cathédrale ». La volonté divine choisit ensuite librement, et actualise ainsi l'une des propositions de chaque couple, à savoir dans le cas présent, à ce qu'il semble : « Beauvais n'achèvera pas sa cathédrale ». L'intellect divin connaît ainsi le futur par l'intermédiaire de l'essence divine. La solution de Scot fournissait une explication claire du *comment* Dieu connaît le futur, mais elle expliquait aussi la source de la contingence dans le monde, comme nous l'avons vu au chapitre III. La théorie de Scot offrait également une explication de la manière dont un Dieu immuable était susceptible, en un seul instant d'éternité, d'agir librement et de manière contingente, en conservant

1. Marenbon (2005), p. 145.

2. Brînzei et Schabel (à paraître).

3. Voir, p. ex. Schwamm (1934) ; Vos *et al.* (1994) ; Dumont (1995) ; Söder (1998) et Michon (2007), p. 23-27 ; ainsi que la bibliographie en cours et en ligne compilée par Tobias Hoffmann : *Duns Scotus Bibliography from 1950 to the Present*, presque 400 pages comportant plus de 100 entrées, y compris les traductions de textes portant sur la prescience en allemand, anglais, finlandais, italien, hollandais, portugais (mais pas encore en français, 2016) : https ://sites.google.com/site/scotusbibliography/.

toutefois la capacité d'agir autrement, ce que les spécialistes nommèrent la « contingence synchronique ». C'était une illustration de ce que l'on avait pendant longtemps supposé, à savoir que l'antécédent, et ainsi le conséquent, dans la relation de conséquence typique « Dieu connaît à l'avance ou a connu à l'avance X, donc X sera », pouvaient tous deux être, malgré l'immutabilité divine, faux, même si, par elle-même, la contingence synchronique de Scot ne résolvait pas le problème de la nécessité accidentelle.

Ainsi, dans la deuxième décennie du XIVe siècle, les théologiens extérieurs aux deux ordres mendiants se trouvèrent face à deux traditions bien établies, mais opposées. En réalité, les traditions étaient tellement bien enracinées qu'il y avait même deux structures fondamentales dans le traitement de la question. Tandis que, en se concentrant sur Thomas d'Aquin, les dominicains avaient ignoré les développements, à l'extérieur de leur ordre, de la question de la prescience divine, et même la théorie de Scot, les franciscains de leur côté attaquaient toujours les idées qui pouvaient être associées à Thomas et qui étaient souvent élaborées par d'autres dominicains, dont en particulier Durand de Saint-Pourçain.

## De Pierre Auriol à Grégoire de Rimini et Thomas Bradwardine

Malgré sa popularité parmi les franciscains, dans les années 1310 et 1320, une opposition ferme se manifesta à l'égard de plusieurs aspects de la théorie de Scot, même de la part de certains membres éminents de son propre ordre[1]. Plus important encore, Pierre Auriol, Guillaume d'Ockham et certains autres mirent en évidence le fait que la théorie de Scot ne prenait pas en considération les contingents issus des actes de la volonté humaine libre, en particulier les péchés, devenus à cette époque la cible première dans le traitement de ce problème, pour ce qui concerne la question de la réconciliation de la prescience et de la contingence. C'est précisément pour cette raison que Pierre Ceffons ne consacre que dix lignes à la présentation et à la réfutation de la théorie de Scot[2].

1. Schwamm (1934); Hoenen (1993), p. 174-184; Rossini et Schabel (2005); Schabel (2007a).

2. Pierre Ceffons, *In I Sententiarum*, d. 38, q. 1, Troyes 62, f. 59ra : « Alii vero dixerunt quod intellectus divinus respicit divinam voluntatem determinatam ad illa quae evenient, et cum eam cognoscat esse infallibilem et etiam non impedibilem, videlicet quod quidquid ipsa

Mécontent, Pierre Auriol rompit à la fois avec la tradition dominicaine et avec la tradition franciscaine sur la question de la prescience divine. Contre Scot et beaucoup d'autres, Auriol posait l'équivalence entre nécessité et immutabilité : si Dieu connaît quelque chose immuablement, Il le connaît nécessairement. En conformité avec cette position, Auriol rejeta toute tentative de faire appel à divers types de nécessité bienveillante ou à la distinction entre les sens composé et divisé des propositions, afin de réconcilier prescience et contingence, tentatives pourtant fondamentales dans l'élaboration des solutions proposées par la quasi-totalité de ses prédécesseurs. Auriol propose comme alternative un développement encore plus ample de la notion d'éternité de Dieu utilisée par Thomas d'Aquin, en tirant toutes les conséquences de cette position, même si Auriol admet lui-même, en dernière analyse, que la manière exacte dont Dieu connaît les futurs contingents est incompréhensible pour les êtres humains. Pierre de Candie, le maître franciscain de Paris soixante ans après Auriol, décrit sa position brièvement, mais avec beaucoup de précision :

> Parce que Dieu est l'éternité, et qu'Il exclut par conséquent toute caractéristique temporelle, tandis que chaque créature est temporelle et exclut par conséquent toute caractéristique d'un être de l'éternité, alors il n'y a pas à strictement parler de priorité, de postériorité ou bien de simultanéité entre Dieu et la créature. Ainsi, on ne peut pas affirmer de Dieu ni qu'Il est à distance de la créature par la durée, ni qu'Il partage le même temps qu'elle, car cela serait possible soit sur la base de l'éternité, soit sur la base de la temporalité. Mais il n'est pas possible qu'il en soit ainsi sur une base ou sur l'autre, car elles n'ont rien de commun l'une avec l'autre. Et ainsi, strictement et véritablement parlant, la connaissance de Dieu atteint « l'actualité » d'une créature qui est future de manière contingente par l'intermédiaire d'une sorte de manque de distance négative. À partir de cela, il apparaît que sa connaissance de l'actualité d'un futur contingent ne rend pas vraie ou fausse une proposition sur le futur mais la laisse neutre car, par rapport à ce contingent futur, Il n'a pas de connaissance « expectative ». Il en est ainsi car Dieu serait alors distant de ce futur, ce qui n'est pas vrai, sauf si la ligne de la succession [temporelle] s'applique à Lui.

vult eveniet. Sed contra istum modum arguerent illi qui tenent quod Deus non vult mala et sic voluntas non determinat respectu etc… Item, cum voluntas possit non esse determinata respectu futuri *b*, quia contingens est etc., videtur quod isti non declararent totaliter ».

> Mais cela est faux, car une telle ligne n'est pas compatible avec la nature de l'éternité [1].

En abordant la question dans une perspective différente, Auriol centrait son argument sur la volonté humaine libre. Il soutenait ainsi que toute prédétermination métaphysique ou logique à l'égard d'un événement futur entraînerait l'idée que celui-ci advient nécessairement. Après avoir nié que la connaissance de Dieu précède le futur ou qu'elle rende les propositions sur le futur vraies ou fausses, il raisonne plus généralement ainsi : si toute proposition concernant le futur est soit vraie, soit fausse, le futur arrive alors nécessairement. Puisqu'il semble que toutes les choses ne soient pas déterminées à l'avance et puisque la volonté humaine libre et la justice divine exigent qu'au moins certaines choses arrivent de manière contingente et non pas nécessairement, les propositions concernant le futur contingent ne sont ni vraies, ni fausses mais neutres. Auriol explique en détail comment, si quelqu'un soutient au contraire qu'une proposition concernant un futur contingent n'est jamais vraie, alors elle était, elle est et elle sera toujours vraie avant que l'événement ne se produise. Ne se contentant pas d'abandonner la discussion à ce stade, Auriol souleva aussi des objections potentielles et centrées sur la prophétie biblique, qui semble non seulement consister en des propositions vraies concernant le futur contingent mais aussi impliquer Dieu dans le temps, de telle manière qu'il est inconvenant pour chacune des solutions de reposer sur l'éternité. Avec Auriol, le problème avait atteint un nouveau niveau de maturité et de complexité [2].

1. Pierre de Candie, *In I Sententiarum*, q. 6, a. 2, ed. Schabel, § 58 : « Imaginatio ergo istius doctoris consistit in hoc, ut possum perpendere : quia enim Deus est aeternitas, et per consequens excludens omnem rationem temporalem, creatura vero quaelibet est temporalis, et per consequens excludens formaliter rationem entis aeternitatis, ideo proprie nec est prioritas nec posteritas nec simultas inter Deum et creaturam. Ideo nec dicitur ab ea durative distare nec simul esse, quia aut hoc esset per rationem aeternitatis aut per rationem temporalitatis ; non per aliquam illarum, cum neutra sit communis alteri. Et ideo vere et proprie cognitio Dei attingit actualitatem creaturae contingenter futurae per quandam indistantiam negativam. Et ex hoc apparet quod eius cognitio de actualitate futuri contingentis non facit ut propositio de futuro sit vera vel falsa, sed ipsam reliquit neutram, cum respectu illius non habeat cognitionem expectativam, quia tunc distaret a tali futuro. Quod non est verum, nisi sibi competeret ratio lineae successivae, quod falsum est, quia rationi aeternitatis repugnat. Et sic apparet quid doctor iste imaginatur ».

2. Voir Schabel (2000b), p. 67-132 et Fedriga (2005), p. 91-124, en attendant la publication de Thakkar (2010).

À Oxford, la position *per se* de Scot avait été largement abandonnée mais, comme à Paris, sa présentation du problème était toujours au centre de l'attention. Opposé à cette position, Guillaume d'Ockham bâtit la sienne sur des théories très antérieures, et développa l'*opinio communis* suivante (qui semble avoir reçu cette étiquette après avoir été attaquée par Gautier Chatton) : 1) il y a de la vérité déterminée dans les propositions qui concernent les futurs contingents ; 2) cette vérité n'est pas, dans un sens absolu, moins contingente parce qu'elle est déterminée, de sorte que les propositions concernant le futur sont vraies de manière déterminée mais aussi vraies de manière contingente ; 3) la vérité des choses présentes et passées n'est pas seulement déterminée mais aussi nécessaire. Ockham suscita une riche discussion à Oxford au cours du quart de siècle suivant, parallèlement à celle de Paris, entre Auriol et Rimini. Un certain nombre d'auteurs d'Oxford expérimentèrent différentes solutions théoriques, pendant ces années, au sujet de propositions et de leur valeur de vérité, par exemple en posant des notions telles que celle de vérité « indéterminée ». Ce type d'expérimentation fut accompagné de discussions intenses sur la prophétie et la révélation. On ne sait pas précisément dans quelle mesure Pierre Auriol inspira ces développements, mais il aurait considéré leurs travaux comme de vains efforts[1].

Dans ses *Sentences*, lues à Oxford, et par la suite dans son *De causa Dei*, publié en 1344, Thomas Bradwardine répondit à l'*opinio communis* d'Oxford, en soutenant que Dieu veut librement, de sorte qu'il n'y a pas de nécessité absolue dans le monde, à l'exception de certaines vérités nécessaires, fondées sur l'essence divine. Toutefois, puisque Dieu le veut, toute chose doit arriver selon sa volonté, et sa volonté est naturellement antérieure à la prescience. Bradwardine soutenait que le passé et le futur sont également contingents et également nécessaires : le passé ne peut pas être changé mais le futur ne peut pas être changé non plus, et pourtant ils sont tous deux déterminés et contingents. Les idées de Bradwardine sur cette question étaient tellement influentes qu'elles s'infiltrèrent dans *Les Contes de Cantorbéry*[2]. Écrivant à peu près à la même époque que Chaucer, Pierre de Candie présente le point de vue de Bradwardine avec une admirable clarté :

1. Genest (1979), (1991), (1992), (2002b), et (2003), Courtenay (1990), Schabel (2000b), p. 223-251, Gelber (2004), Michon (2007), p. 40-54, Fedriga (2015), p. 159-181 (pour Rimini aussi), Bornholdt (2017).

2. Dans le *Nun's Priest's Tale*, cité par Genest (1992), p. 25. Concernant une réaction oxonienne, tardive et intéressante, à Bradwardine voir Genest, Imbach et Putallaz (2002).

Sur cette question, il se représente les choses de la manière suivante : dans le fait d'agir, une cause est soit cause première et absolument indépendante, soit elle ne l'est pas. Si elle est cause première, puisque son être ne dépend de rien, tel est le cas aussi pour son action et ainsi, compte tenu du fait qu'elle agit, elle ne saurait être entravée d'aucune manière par quelque causalité que ce soit d'une autre cause. Mais si elle n'est pas cause première, mais cause seconde, puisque son être est dépendant, tel est le cas aussi pour son action, et ainsi elle ne saurait ne pas agir, compte tenu de la première action de Dieu, sinon elle serait indépendante absolument dans son action. C'est pourquoi, si un agent est posé comme étant libre ou naturel, il est nécessairement fixé dans son action par le premier agent et ainsi, à l'égard de celui-ci, à savoir le premier agent, il n'y a pas de contingence ou de liberté dans la cause seconde, car l'action de la première cause est une nécessité antécédente par rapport à la cause seconde. Cependant, puisqu'une cause libre n'est pas du tout influencée par des causes secondes dans son action, elle reste libre ou contingente par rapport aux causes inférieures. Et en cela, il est clair que la cause créée n'est pas libre par rapport à Dieu, même si elle est libre par rapport à la créature. Et à partir de cela, il est clair que la contingence, la liberté et la nécessité ne sont pas contradictoires, comme on peut l'expliquer dans une certaine mesure à l'aide d'un exemple familier : si Socrate était projeté vers le bas et si, pendant sa descente, il voulait continûment ce mouvement, de telle manière que ce qu'il voudrait serait l'action de tomber, le même acte serait produit par Socrate nécessairement et librement, nécessairement dans la mesure où il est, d'une certaine manière, mis en mouvement par celui qui l'a projeté mais volontairement dans la mesure où Socrate veut ce même mouvement volontairement. Donc dans la question considérée, toute volonté, dans la mesure où elle est anticipée de manière antécédente par la première volonté, est poussée nécessairement vers son acte ; et pourtant elle produit cet acte volontairement, parce qu'elle le fait en l'approuvant et par choix. Elle n'est pas non plus forcée par une cause secondaire à ne pas le produire. Elle est aussi capable de ne pas le produire, si Dieu a voulu par son pouvoir absolu que Socrate ne manifeste pas de volonté de cette manière. Ainsi, il n'y a pas d'absurdité qui surgit, selon [Bradwardine], sinon on devrait faire de Dieu un esclave et de notre volonté quelque chose de divin. En voilà la racine et la représentation de cette position [1].

1. Pierre de Candie, *In I Sententiarum*, q. 6, a. 3, ed. Schabel, § 42 : « Imaginatio sua in materia ista in hoc consistit : causa in agendo vel est prima et simpliciter independens vel non. Si est prima, sicut suum esse a nullo dependet, ita et suum agere, et ideo, posito quod agat, per quamcumque causalitatem alterius causae nullatenus potest impediri. Si vero non sit prima, sed secunda, tunc sicut suum esse est dependens, ita et suum agere, et ita non potest non agere, posita Dei prima actione, aliter in suo agere esset simpliciter independens. Sive ergo ponatur agens liberum sive naturale, necessario a primo agente ad suum agere

Même si Pierre Ceffons, en creux, fait des emprunts, notamment à Pierre Auriol, pour sa *persona philosophi*, il cite souvent Bradwardine et ses adeptes comme des exemples de théologiens contemporains ayant soutenu le déterminisme et le compatibilisme.

Grégoire de Rimini répondit à Pierre Auriol dans les années 1340, mais la position d'Auriol sur la prescience divine avait déjà suscité des réactions négatives à Paris, visant généralement à défendre Scot ou quelque autre auteur antérieur. Cela eut parfois aussi pour conséquence l'invention de réponses novatrices au problème, telle que celle donnée par François de la Marche, comme nous l'avons vu au chapitre III. Ces décennies parisiennes étaient caractérisés par l'exclusion du domaine de la contingence de tout ce qui n'était pas lié à la volonté humaine ou divine, ce qui permettait de se concentrer sur l'essentiel de la question, souvent en termes d'analyse propositionnelle [1].

L'examen classique de Grégoire de Rimini constituait une réplique plutôt exhaustive et définitive à Auriol et Grégoire laissait beaucoup moins de place que le franciscain à la volonté libre. Néanmoins, tout en insistant contre Auriol sur le caractère déterminé de la vérité pour ce qui concerne les propositions contingentes futures, Grégoire s'efforça encore de combattre le déterminisme et, pour cette raison, il employa les schémas logiques traditionnels et les distinctions entre différents types de nécessité, ainsi que certains nouveaux arguments proposés à Oxford et la distinction de François de la Marche entre *de possibili* et *de inesse*, encore

stabilitur, et ideo respectu illius, videlicet primi agentis, nulla est contingentia vel libertas in causa secunda, cum primae causae actio sit respectu illius necessitas antecedens. Verum quia a causis secundis huiusmodi causa libera non suscipit aliquam influentiam in agendo, ideo permanet respectu causarum inferiorum libera vel contingens. Et in hoc apparet quod stat quod respectu Dei creata voluntas non sit libera, quamvis sit libera respectu creaturae. Et ex hoc apparet quod contingentia, libertas, et necessitas ad invicem non repugnant, sicut in exemplo familiari potest aliqualiter declarari : si enim Sortes proiiceretur deorsum, et in descendendo continue vellet illum motum, ita quod suum velle esset actus descendendi, idem actus necessario et libere produceretur a Sorte, nam necessario in quantum quodammodo impellitur a proiiciente, sed voluntarie in quantum Sortes illum eundem motum voluntarie facit. Ita in proposito, quaelibet voluntas, in hoc quod antecedenter a prima voluntate praevenitur necessitatur ad actum suum, tamen illum libere producit, quoniam complacenter et eligibiliter illum operatur. Nec cogitur ab aliqua causa secunda illum non producere. Potest etiam illum non producere, si Deus de sua potentia absoluta vellet Sortem sic non velle. Quare non sequitur, secundum eum, aliquod inconveniens, aliter oporteret facere Deum servum et nostram voluntatem divinam. Et haec est radix et imaginatio positionis ».

1. Schabel (2000b), p. 135-220.

explicitement associée à François [1]. Le traitement de Grégoire, et particulièrement la série des règles pour les propositions concernant les futurs contingents, eut une influence considérable jusqu'à la fin du Moyen Âge et influença sans aucun doute Ceffons [2].

Le débat entre Pierre Auriol et Grégoire de Rimini sur les propositions occupe une place centrale dans le premier *principium* de Pierre Ceffons. On peut se faire une idée du *status quaestionis* des discussions soutenues à l'automne 1348 à travers les lunettes du franciscain Jacques d'Épinal, qui lut probablement ses *Sentences* à Paris en 1345-1346 [3]. Concernant la polémique cruciale sur la vérité des propositions portant sur l'avenir, un *sequax*, probablement le franciscain Gautier de Valle, dit :

> À partir de ceux-ci, Grégoire déduit que l'opinion du Philosophe est clairement qu'aucune proposition singulière sur le futur contingent n'est en soi résolument vraie. Mais le frère Jacques a dit que le Philosophe considérait qu'aucune partie d'une contradiction n'était *nécessairement* vraie et il dit que, pour le Philosophe, « être vrai de manière déterminée » signifie « être nécessairement vrai et être nécessairement tel que l'indique la proposition ». Et c'est ce que Boèce dit en expliquant le Philosophe. Et ainsi, selon la première opinion [de Grégoire], [le Philosophe] se trompait mais pas selon la seconde [celle de Jacques]. Et le Philosophe semble adhérer à la seconde opinion [celle de Jacques], parce qu'il dit qu'il n'en va pas [des propositions] sur le futur contingent comme de celles qui portent sur le passé et sur le présent ; mais pour ce qui est de celles qui concernent le passé et le présent, il y a une vérité déterminée *et nécessaire*, parce qu'il ne peut en être autrement ; donc. Pierre Auriol dit que l'opinion du Philosophe était vraie... [4].

1. Jacques d'Épinal, OFM, *c.*1345-1346, attribua explicitement cette distinction à François en discutant la position de Grégoire, tel que rapportée dans Gautier de Valle (?), *In libros Sententiarum*, q. 17, Köln, Stadtarchiv, (G.B.fol.) (Best 7002) 175, f. 115rb.

2. Hoenen (1993), p. 196-214; Schabel (2000b), p. 264-274.

3. Dans son Prologue de la fin de l'année 1348, Hugolin d'Orvieto cite Jacques d'Épinal, indiquant sa dispute avec Grégoire de Rimini : *Prologus*, q. 1, a. 2, éd. Eckermann et Marcolino, t. 1, p. 77.302-303. Jacques n'était pas parmi les bacheliers qui lisaient les *Sentences in* 1344-1345 et était déjà maître en théologie le 19 mai 1349 : Courtenay (2002), p. 265. Tachau (1984), p. 44 et p. 58, note les citations de Jacques d'Épinal dans Vat. lat. 986 et Wrocław, Milich F. 64. Dans les questions anonymes franciscaines sur les *Sentences* dans f. 1ra-31vb de Vat. lat. 986, le premier article de la question sur la préconnaissance et la contingence, f. 27rb-vb, donne à lire une autre partie du débat entre Jacques et Grégoire, citant aussi Bradwardine et Ockham.

4. Gautier de Valle (?), *In libros Sententiarum*, q. 17, Köln, Stadtarchiv, (G.B.fol.) (Best 7002) 175, f. 113ra : « Ex his infert Gregorius quod de opinione Philosophi fuit plane quod nulla propositio singularis de futuro contingenti est secundum se determinate vera. Frater

Gautier de Valle, citant Jacques d'Épinal, explique ensuite longuement les arguments d'Auriol selon lesquels, si les propositions sur le futur contingent étaient vraies ou fausses, tout arriverait par nécessité. Gautier reproduit ensuite mot pour mot la conclusion de Jacques :

> Il me semble que ces arguments sont *nécessairement* concluants, si la vérité de la proposition concerne le temps et est dans le temps et est mesurée par le temps. Mais si quelqu'un ne soutient pas cela, mais plutôt que [la proposition] est mesurée par l'éternité ou qu'elle n'est pas dans le temps, *peut-être* que ces arguments ne sont pas concluants. Le Philosophe a imaginé que la vérité d'une proposition sur le futur est mesurée par le temps, comme dans le cas du présent et du passé, et donc il nie qu'il y ait une vérité déterminée dans celles qui concernent le futur. *Haec Jacobus* [1].

Lorsque Pierre Ceffons devint à son tour bachelier cistercien, et qu'il se mit à lire les *Sentences* à l'automne 1348, la position de Pierre Auriol sur les propositions concernant le futur contingent était non seulement d'actualité mais elle avait déjà ses partisans. La tension qui en résultait était celle que nous trouvons dans les écrits de Pierre Ceffons.

## Pierre Ceffons sur la prescience divine et les futurs contingents

Dans ses *lectiones* sur les *Sentences*, Pierre Ceffons s'inspire de Grégoire de Rimini lorsqu'il écrit ses questions sur la prescience divine. Après ses premiers arguments *pro* et *contra*, il commence par rejeter Pierre Auriol :

autem Jacobus dixit quod de intentione Philosophi fuit quod neutra pars contradictionis est necessario vera, et dicit quod Philosophus per "determinate esse verum" intellexit "necessario verum et necessario sic esse sicut propositio dicit". Et hoc dicit Boethius exponens Philosophum. Et ita secundum primam opinionem ipse erravit, secundum secundam non. Et hoc videtur Philosophus sentire, quia dicit quod non sic est in illis de futuro contingenti sicut est in illis de praeterito et praesenti. Sed in illis de praeterito et praesenti est veritas determinata et necessaria, quia non potest aliter esse, igitur. Petrus Aureoli dicit opinionem Philosophi fuisse veram et pro ea ponit duas conclusiones sive propositiones… ».

1. Gautier de Valle (?), *In libros Sententiarum*, q. 17, Köln, Stadtarchiv, (G.B.fol.) (Best 7002) 175, f. 113rb : « Videtur mihi quod istae rationes necessario concludant, si veritas propositionis de futuro concernat tempus et sit in tempore vel mensuretur tempore. Sed si hoc non ponitur, sed quod mensuretur aeternitate vel quod non sit in tempore, forte non concludunt. Philosophus autem imaginabatur quod veritas propositionis de futuro mensuratur tempore, sicut et veritas illius de praesenti et praeterito, et ideo negavit in illis de futuro determinatam veritatem. Haec Jacobus ».

> À partir de cela, il est clair que les théologiens qui échafaudent la théorie selon laquelle Dieu ne connaît rien du futur [*qua* futur], sinon par une disjonction, se trompent fort, car ils affirment que les futurs [en tant que futurs] ne sont pas susceptibles d'être connus, sauf selon une disjonction [1].

Incapable d'accepter la vision radicale d'Auriol sur la prescience divine, Ceffons devra combattre, non sans difficulté, la théorie d'Auriol sur les propositions neutres, comme nous le verrons. Cependant, dans ses quatre *principia*, il est manifeste que Pierre Ceffons a puisé son inspiration pour la *persona philosophi* chez Pierre Auriol. Dans les *principia*, en accord avec Grégoire de Rimini contre Auriol, Ceffons défend l'idée selon laquelle il y a une vérité déterminée dans les propositions concernant le futur. Par la suite, contre Grégoire, Ceffons utilise pour défendre sa position certains arguments d'Auriol, de type *reductio ad absurdum*, selon lesquels le caractère vrai ou faux des propositions concernant le futur contingent, ainsi que la *pre*science divine à proprement parler, entraînent un déterminisme absolu. En outre, Ceffons présente Thomas Bradwardine comme l'archétype du théologien défendant le déterminisme théologique. D'une manière peut-être semblable à la critique que Nicolas d'Autrécourt a avancée dans son premier *principium* en 1335 sur la certitude et son rapport au principe de non-contradiction [2], Ceffons ne défend le déterminisme que pour le plaisir de débattre puisque, dans ses questions sur la prescience divine, Ceffons doit rester dans les limites de l'orthodoxie.

Examinons d'abord les arguments de Ceffons concernant les propositions et la prescience dans ses *principia*, puis ses tentatives pour les neutraliser dans les distinctions 38-39 du livre I des *Sentences*.

Dans son premier *principium*, l'argument central de Pierre Ceffons à l'appui du déterminisme consistait à accepter l'*absurdum* dans la *reductio* de Pierre Auriol. Selon son *socius*, le bénédictin Nicolas, prieur du Pecq, de l'autre côté de la rivière de Saint-Germain-en-Laye (et un autre *socius*, Jean de Signéville, prieur du Collège de Sorbonne, qui s'accorde avec Nicolas) « la quasi-totalité de l'édifice [de Ceffons] fut fondée » sur la supposition, contre Auriol, « qu'aucune proposition qui a été vraie ne

1. Pierre Ceffons, *In I Sententiarum*, d. 38, q. 1, Troyes 62, f. 59ra : « Et ex hoc patet quod multum errant illi theologi, qui astruunt quod Deus nihil scit de futuro nisi sub disiunctione quia dicunt quod futura non sunt scibilia nisi sub disiunctione, quia sic etiam ego scio futura, quia ego scio quod *a* erit aut non erit… ».

2. Kaluza (1995b), p. 54-56, p. 61-64 et *passim* ; Grellard (2001), p. 9-12

peut pas ne pas avoir été vraie »[1]. Premièrement, toute proposition donnée sur le futur est soit vraie soit fausse; donc s'il est un fait que le soleil se lèvera demain, la proposition « le soleil se lèvera demain » est vraie. Deuxièmement, toute disjonction sur le futur, comme « le soleil se lèvera demain ou le soleil ne se lèvera pas demain », est vraie et nécessaire. Ceffons donne un exemple :

> Je soutiens que quelqu'un a dit hier que le futur était que je serais dans cette école aujourd'hui. Et j'affirme cela : de quelque manière qu'il ait dit cela, c'était bien le futur, donc il a dit la vérité ... car nous voyons et savons par expérience que nous sommes maintenant dans cette école[2].

Ceffons s'appuie *littéralement*, pour la défense de ses propositions, sur un « docteur de cette université », à savoir Grégoire de Rimini, qui défendait quant à lui une théorie de la correspondance fondée sur Aristote. Cependant, comme Grégoire le reconnaît, Aristote ne pouvait pas réconcilier les propositions de Ceffons avec la contingence du futur. Ainsi dans *De Interpretatione* 9, le Philosophe avait ménagé une exception pour les propositions sur le futur. Ceffons, comme Grégoire, n'en doute pas, quoique « certains modernes », c'est-à-dire Guillaume d'Ockham et Adam Wodeham, puissent, par erreur, prétendre le contraire[3]. Lorsqu'un adversaire persiste sur ce point, Ceffons dit qu'il n'a cure de ce que disent les interprètes d'Aristote, ou même de ce qu'Aristote défend, parce que lui, Ceffons, soutient cela *in persona philosophi*[4]. Quelle que soit la

1. Pierre Ceffons, *Principium* III, Troyes 62, f. 185va : « [Nicolaus] : Nam ipse in suo principio posuit unam suppositionem supra quam quasi totum suum aedificium est fundatum, quae fuit haec, quod nulla propositio quae fuit vera potest non fuisse vera ».

2. *Id., Principium* I, Troyes 62, f. 3vb : « Item, tertio pono quod dixerit heri aliquis quod futurum esset quod essem hodie in his scolis. Et arguo sic : qualitercumque ipse dicebat, sic erat futurum ; ergo verum dicebat... Videmus enim et scimus per experientiam quod sumus nunc in his scolis, quare advertendo ad dictum illius percipimus etc. ».

3. *Ibid.* : « Ad idem arguit unus doctor huius universitatis ex eodem principio super quod Aristoteles sustentus est, videlicet quod "veritatem propositionis consequitur esse rei" et e converso... Ex quibus patet intentio Aristotelis in hac materia contra aliquos modernos de eius intentione taliter qualiter disputantes ».

4. *Id., Principium* III, Troyes 62, f. 187ra : « Cum autem dicit quod colores per me adducti [non] valent, quia prima suppositio, in qua dicitur quod illud quod fuit verum non potest non fuisse verum non fuit de mente Aristotelis, quia Aristoteles alibi innuit oppositum, sicut ipse declarat, nec illa suppositio ab aliquo conceditur, sed ab omnibus negatur : salva reverentia sua, multi eam concesserunt et dixerunt aliqui exponentes Philosophum in Perihermeneias quod ipsa erat de intentione Philosophi. Et esto quod Philosophus alibi innuisset oppositum, non sequitur quin etiam eam innuerit primo Perihermeneias. Dicit etiam hic pater quod non curret utrum Philosophus sibi contradixerit, sed secundum veritatem etc. Ego pro me non multum curo utrum Philosophus sibi contradicerit vel non, nec

position d'Aristote, Grégoire s'accorde avec Ockham et Wodeham sur le fait que des propositions telles que « l'Antéchrist arrivera » sont vraies.

Ceffons conclut en s'appuyant sur ces deux suppositions : s'il est un fait que quelque chose sera, il sera vrai de dire que ce sera ; et s'il était vrai de dire que ce serait, il est impossible qu'il n'ait pas été vrai de dire que ce serait. Et par conséquent, sur le seul fondement de la vérité déterminée dans les propositions sur le futur, tout ce qui arrivera ne pourra pas ne pas arriver [1].

Grégoire de Rimini, au contraire, adoptait une partie de l'*opinio communis* et la dénommée « solution ockhamiste », ainsi que d'autres stratégies argumentatives, afin d'expliquer comment le caractère déterminé de la vérité pour ce qui concerne les propositions sur le futur n'entraîne pas le fatalisme. C'est là que Ceffons, non seulement en *persona philosophi* mais apparemment aussi dans son costume de théologien, rejette l'*opinio communis* et la « solution ockhamiste » concernant des déclarations à l'égard du passé comme « Dieu savait d'avance que l'Antéchrist serait », à savoir les propositions que l'on dit dépendre du futur et qui peuvent ne jamais avoir été vraies. Compte tenu de la popularité de cette solution, à cette époque comme aujourd'hui, la critique de Ceffons mérite d'être citée :

> Une proposition qui était vraie était déjà semblable à ces vérités – pour ne pas dire qu'elle avait déjà une certaine relation et ressemblance à ces vérités que celle qui était fausse n'avait pas, comme si elle avait déjà un être, au moins accidentel, que celle qui était fausse n'avait pas, selon la manière de parler d'Aristote et des *antiqui*. Ainsi, l'expression « dépendant du futur », que beaucoup emploient aujourd'hui, ne fut pas utilisée par les *antiqui* de la même manière que par les *moderni*. D'où, même en portant la tunique de théologien, je dis qu'il m'était souvent difficile de soutenir la position des théologiens parlant du passé, à savoir

etiam multum curo utrum illa suppositio fuit de mente Aristotelis vel non, quia de hoc aliqua legi in Boethio Super Perihermeneias et in aliis libris multum exponentibus dicta Aristotelis. Saltem hoc verum est, quod multi ut philosophice praecise loquentes eam asseruerunt et dixerunt eam esse de mente Aristotelis. Et esto quod non fuerit de mente Aristotelis, dico in persona philosophi etc. quod ipsa est probabilis seu colorabilis, ut patet ex aliquibus quae alias tetigi ».

1. Pierre Ceffons, *Principium* I, Troyes 62, f. 3vb : « Ex duabus suprapositis suppositionibus in persona illius cuius supra, infero conclusionem. Nam si a erit, verum erit dicere quod a erit, ut innuit prima suppositio. Et si verum fuerit dicere quod a erit, impossibile est quin fuerit verum dicere quod a erit, ut dicit secunda propositio. Igitur ex communi animi conceptione, quae faciliter sumi potest, sequitur quod nullum quod eveniet potest non evenire ».

en disant que Dieu a donné son assentiment au fait que *a* sera et qu'aujourd'hui Il peut ne jamais avoir donné son assentiment au fait que *a* sera ; et en disant que le miroir éternel m'a de toute éternité montré que l'Antéchrist viendrait et que, aujourd'hui, il se peut qu'il n'ait jamais montré cela ; et en disant qu'il y avait beaucoup de vraies propositions qui, aujourd'hui, peuvent ne jamais avoir été vraies ; et en arguant encore qu'il est impossible qu'aucun passé ne soit pas passé. Ainsi, ils soutiennent que, si la ligne *b* était courbée hier, aujourd'hui Dieu ne pourrait pas faire en sorte qu'elle ne l'ait pas été ; mais il m'était difficile pour moi de voir – si seulement cela m'était facile ! – comment un miroir est plus dépendant de l'avenir qu'une ligne qui a été courbée ou même que, ayant admis qu'il en soit ainsi, comment il est plus dépendant de l'avenir que de s'être trouvé à tel ou tel endroit. Car avoir affirmé ne semble pas être autre chose qu'un jugement présent qu'il en est ainsi. Donc, si j'accepte fermement qu'il va pleuvoir, à cause de cela, je fuis ou je mets une robe, de sorte que la personne qui a affirmé [qu'il pleuvrait] fut la cause de ma fuite ou du fait que je mette ma robe ; il m'est difficile de voir comment le fait d'avoir donné mon assentiment dépend plus de l'avenir que de ma fuite, parce qu'avoir donné mon assentiment au fait que la pluie arrive est la cause du fait que j'ai mis ma robe ou de ma fuite [1].

1. Pierre Ceffons, *Principium* I, Troyes 62, f. 3vb : « Item, quia propositio quae fuit vera iam fuit similis illis veris, ne dicam quod habuerit iam aliqualem colligationem et similitudinem cum veris quam non habuit illa quae fuit falsa, ac si iam habuisset aliquale esse, saltem esse accidentale, quod non habuit illa quae fuit falsa, secundum modum loquendi Aristotelis et antiquorum. Unde illud "dependere de futuro", quo multi utuntur modo, non fuit ita usitatum apud antiquos sicut apud modernos. Unde et etiam inductus tunica theologica, dico quod difficile fuit mihi multotiens sustinere dicta theologorum loquentium de praeteritis, puta dicentium quod Deus assensit quod *a* erit et potest hodie numquam assensisse quod *a* erit, dicentiumque quod speculum aeternum repraesentavit ab aeterno Antichristum esse futurum et potest hodie esse quod numquam hoc repraesentavit, et dicentium quod multae fuerunt propositiones verae quas hodie possibile est numquam fuisse veras, et astruentium quod de nullo praeterito est possibile quod non praeterierit. Unde dicunt quod si *b* linea fuerit heri curva, Deus hodie non posset facere quin fuerit curva, difficile autem erat mihi videre – et utinam modo mihi facile – quomodo speculum sic esse plus dependeat de futuro quam lineam fuisse curvam aut etiam quomodo assensisse sic esse plus dependeat de futuro quam sedisse in tali loco. Nam asserisse nihil aliud videtur quam iudicium praesens de sic esse. Unde si firmiter assentiam quod pluvia erit, ratione huius fugiam aut faciam mihi vestem, ita quod ille asserens fuerit causa quare fugerim et quare fecerim mihi vestem, difficile est videre quomodo me assensisse dependeat plus de futuro quam me fugisse, quia me assensisse quod pluvia venit fuit causa quare feci mihi vestem et causa quare fugii. Et sicut tantum non potest non fuisse, ita non potest non fuisse tantum a tali assensu et tali habitudine, sicut fuit ab illo tantum, ut videtur prima fronte, quia illa habitudo non minus videtur lapsa in praeteritum quam habitudo lineae quae curva fuit, ut videtur… Et loquor quo ad

Pour Pierre Ceffons, l'assentiment et l'*habitudo* de l'assentiment sont tout autant passés dans le passé que l'*habitudo* de la ligne courbe d'hier, ou du moins il lui semble en être ainsi à première vue, bien qu'il ait déclaré son intention de revenir sur la question pour parvenir à la vérité.

Vers la fin du quatrième *principium*, en débattant avec son *socius* dominicain Bartholomé d'Anizy, Ceffons répète l'argument, remarquant que certains ont eu tellement de peine à comprendre ce raisonnement qu'en soutenant la vérité des propositions sur l'avenir au moyen d'une théorie de la correspondance, ils admettent que tout existe déjà. On nous dit que certains théologiens modernes sont allés très loin et jusqu'à affirmer que la proposition copulative suivante implique une contradiction : « L'Antéchrist existera et l'Antéchrist n'existe pas ». Ceffons laisse de côté des positions encore plus extrêmes afin de regretter que, puisque Bartholomé veut nier le déterminisme et encore défendre la vérité pour ce qui concerne les propositions contingentes futures, il ne s'efforce pas plutôt de « montrer plus profondément comment il est maintenant en mon pouvoir de faire que cette vérité éternelle ne soit jamais ». Le dispositif « dépendant du futur » ne suffira pas, « parce que si cela dépend du futur, [le futur] existe, sinon cela n'en dépendrait pas » et si « c'est déjà vrai, alors ce n'est pas exactement la vérité future, car [une vérité future] ne serait pas déjà la vérité ». Ceffons soutient ainsi que la position adverse doit assumer beaucoup plus de conséquences ontologiques que la sienne [1].

apparentiam quae se primo fronte mihi offert. Quae tamen sit rei veritas alias videbitur, Deo duce ».

1. Pierre Ceffons, *Principium* IV, Troyes 62, f. 211va : « Ad primam rationem meam in persona philosophi, non videtur hic pater respondisse nec declarasse illud esse possibile quod asserit. Nam ex quo *a* propositio fuit vera, semper et ab aeterno vera, per adversarium, erat similis ipsis aliis veris, et non sic eius contradictoria, ne dicam quod iam habebat quandam colligationem cum veris quam non habebat sua contradictoria. Et in tantum reputarunt aliqui hoc argumentum difficile quod, cum veritatis illius propositionis non possit dari causa nisi res ipsa quam significat, quod fatebantur iam omnia esse. Nam negata necessitate seu necessaria colligatione causarum quae necessario inferret rem futurum, non poterant videre causa[m] veritatis illius propositionis nisi res, quas ponimus futuras, iam ponamus in esse. Idcirco dicunt adhuc aliqui theologi moderni quod haec copulativa implicat contradictionem : "Antichristus erit et Antichristus non est". Alii theologi plures posuerunt multa de quibus pertranseo ad praesens. Et sic oportet profundius ostendere quod sit nunc in potestate mea veritatem aeternam facere numquam fuisse, nec posterius videtur habere posse in habitudinem illam quae aeternaliter ipsum praecessit. Et si dicat quod dependet de futuro illa veritas, non sufficit, quia si dependet de futuro, est, cum alias non dependeret etc. Item, ex quo est veritas iam, non ergo est praecise futura veritas, quia non esset adhuc veritas, sed futurum esset quod huiusmodi propositio foret veritas aut vera. Si igitur iam sit veritas quod *a* erit et fuerit heri veritas quod *a* erit, et illi veritati quodam modo

Dans le second *principium*, Ceffons adopte une ligne légèrement différente contre Hugolin d'Orvieto, qui a présenté une série complexe d'arguments employant l'une des nouvelles notions importées d'Oxford, le soi-disant *complexe significabile*, pour affirmer que ni la vérité des propositions sur le futur ni la prescience divine n'impliquent que le futur se produise par nécessité. Après avoir laissé Hugolin s'exprimer, Ceffons réfute plus ou moins la critique du frère ermite en répondant qu'il n'est pas nécessaire de faire appel à la causalité réelle : la vérité de telles propositions et la certitude de la prescience divine peuvent être seulement des signes ou des indications que le futur est déjà fixé sans avoir aucun lien causal allant de la vérité ou de la connaissance à l'événement. En ne tenant pas compte de la nécessité accidentelle d'une certaine connaissance du passé sur le futur, ni du stratagème d'Hugolin, Ceffons pense que celui-ci ne parvient pas à esquiver le problème [1].

Dans ses *principia*, Ceffons, *in persona philosophi*, ne parle généralement de Dieu qu'indirectement mais, quand il le fait, il affirme souvent que, comme la vérité déterminée pour ce qui concerne les propositions contingentes futures, la prescience divine impose la nécessité aux choses. Ceffons cite explicitement Thomas Bradwardine afin de soutenir ses positions, non seulement à cause du contenu doctrinal de la position de ce théologien anglais, mais aussi pour son usage des autorités [2]. Jean de Signéville a répliqué que Bradwardine avait en réalité défendu la contingence, mais Ceffons donne cette réponse :

> Ici j'ai invoqué Bradwardine, qui a dit que personne n'a la liberté de la contingence sauf *secundum quid.* Mais ici, mon père [Jean de Signéville] se demande pourquoi j'invoque cet homme contre lui, parce que Bradwardine admet la contingence dans les choses. Ici je dis cela : même

consonat tota habitudo universi, et prima veritas ei consonat aut est conformis et ab aeterno sic fuit, numquid est facile videre quod possibile sit etc. per aliquod posterius etc. ? Et in tantum fuit grave multis hoc quod etiam fatebantur quod omnis veritas habet aliquod esse quod non habet falsitas, et quod omnis veritas est quaedam entitas in re. Alii quandam etiam relationem aut habitudinem posuerunt in propositione etc. ».

1. Pierre Ceffons, *Principium* II, Troyes 62, f. 87ra : « Modo, quia communis fama videtur esse quod reputatur esse notissimum a quibusdam quod praeteritum non potest non fuisse praeteritum, cui videtur multum simile quod eadem via illud quod fuit verum non potest non fuisse verum, et difficile reputetur videre quod aliqua linea fuerit curva et non fuerit possibile quin fuerit curva, et tamen aliqua propositio fuit vera quae potest numquam fuisse vera… ».

2. *Id.*, *Principium* I, Troyes 62, f. 4rb : « Unde visum fuit mihi quod Thomas Brawardin imponit Boethio illud quod Boethius nititur evitare. Qui mihi non credit, legat V *De consolatione* ».

> s'il admet la contingence dans les choses, parce qu'il dit que Dieu peut produire les choses ou ne pas les produire selon Son plaisir, et donc qu'il y a de la contingence *simpliciter* dans les choses par rapport à Dieu on en comparaison avec Dieu, néanmoins il affirme que Dieu nous oblige à tous nos actes de telle manière que nous ne pouvons pas *simpliciter* ne pas accomplir ces actes. Et nous n'avons pas la liberté de la contingence de telle sorte que nous pourrions les accomplir et ne pas les accomplir, au contraire Dieu, de la manière la plus suffisante, nous contraint comme si toutes les causes dans le monde nous nécessitaient [1].

En d'autres termes, comme le remarque Ceffons ailleurs, la contingence *secundum quid* en nous n'est vraiment pas du tout de la contingence. Thomas Bradwardine est ainsi invoqué à plusieurs reprises tout au long des *principia*, parfois avec l'assertion, appuyée sur de longues citations, que Bradwardine et de nombreux autres oxoniens affirment que même le mal vient aussi de Dieu [2]. Bien sûr, Ceffons s'interroge longuement *in persona philosophi* sur la question de savoir si Dieu agit de façon contingente, étant immuable, acte pur, sans puissance et ainsi de suite.

On se demande dans quelle mesure ce que Ceffons soutient *in persona philosophi* correspond à ce qu'il croyait vraiment *in persona Petri Claraevallensis.* Il est certainement intéressant que Ceffons se donne la peine de répondre aux critiques les moins rigoureuses de ses *socii*, comme celle qui lui reproche d'avoir épousé l'opinion des « paysans ». À ce type d'objections, il rétorque que même les paysans usent parfois de leur raison en philosophes. Plus étrange était sa réponse à l'accusation d'innovation, à la toute fin de son quatrième et dernier *principium* :

> Beaucoup d'opinions vraies étaient autrefois nouvelles par rapport à ce sujet. Et, à partir de cet argument, il semble déduire qu'aucune opinion vraie n'a jamais pu être nouvelle et qu'aucune opinion vraie ne pourra jamais être nouvelle. Alors pourquoi les humains ont-ils des talents

1. Pierre Ceffons, *Principium* III, Troyes 62, f. 187ra : « Et hic allegavi Bradwardin, qui dicit quod nullus habet libertatem contingentiae nisi secundum quid etc. Sed hic pater meus miratur cur ego allego istum contra eum, quia iste Bradwardin ponit contingentiam in rebus. Hic dico quod, esto quod ipse ponat contingentiam in rebus, quia dicit quod Deus potest ipsas res producere vel non producere secundum beneplacitum suum, et sic est contingentia simpliciter in rebus quo ad Deum seu in comparatione ad Deum, tamen dicit quod Deus necessitat nos ad omnes actus nostros sic quod non possumus simpliciter illos actus non facere. Et non habemus libertatem contingentiae sic quod possumus facere et non facere, quia Deus sufficientissime necessitet sicut si omnes causae mundi nos necessitarent ».

2. E.g., *ibid.*, f. 188ra : « Cum autem arguebatur contra me deducendo ad hoc quod malum est a Deo, dixi quod aliqui reputati subtiles concederent hoc, sicut Thomas Bradwardin et multii alii alterius universitatis ».

> d'invention ? Je demande si quelqu'un trouve la vérité de manière nouvelle. Il s'ensuit que toutes les opinions sont anciennes et que personne ne trouve jamais [la vérité]. En effet, on en déduit que toute nouvelle opinion vraie a été trouvée depuis l'éternité [1].

Cela est étrange car Ceffons était censé défendre une fausse opinion dans ses *principia*. À cette époque, en effet, avant même son second *principium*, Ceffons avait déjà donné des *lectiones* sur les distinctions 38-39 du livre premier des *Sentences*, dans lesquelles, suppose-t-on, il devait défendre une sorte de position orthodoxe.

La réfutation par Grégoire de Rimini et Thomas Bradwardine des théories précédentes de la prescience divine avait convaincu Pierre Ceffons, mais ces derniers lui avaient aussi laissé peu de choses à dire avec certitude. Peut-être cela explique-t-il en partie le chaos manifeste dans ses questions sur les *Sentences*. S'appuyant sur son *antiquus* préféré, Bonaventure, pour sa conception de la connaissance divine en général, dans la question 2 de la distinction 38 [2], concernant la façon dont Dieu connaît le futur contingent en particulier, nous avons vu que Ceffons se débarrassait rapidement de la théorie scotiste. Ceffons ne peut pas suivre complètement Thomas Bradwardine, parce que l'idée que Dieu veut le mal dans le péché est condamnée à Paris [3]. Concernant le mécanisme de la prescience *per se*, Ceffons se concentrait sur la question de savoir comment Dieu connaît le futur dans Son éternité, pour finalement n'accepter qu'une notion augustinienne et boécienne, vague et traditionnelle, d'éternité – très séduisante aux yeux d'Augustin et de Boèce – selon laquelle Dieu « a l'intuition des choses de quelque manière incompréhensible, et de la façon dont elles sont » [4] ; il en va de même de bien

1. Pierre Ceffons, *Principium* IV, Troyes 62, f. 211va : « Nam diceretur quod multae opiniones verae aliquando sic fuerunt novae. Et hoc argumentum videtur deducere quod nulla unquam opinio vera potuit esse nova, nec aliqua opinio vera poterit esse nova. Cur ergo habent homines ingenia inventiva ? Quaero utrum aliqui inveniant de novo veritatem. Sequitur quod omnes suae opiniones sunt antiquae et sic nullus invenit etc., immo deduceretur quod omnis opinio nova vera fuit ab aeterno inventa ».

2. *Id.*, *In I Sententiarum*, d. 38, q. 2 : « Utrum Deus cognoscat alia a se ».

3. Une décennie après Céffons, le franciscain André de Neuchâtel rappela plusieurs articles pertinents condamnés dans le procès contre Jean de Mirecourt; voir Friedman (1994), p. 122-123.

4. Comme Auriol, Ockham et Grégoire, Pierre Ceffons, *In I Sententiarum*, d. 38, q. 1, Troyes 62, f. 59ra : « Et res quodam incomprehensibili modo intuetur eo modo quo sunt, et ea quae non sunt intuetur non esse eo modo quo habent non esse, ut sic loquor, et ea quae erunt intuetur esse futura eo modo quo erunt futura… ». Et juste au-dessus : « Hic igitur, quia etiam non volo dicere quod Deus velit mala culpae, quia hoc est condemnatum in hoc

d'autres mystères divins, tels que l'immensité de Dieu, l'omnipotence, le manque de potentialité, l'immutabilité, l'indivisibilité, et ainsi de suite. La discussion présentée dans la distinction 38, question 1, est riche, mais, comme dans le cas des *principia* de Ceffons, son examen dépasse les limites de cet ouvrage.

Incapable d'accepter le point de vue radical de Pierre Auriol sur la prescience divine, Ceffons devra plus tard combattre, non sans difficulté, la théorie d'Auriol sur les propositions neutres, en proposant deux *dubia* pour la distinction 39 [1]. Dans le premier *dubium*, le plus bref, Ceffons débat vraisemblablement avec un *magister* contemporain qui soutenait que quelque chose de futur peut commencer à être futur, probablement induit en erreur par sa confusion, ou bien par les idées confuses véhiculées à Oxford. Ceffons ici s'accorde avec Auriol et Grégoire de Rimini pour penser qu'une proposition affirmative vraie concernant le futur ne peut jamais commencer à être vraie avant le moment spécifié par la proposition : si elle est vraie à un moment donné, alors elle était toujours *ab aeterno*, est et sera vraie jusqu'à ce moment-là [2].

Le second *dubium*, beaucoup plus long (il fait environ dix pages), commence ainsi : « Il semble que [la position] que j'ai exposée et admise fréquemment dans mon premier *principium*, à savoir que toute proposition est vraie ou fausse de manière déterminée, n'est pas vraie » [3]. Au début, le problème est ontologique, comme dans les *principia* : quelle

studio, idcirco cum pluribus aliis dico quod modus ille quo Deus certitudinaliter futura praescit est nobis incomprehensibilis et inexplicabilis sic quod non plene scimus explicare, sicut nec eius immensitatem, quomodo scilicet sit ubique et ultra quamlibet latitudinem finitam nobis intelligibilem Deus est. Et similiter eius potentiam non plene explicare possumus, quia infinita potest et tamen non est in potentia, sicut materia vel etc., quia nullum posse quod dicat imperfectionem est in Deo. Item sine sui mutatione potest omnia facere nec plenissime sufficimus explicare etc. Item quomodo ipse est indivisibilis et infinitus in potentia et in essentia et scientia ». *Cf.* d. 39, q. 1, f. 60vb : « Dico etiam quod antequam Deus produxisset mundum, volebat se producturum esse mundum et poterat velle se numquam producturum esse mundum, et tamen sine quacumque mutatione vel in se vel in re. Et licet hoc [non] possemus plenissime per omnino simile declarare, quia nihil tale est in nobis etc. nec tale quid experimur nos posse, non ex hoc sequitur quin ita sit, et in hoc admirari possumus infinitissimam vim Dei et eius incomprehensibilitatem. Est enim ipse nobis incomprehensibilis ».

1. La second et le troisième des trois *dubia*, le premier demandant seulement « Utrum Deus sit omnipotens » : Pierre Ceffons, *In I Sententiarum*, d. 39, q. 1, dubium 1.

2. Pierre Ceffons, *In I Sententiarum*, d. 39, q. 1, dubium 2.

3. *Ibid.*, dubium 3, Troyes 62, f. 61vb : « Tertium dubium est, quia videtur quod illud, quod frequenter concessi et posui in primo Principio, scilicet quod quaelibet propositio est vera determinate aut falsa, non est verum ».

est la cause de la vérité d'une proposition affirmative vraie telle que « l'Antichrist sera », étant donné que le signifié, l'Antéchrist, n'existe pas (encore) ? Les premières réponses s'égarent sur le terrain accidenté de la logique et de la métaphysique complexe, en faisant intervenir par exemple la théorie de la supposition, mais Ceffons continue de rappeler au lecteur que ces esquives ne permettent pas de se confronter à l'intention de l'adversaire. En conclusion, « je dis donc que l'Antéchrist n'est pas la cause de la vérité de cette proposition : "l'Antéchrist sera" » [1].

Si d'une manière ou d'une autre il y avait une autre cause, soit la volonté divine soit toute autre chose, alors, une fois que la proposition « l'Antéchrist sera » est vraie, avant que son signifié ne soit posé dans l'être, comment peut-elle avoir été fausse ou être fausse, ou comment Dieu peut ne pas avoir causé cela ? Ceffons ne pense même pas que l'on puisse affirmer avec certitude « dans ce *studium* » que Dieu cause une vérité, qui est essentiellement une vérité, au-delà de la proposition et de sa signification, puisque « dans ce *studium* » on ne peut prétendre que le passé puisse ne pas avoir été. Pourtant, il est nécessaire de soutenir que « les propositions sur le contingent [futur] sont déjà vraies ou fauses » – une décennie plus tard, le franciscain André de Neuchâtel remarquera que l'article contraire avait été condamné à Paris – donc il semble qu'il n'y ait pas de cause productive de la vérité, à part Dieu et la personne qui a causé, écrit ou prononcé la proposition elle-même [2].

1. Pierre Ceffons, *In I Sententiarum*, d. 39, q. 1, dubium 3, Troyes 62, f. 62rb : « Dico igitur quod Antichristus non est causa veritatis huius : Antichristus erit ».

2. *Ibid.* : « Sed statim contra istum modum argueretur, quia ex quo Deus semel causasset veritatem huius : "Antichristus erit", aut aliquid aliud proprie loquendo de causa hanc veritatem causasset, sequitur quod non posset non fuisse vera, aut veritas essentialiter posset non esse veritas, aut Deus etiam posset non causasse quod causavit, et sic argueretur de omni causa quae ultra esse propositionis et eius significationem fecisset eam veram. Nec videtur mihi securum in hoc studio tenere quod Deus ultra ipsam propositionem et eius significationem causaverit in ea aliquam veritatem quae fuerit essentialiter veritas. Nam etiam in hoc studio non tenetur quod praeteritum possit non fuisse praeteritum nec quod Deus fuit alicuius causa, cuius possit non fuisse causa. Et oportet ulterius tenere quod propositiones de contingenti iam sunt verae aut falsae. Ex quibus patet quod veritas illarum, ut praecise intelligitur ab illis, non habet causam, loquendo de causa productiva, et hoc ut per imaginationem separans veritatem. Dico tamen quod propositio ipsa, quae vera dicitur et quae secundum modum loquendi multorum dicitur sua veritas, habet causam, quia eam Deus causavit et homo qui scripsit vel protulit. Et sic illa propositio, si dicatur veritas, haec veritas est causata, sed non est contra intellectum dictorum supra ». Pour André de Neuchâtel, voir Friedman (1994), p. 124 : « Preterea, modo est articulus Parisiensis… sic : "nulla propositio de futuro contingenti est nunc de presenti determinate ; conclusionem sic generaliter

Cette conclusion n'est acceptable que dans une certaine mesure, compte tenu de la discussion de Ceffons dans ses *principia* :

> La réponse à l'argument que j'ai fait *in persona philosophi* prouvant que toutes les choses arrivent par nécessité est claire à travers cela, parce que même si une proposition était vraie, il n'est pas nécessaire qu'elle ne puisse pas ne pas avoir été vraie, mais plutôt qu'elle puisse ne pas l'avoir été, parce que, du fait qu'elle était vraie, on ne peut rien tirer à son sujet et rien n'est posé dans l'être à partir de cela, mais c'est simplement un énoncé dépendant du futur, quand il est bien compris. Mais si sa vérité avait *essentiellement* été quelque chose de déjà posé dans la réalité, alors ce serait quelque chose, comme il était d'usage de le dire à propos de cette proposition : « Adam existait ». Du côté de la chose, quelque chose s'était produit, et la proposition « Adam existait » est vraie, quand elle est bien comprise. Et ainsi, puisqu'une proposition sur le futur ne pose rien dans la réalité sur la base de sa vérité, que sa vérité n'est pas non plus une vérité *essentielle*, et que rien n'est non plus causé outre l'être de la proposition et sa signification, quel obstacle empêche ce qui est vrai de pouvoir ne pas avoir été vrai [1] ?

L'adversaire insiste : « Ceci est vrai : "l'Antéchrist sera", et non cela : "l'Antéchrist ne sera pas", ni cela : "une chimère sera". Quelle en est la cause ? Donne la cause ! » [2]. Ceffons précise que le seul problème est celui posé par les propositions affirmatives vraies (et peut-être les propositions négatives fausses), puisque les négatives vraies et les affirmatives fausses n'ont pas besoin du genre de causes que l'adversaire recherche. Mais Ceffons se contente de poser Dieu et celui qui produit l'énoncé comme causes. Sinon, seuls ceux – comme son *socius* Hugolin d'Orvieto – qui parlent de *complexe significabilia* comme causes *ex parte rei* ont des difficultés à expliquer pourquoi tout n'arrive pas par nécessité.

positam in sensu quem facit revoco tanquam erroneam et assero quod cuiuslibet contradictionis de futuro contingenti altera pars est determinate vera" ».

1. *Ibid.*, f. 62rb : « Et per hoc patet responsio ad argumentum quod feceram in persona philosophi probando omnia evenire de necessitate, quia esto quod propositio fuerit vera, non est necesse quod non possit non fuisse vera, sed potest non fuisse, quia ex hoc quod fuit vera, non agnoscit ei aliquid, nec ex hoc ponitur aliquid in esse, sed est mere locutio dependens de futuro ad bonum intellectum. Sed si eius veritas essentialiter fuisset aliquid iam positum in re, tunc esset aliquid, sicut dici solet de ista : "Adam fuit". Nam a parte rei aliquid praecessit et est vera : "Adam fuit", ad bonum intellectum. Et sic, cum propositio de futuro ex sua veritate nihil ponat in re, nec veritas sua sit iam aliqua veritas essentialis, nec ultra esse propositionis et suam significationem sit aliquid causatum, quid impedit quin quod fuit verum non possit non fuisse verum ? ».

2. *Ibid.* : « Et si dicat adhuc adversarius : Haec est vera : "Antichristus erit", et non haec : "Antichristus [non] erit", nec haec : "Chimaera erit". Quae est causa ? Des causam ».

Ainsi Ceffons tente d'abord de défendre, contre Pierre Auriol, la valeur de vérité des propositions concernant le futur contingent et il essaie, par la suite, de sauvegarder la contingence. Sa solution est cependant équivoque concernant la définition de la vérité. Il semble que, *in persona philosophi*, Ceffons ait toujours compris « vérité essentielle » dans ses quatre *principia*, et même *in persona theologi* dans le précédent *dubium*, ce qui, quelle qu'en soit la cause, ne peut passer de la vérité à la fausseté avant que le signifié ne soit posé dans l'être, tout comme rien ne peut commencer à être futur. Pourtant, poussé à définir les causes de cette vérité dans ce *dubium*, rejetant d'autres réponses possibles car elles sont ontologiquement incohérentes, et ne voulant pas nier la nécessité accidentelle du passé, Ceffons recule vers une sorte de « vérité non-essentielle », causée seulement par celui qui crée, écrit ou prononce la proposition qui, d'une manière ou d'une autre, est susceptible de n'avoir jamais été vraie.

Par la suite, dans ses questions sur les *Sentences*, la solution de Pierre Ceffons au problème de la réconciliation entre prescience divine et futurs contingents revient à dire que Dieu connaît l'avenir d'une manière incompréhensible, que les propositions sur le futur (contingent) sont de manière determinante vraies ou fauses mais qu'elles ne sont pas essentiellement vraies ou fausses et peuvent ne jamais avoir été vraies ou fausses. N'est-ce pas cela plus ou moins l'*opinio communis*, telle qu'acceptée par Grégoire de Rimini ?

Peut-être, mais contrairement à Grégoire, à une exception près, Ceffons n'emploie jamais ce que Marenbon appelait l'essentiel de « l'argument naïf » auquel presque tout le monde, sauf Pierre Auriol, a eu recours. Ceffons n'hésite jamais à expliciter quelles sont les conséquences déterministes de cette *opinio communis*, selon lui. En fait, comme nous le verrons, dans le contexte de la prédestination et de la réprobation, lorsqu'il est confronté à l'affirmation commune que le prédestiné peut être damné et que le réprouvé peut être sauvé, Ceffons demande quelle différence cela « peut » faire s'il est un fait que le prédestiné ne sera jamais damné et le réprouvé jamais sauvé. De la même manière, dans le contexte de la révélation, par laquelle Dieu a révélé à quelqu'un sa béatitude – qui *mutatis mutandis* s'applique à tout futur « contingent », qu'il soit révélé ou non – Ceffons conclut ainsi sa première question sur la prescience :

> Si j'étais perpétuellement béni et que je savais bien que je pouvais ne pas être béni, mais que je savais que ce pouvoir de ne pas être béni ne serait jamais mis en acte, je ne me soucierais pas de cette possibilité dont je sais qu'elle ne me nuirait jamais. Par conséquent, il semble qu'être béni de façon contingente et perpétuelle, et de le savoir, ne comporte rien

> de mauvais. Donc je m'imagine deux personnes qui sont également bénies de toutes les manières, c'est-à-dire aussi intensément réjouies, et chacune sait qu'elle sera éternellement bénie, et l'une est nécessairement bénie et l'autre contingemment, et chacune croit être bénie de façon contingente ou être parmi des biens élévés de façon contingente. Quelle place préfèreras-tu ? Car il semble que le fait de pouvoir ne pas être béni, pris en lui-même, sans jamais être réalisé, ne nuirait pas beaucoup à l'une de ces personnes. Quel mal y a-t-il, pour quelqu'un de béni, à pouvoir être annihilé ou chassé s'il sait bien qu'il ne sera jamais anéanti ou chassé [1] ?

En extrapolant, pour Ceffons, Dieu connaît en quelque sorte le futur, le futur peut être autrement mais il ne sera pas autrement. Rien ne peut commencer à être futur, tout futur peut ne pas être futur et tout ce qui *de facto* est futur se produira. Une vraie proposition sur le futur a toujours été vraie, elle peut ne jamais avoir été vraie mais *de facto* elle ne peut pas changer de valeur de vérité avant que son signifié ne soit posé dans l'être. Pour emprunter les mots de Ceffon dans son quatrième *principium*, c'est la contingence *secundum quid, et sic non omnino* [2]. Le déterminisme a été condamné à Paris, et à juste titre on se demande si Pierre Ceffons a suivi davantage la lettre que l'esprit de la condamnation.

## La période entre la peste noire et Martin Luther

Les débats du Moyen Âge tardif sur la prescience divine furent très intenses pendant les trois décennies qui précédèrent les leçons de Pierre Ceffons sur les *Sentences*. Même s'il reste encore beaucoup de travail à faire, on peut dire que, après ses leçons, les questions sur la problématique de la prescience, de la nécessité et de la contingence en général sont

1. Pierre Ceffons, *In I Sententiarum*, d. 38, q. 1, Troyes 62, f. 59rb : « Unde si essem perpetuo beatus et bene scirem quod possem non esse beatus, scirem tamen, quod illud posse non esse beatum numquam reduceretur ad actum, non multum curarem de illo possibili de quo scirem quod numquam noceret mihi. Unde videtur quod esse contingenter beatum et perpetuo, et hoc scire, non includit aliquod malum. Unde pono per imaginationem duos esse per omnia aeque beatos, hoc est aeque intense gaudentes, et uterque sciat quod perpetuo erit beatus, et unus sit necessario beatus et alius contingenter, et uterque credat se esse beatum contingenter aut esse in bonis ediis contingenter. Cuius statum plus velles ? Videtur enim quod illud posse non esse beatum praecise sumptum, quod tamen numquam reduceretur ad actum, non multum noceret uni. Quid nocet beato quod adnihilari aut retorqueri [possit], qui bene scit quod numquam adnihilabitur nec retorquebitur ? »

2. *Id.*, *Principium* IV, Troyes 62, f. 211rb.

devenues encore plus longues qu'auparavant, non seulement en termes relatifs, mais aussi en termes absolus.

Grégoire de Rimini et Thomas Bradwardine jouirent d'une réception conséquente et, dans le cas de Grégoire au moins, sa réception positive eut un écho jusqu'au début de la période moderne [1]. Cependant, suivant la tendance conservatrice du début du XV^e siècle, beaucoup d'auteurs scolastiques firent marche arrière pour défendre Thomas d'Aquin ou Scot contre leurs adversaires du XIV^e siècle, tandis que les chemins conduisant aux deux extrêmes représentés, à tort ou à raison, par Pierre Auriol et Jean Wyclif, furent fermés par les condamnations.

Une querelle concernant la prescience divine explosa à l'Université de Louvain dans les années 1460, sans qu'aucune solution ne se dégage, pendant une décennie [2]. La dispute était centrée sur la reviviscence, due à Pierre de Rivo, des théories impopulaires d'Auriol, et elle se déroula entre Rivo et Henri de Zomeren. En plus de développer les arguments d'Auriol, Rivo avait déclaré que l'alternative à la position d'Auriol sur les futurs contingents était le déterminisme de Jean Wyclif, condamné au concile de Constance – même si en réalité Wyclif n'avait pas défendu la position déterministe [3]. La principale innovation de Rivo était de dénouer l'ambiguïté de Ceffons, en distinguant différents types de vérités : si l'on considère avec Rivo que le terme, employé par Ceffons, de « vérité essentielle » signifie une vérité scientifique rigoureuse à laquelle on donne son assentiment dans une proposition, il faut alors admettre que, s'il y avait une telle vérité dans les propositions sur le futur contingent, tout arriverait par nécessité, comme Ceffons l'a soutenu *in persona philosophi*. Si, cependant, l'on veut simplement parler de la « vérité » de celui qui parle, que ce soit Dieu ou votre meilleur ami, alors cette « vérité » n'est fiable qu'autant que celui qui parle l'est, et c'est seulement dans le cas de Dieu que cette « vérité » fournit ce qui équivaut approximativement à une certitude absolue pour nous, comme dans le cas des deux bénis mentionné par Ceffons.

1. Il y a peu d'études sur le contexte historique de cette période, voir cependant les remarques de Courtenay (1990), Hoenen (1993) et Schabel (2000b).

2. Voir surtout Baudry (1950) ; Schabel (1995) et (1996) ; Etzkorn (1997) ; Schabel (2000), p. 315-336 ; Bianchi (2008), p. 69-85, qui identifie, p. 73, Guillaume Baudin, auteur d'un traité important composé pendant la querelle, en tant que maître de la Sorbonne à la fin des années 1450 et au début des années 1460. Serena Masolini travaille sur une nouvelle histoire de la querelle, employant de nouveaux documents qu'elle prépare en vue d'une publication. Voir Masolini (2016) ainsi que Masolini et Schabel (2018).

3. Cité dans Kenny (1987) ; Schabel (2000b), p. 289-292 et *passim* ; Lahey (2009), p. 169-186 ; Campi (2014), p. 103-111.

Le pape Sixte IV condamna la position de Rivo et conséquemment celle d'Auriol, en 1474, mais cela ne mit pas vraiment fin à la discussion. Tous les opposants de Pierre de Rivo avaient en commun le recours aux distinctions entre divers types de nécessité bienveillante et malveillante, qui étaient efficaces uniquement contre ce que Marenbon appelle « l'argument naïf ». Bien que Pierre Ceffons les eût ignorés, Pierre Auriol avait été pratiquement le seul à nier la pertinence de ces outils et Rivo était d'accord avec lui : « Et ainsi, j'étais étonné par certains qui examinaient les plus grandes causes avec beaucoup de subtilité, ayant cherché dans les moindres recoins, et qui pourtant se satisfaisaient de ces solutions ». Dans son *De fato, de libero arbitrio, et de praedestinatione* de 1520, Pietro Pomponazzi avait suivi la même ligne de raisonnement, en disant que ces distinctions étaient « des ironies, des subtilités et des imbroglios » qui « bâillonnaient l'intellect et le rendait confus », en étant « seulement des mots et plutôt de la paille que du vrai blé ». Cinq ans plus tard, en réaction au recours traditionnel d'Erasme à ces outils, tournés en dérision largement et de manière répétée par Martin Luther, le Réformateur formule cette conclusion :

> Le fruit de l'imagination représenté par la nécessité de la conséquence et celle du conséquent a déjà été réfuté auparavant. Laissons Erasme inventer et réinventer, chicaner et chicaner autant qu'il le veut. Si Dieu a connu à l'avance que Judas serait un traître, celui-ci est devenu un traître par nécessité ; il n'était pas au pouvoir de Judas, ni d'aucune autre créature, de faire autrement ou de changer cette volonté… C'est pourquoi, toutefois, même si tu veux lui tourner le dos, ta conscience damnée, et celle de tous les hommes, est obligée d'avouer que si Dieu n'est pas trompé dans ce qu'Il connaît *à l'avance*, ce qu'Il connaît *à l'avance* doit arriver par nécessité [1].

1. Cité dans Schabel (2003a), p. 182 ; en général sur ces dispositifs à la fin du XV^e et au début du XVI^e siècles, voir p. 168-185.

## CHAPITRE V

# *DEUS SINE CAUSA EX PARTE REPROBATORUM EOS REPROBAVIT AB AETERNO*
# LES PÉCHEURS SONT-ILS LA CAUSE CONTINGENTE DE LEUR DAMNATION ?

La plupart des théologiens du XIV^e siècle cherchaient à préserver à la fois la certitude infaillible de la prescience divine et le caractère contingent des événements futurs qui dépendaient du libre arbitre de l'homme. C'est pourquoi, pour l'observateur moderne, il peut sembler paradoxal de constater que, durant la période allant de la peste noire au Grand Schisme puis à la Réforme, en ce qui concerne la prédestination, une vision plutôt déterministe du futur jouissait d'une grande popularité et était considérée, à cette époque, comme orthodoxe. La version la plus extrême de cette vision déterministe se trouve chez Thomas Bradwardine en Angleterre et chez Grégoire de Rimini sur le continent, qui, en s'opposant tous deux aux « nouveaux pélagiens » (pour reprendre les termes de Bradwardine) dans les années 1340, défendaient un point de vue radical sur la double prédestination (exprimé le plus explicitement par Grégoire) selon lequel Dieu, de toute éternité, non seulement élit certains individus qui recevront le salut (l'opinion traditionnelle) mais en choisit également d'autres qui seront damnés. Combien de théologiens faisaient partie de ces « nouveaux Pélagiens », quel succès rencontra la « campagne » anti-pélagienne qui s'opposait à eux dans les années, décennies et siècles qui suivirent : ce sont là des questions, dans l'historiographie, qui font aujourd'hui encore l'objet de désaccords et sont en permanente évolution [1]. Ce chapitre se donne pour but de résoudre certains points de désaccord et de proposer de nouvelles pistes de recherche.

Comparée à ses vues sur la prescience divine et les futurs contingents, l'opinion de Pierre Ceffons sur le problème de la prédestination est beaucoup plus claire, telle qu'il l'exprime dans deux conclusions : d'abord, « Tout être humain est soit prédestiné à la vie éternelle, soit réprouvé », c'est-à-dire destiné à la damnation éternelle; ensuite, « Dieu ne nous prédestine pas à la vie éternelle en raison de nos mérites mais exclusivement en raison de sa grâce » [2]. La seule véritable question, pour Ceffons, est de savoir si ceux qui sont réprouvés sont destinés à la damnation éternelle en raison de leurs péchés ou exclusivement parce que Dieu a choisi librement de les damner, selon une opinion récente que Ceffons ne savait pas réfuter car il estimait « qu'il serait difficile de voir comment quelque chose de temporel [comme le péché humain] pourrait être la cause de la réprobation éternelle » [3].

## 1250-1315

### ÉLECTION PARTICULIÈRE UNIQUE

La prescience ne fut pas l'objet d'une préoccupation majeure pour les théologiens du haut Moyen Âge, à la différence de la prédestination, abordée de manière plus explicite dans la Bible. Selon Anselme de Cantorbéry (*De concordia*, 1107-08),

> Cette controverse est issue du fait que l'Écriture Sainte parle parfois de telle manière que seulement la grâce – et non pas du tout le libre arbitre – semble profiter au salut. D'un autre côté, elle parle parfois comme si notre salut en entier dépendait de notre libre arbitre [4].

1. C'est Halverson (1998) qui a établi le paradigme actuel au travers duquel on pense l'histoire de la prédestination entre 1250 et 1400, et qui a servi d'inspiration pour les travaux de Friedman (2002) et de Schabel (2002), ainsi que pour le présent chapitre, qui ont pour but d'élargir ses perspectives d'enquête. En français, voir aussi Michon (2007), p. 27-40.

2. Pierre Ceffons, *Lectura in I Sententiarum*, d. 40, q. 1, Troyes 62, f. 64ra : « Secunda conclusio : quod quilibet est praedestinatus ad vitam aut reprobatus… Tertia conclusio : quod non propter merita a Deo praedestinamur ad vitam aeternam, sed ex mera gratia Dei ».

3. *Ibid.*, f. 64vb : « Sed bene dico quod esset difficile videre quod aliquod temporale esset causa reprobationis aeternae quam Deus ab aeterno reprobavit etc. ».

4. Anselme, *De concordia praescientiae et praedestinationis et gratiae Dei cum libero arbitrio* III, c. 1, trad. fr. Corbin, t. 5, p. 193.

En ce qui concerne Dieu, on peut lire : « Il veut que tous les hommes soient sauvés » selon l'apôtre Paul dans 1 Timothée 2 :4, même si, dans le livre de Malachie 1 :2-3, Dieu dit : « J'ai aimé Jacob, et j'ai haï Ésaü » ; c'est ce que Paul reprend et développe dans une véritable doctrine de la prédestination dans son Épître aux Romains 9, en laissant vraisemblablement peu de place à la liberté humaine. La question controversée de la prédestination a pour origine le débat entre Augustin et Pélage, au début du Ve siècle, au cours duquel le point de vue d'Augustin est devenu plus radical [1].

Le haut Moyen Âge a hérité du point de vue d'Augustin sur la prédestination, telle qu'il avait été exprimé dans ses derniers écrits antipélagiens, en tant que position orthodoxe. Selon cette vision, le péché originel porte un tel préjudice à la volonté humaine libre que même le premier pas vers la foi dépend entièrement du don de Dieu. La prédestination de Dieu est sa décision éternelle, par sa volonté de complaisance, d'accorder à certaines personnes le don de la foi et la grâce nécessaire pour le salut. En outre, cette grâce est parfois conçue comme irrésistible, de telle manière que celui à qui elle est offerte ne pourra que l'accepter. Sans le don libre de la grâce de Dieu, les êtres humains seront justement damnés à cause de leurs démérites. Même si Dieu a connaissance de ces démérites depuis l'éternité, et bien que le péché originel soit en partie leur cause, Dieu n'en est pas responsable. La raison pour laquelle Dieu choisit d'accorder la grâce à certains et non pas à d'autres est, selon Augustin, un mystère incompréhensible pour nous. En somme, pour la plupart des théologiens du haut Moyen Âge, la prédestination jaillit de la miséricorde de Dieu, car ceux qui seront sauvés ne sont prédestinés par aucun mérite propre, tandis que la réprobation dérive de la justice de Dieu car, laissés à eux-mêmes, les êtres humains d'après la chute sont des pécheurs qui méritent leur damnation [2].

Ce consensus général au sujet de la prédestination demeura en vigueur au cours des années 1250-1315, quand la question de la cause de la prédestination et de la réprobation devint la préoccupation dominante. Il semble qu'il y ait eu un ample consensus pour affirmer que la miséricorde de Dieu était la seule cause de la prédestination d'un individu en particulier, tandis que celui qui ne figurait pas parmi les élus méritait bien sa réprobation en raison de ses péchés, pour lesquels il était à juste titre damné [3]. Toutefois,

1. Pelikan (1971), p. 314-330; Ogliari (2004); Stucco (2009), p. 31-210; Porro (2014), p. 554-558.

2. Pelikan (1978), p. 80-105; Stucco (2009), p. 213-444.

3. Halverson (1998), *passim* ; Friedman (2002), p. 100-115 ; Stucco (2009), p. 457-502 ; Porro (2014), 559-570.

dans son *Scriptum* sur les *Sentences* (*c.*1252-1257), le jeune Thomas d'Aquin remarque que « la cause pour laquelle celui-ci ne possède pas la grâce est que lui-même ne veut pas la recevoir et non pas que Dieu refuse de la lui donner » [1] et, dans sa *Somme contre les gentils*, quelques années plus tard (*c.* 1259-1265), il affirme que « ceux-là seuls sont privés de la grâce qui en eux-mêmes y mettent un obstacle (*impedimentum*) » [2]. Dans les deux cas, Thomas propose une analogie avec la lumière du soleil, que l'homme doit ouvrir les yeux pour voir. Mais, à ce moment précis, Thomas commence à souligner le rôle de Dieu, et, dans la *Somme théologique* (*c.* 1265-1273), il propose une position beaucoup plus augustinienne : en tant qu'elle fait partie de la providence, « la prédestination est un certain plan, conçu dans l'esprit divin, de l'ordination de certains au salut éternel » [3], que Dieu met activement en œuvre, le prédestiné ne jouant ainsi qu'un rôle seulement passif. Au contraire, « la réprobation à son tour est une part de providence à l'égard de ceux qui manquent cette fin [et] inclut la volonté de permettre que tel homme tombe dans la faute, et d'infliger la peine de damnation pour cette faute » [4]. « L'achèvement de l'univers » exige que certains soient sauvés et les autres damnés, « mais pourquoi Dieu choisit ceux-ci pour la gloire et pourquoi il réprouve ceux-là, il n'y en a pas d'autre raison que la volonté divine » [5].

Cette position augustinienne traditionnelle a reçu le nom d' « Élection particulière unique ». Il s'agissait de la position classique au XIIIe siècle [6]. Bien qu'il l'ait exprimé différemment, ce point de vue était également partagé par Bonaventure (*c.* 1253-1257), qui était de fait plus influent que Thomas d'Aquin sur ces questions [7], et, grâce à Bonaventure et Thomas d'Aquin, cette théorie poursuivit son règne jusque dans les années 1310. On peut considérer la position de Jean Duns Scot (*c.* 1300-1303) comme une réappropriation de celle de Bonaventure [8] ; Scot l'exprime d'une manière qui est caractéristique de sa pensée, en termes de « signes » ou « instants » de nature, dont voici la présentation succincte par le scotiste Landulphe Caracciolo (1318) :

1. Thomas d'Aquin, *Commentaire des Sentences* I, d. 40, q. 4, a. 2, s.c. 1, trad. fr. Alarcón.
2. *Id.*, *Somme contre les gentils* III, c. 159, n. 2, trad. fr. Gerlaud, p. 765.
3. *Id.*, *Somme théologique* I, q. 23, a. 2, co., trad. fr. Roguet, p. 326b.
4. *Ibid.*, p. 327b.
5. *Ibid.*, p. 330b-331a.
6. Ce terme vient de Halverson (1998), p. 8.
7. Friedman (2002), p. 106-109.
8. Halverson (1995), p. 4-5 ; Friedman (2002), p. 109-110, qui corrige Vignaux (1934).

> Au premier [instant], Pierre et Judas se présentent comme indifférents à l'intellect divin, car la volonté divine n'a rien déterminé à leur égard. Au deuxième instant, Dieu décide d'accorder la grâce et la gloire à Pierre mais rien à Judas. Au troisième [instant], Pierre meurt en homme bon et méritant mais Judas meurt en pécheur. Au quatrième [instant], l'un est prédestiné, l'autre réprouvé. Dieu ne commet aucun tort en n'accordant pas la grâce à Judas comme Il l'a fait pour Pierre, car Il n'a d'obligation envers personne, mais ce qu'Il donne est plutôt accordé librement et gratuitement [1].

Il y avait certes des désaccords, comme celui qui concernait le point jusqu'auquel la grâce de Dieu était irrésistible ou ne fonctionnait qu'en collaboration avec le libre arbitre de l'homme, qui pouvait la rejeter ou en user de mauvaise manière. Pasquale Porro a montré, par exemple, que, pour Henri de Gand (*c.* 1280-1284), tout comme pour le jeune Thomas d'Aquin, le bon emploi du libre arbitre était une *ratio sine qua non* pour la prédestination [2]. Certains auteurs scolastiques tardifs, tels que Pierre Auriol, crurent lire chez Henri de Gand que le libre arbitre était une cause de la prédestination, ce qu'Auriol lui-même rejeta (voir ci-dessous). Pour sa part, Pierre Ceffons tourne cette idée en dérision. « Certains *antiqui* », dit-il en se référant à Bonaventure, ont déclaré que « la "cause" parle toujours d'une certaine priorité ou d'une certaine honorabilité en ce qui concerne la chose dont elle est la cause » [3]. Ainsi, sur la base de ce que certains *moderni* (comme Bradwardine) affirment, Ceffons dit que, dans l'énoncé *causa sine qua non*, « cause » signifie soit ce qu'elle signifie « pour les philosophes, les théologiens et tous les érudits, et même pour les imbéciles qui parlent de "cause", à savoir qu'elle est une *cause* d'une certaine manière, à savoir du moins une cause partielle, soit ils ne parlent pas de

1. Landulphe Caracciolo, *In I Sententiarum*, d. 41, a. 1, éd. Schabel (2002), p. 72.100-106 : « Quinta propositio : oportet ymaginari 4 instantia ad evidentiam predictorum. In primo offertur intellectui divino Petrus et Iudas indifferentes, quia voluntas divina nihil eis determinavit. In secundo instanti Deus determinat dare gratiam Petro et gloriam, Iude autem nihil. In tertio occidit Petrus bonus et cum meritis, Iudas autem peccator. In quarto unus predestinatur, alter reprobatur. Nec facit Deus iniuriam non dando gratiam Iude sicut Petro, quia nemini tenetur, sed quod dat libere et gratiose donat ».

2. Porro (2014), p. 562-567 ; aussi Porro (2010).

3. Pierre Ceffons, *Lectura in I Sententiarum*, d. 39, q. 2, Troyes 62, f. 62vb : « Ad illud dico quod non, et causa est, secundum quod aliqui antiqui dixerunt, quia causa semper dicit aliquam prioritatem vel honorabilitatem respectu illius, cuius est causa, et maxime ubi distinguuntur essentialiter causa et causatum ».

cette manière, mais d'une façon jusqu'ici inouïe » [1]. Malgré ces désaccords, en comparaison avec ce qui est arrivé après, le conflit demeura dans l'ensemble limité jusqu'à environ 1315, comme nous le verrons par la suite.

## 1315-1340
### ÉLECTION GÉNÉRALE ET NOUVEAUX PÉLAGIENS

Le pendule de la doctrine, comme celui de la politique, oscille parfois avec une grande amplitude. Pour permettre l'existence de Grégoire de Rimini et des autres auteurs qui tendaient vers la doctrine la plus extrême de la double-prédestination, et rejetaient celle de l'Élection particulière unique, il fallait d'abord que d'autres théologiens remissent en cause l'idée traditionnelle que la seule cause de la prédestination est le choix de Dieu, *ab aeterno*, de sauver certains individus. Pour citer Thomas Bradwardine, il s'agissait de « nouveaux pélagiens ». Ce que les historiens n'ont pas reconnu, c'est l'étendue de ce mouvement.

Tous les théologiens scolastiques tardifs savaient que Pélage s'était opposé à Augustin et ils formulaient parfois un argument attribué à un épouvantail pélagien, qu'ils rejetaient ensuite. Cet épouvantail était censé avancer simplement que la cause de la prédestination est la prescience de Dieu qu'une personne donnée X se servira bien de son libre arbitre, et que ce libre choix de faire le bien en est donc la véritable cause, alors que la cause de la réprobation est la prescience de Dieu que la personne Y usera mal de son libre arbitre, et que c'est donc ce mauvais choix qui en est la cause [2]. Il est peu probable qu'un universitaire au XIV^e^ siècle puisse réellement avoir apporté son soutien à une telle théorie mais, comme nous le verrons, certains allaient bien dans ce sens.

Bradwardine ne nomme pas ses adversaires et dit seulement que ceux-ci font partie de ses compatriotes. Jean-François Genest a identifié cinq candidats probables : Guillaume d'Ockham, Richard FitzRalph, Robert

1. Pierre Ceffons, *Lectura in I Sententiarum*, d. 39, q. 2, Troyes 62, f. 62vb : « Item secundo potest argui ex dictis quorundam modernorum. Cum enim dicunt quod scitum est causa sine qua non divinae scientiae, aut intelligunt ibi per hoc nomen "causa" sicut nomen significat apud philosophos theologosque et omnes litteratos et etiam idiotas, qui loquuntur de causa, scilicet quod est aliquo modo causa, scilicet ut partialis saltim, vel non sic intelligunt etc., sed aliquo modo alio hactenus inaudito ». Voir Thomas Bradwardine, *La cause de Dieu contre Pélage* I, c. 16, trad. fr. Genest, p. 315.

2. Voir l'exemple que donne Auriol d'une position pélagienne dans Halverson (1998), p. 37.

Holcot, Adam Wodeham, et Thomas Buckingham [1]. Ces théologiens ne s'attardent pas sur le problème de la cause de la prédestination [2] ; cependant, si, dans notre recherche des nouveaux pélagiens, nous nous limitons à cette question, qui demeure la plus pertinente, nous tombons sur un savant anglais qui a précédé les autres et qui, de plus, a eu une influence importante à Paris, quoique Genest n'ait pas pu lire ses ouvrages sur la question : Thomas Wylton [3].

Dans ce qui était probablement une *quaestio ordinaria* à l'Université de Paris vers 1315 [4], Thomas Wylton, maître séculier en théologie, demande « Si une personne qui est prédestinée peut être damnée ». Cette *quaestio* traite surtout des enjeux de la prescience divine et des futurs contingents. Mais à la fin, quand l'auteur revient sur l'énoncé de la question, il se concentre plutôt sur la cause de la prédestination. Sans nommer les individus concernés, Wylton décrit d'abord la position de Thomas d'Aquin dans sa *Somme théologique*, avant de présenter celle de Jean Duns Scot : « Il y a une autre opinion qui s'accorde avec celle-ci pour dire que cause de la prédestination de cette personne est la seule volonté de Dieu, mais que la cause de la réprobation se trouve dans la personne qui est réprouvée » [5], même si Wylton procède également à une explication faisant appel aux instants de nature. Contrairement à ces versions traditionnelles de l'Élection particulière unique, selon lesquelles, insiste Wylton, le mérite est un effet et non pas une cause de la prédestination, Wylton soutient une idée radicalement différente :

> Mais il y a une autre voie, qui semble mieux s'accorder avec la justice de Dieu, si l'on peut la soutenir, à savoir que Dieu a prédestiné cet homme-ci parce qu'il avait vu d'avance depuis l'éternité qu'il userait de son libre

1. Genest (1992), p. 17-19.

2. Halverson (1998), p. 112.

3. Pierre Auriol cite la position de Wylton (voir ci-dessous), mais l'*Opinio Thomae Anglici* dans les manuscrits est remplacée par l'*Opinio quorumdam* dans l'édition de Rome (1596) ; Jean Baconthorpe incorpore le texte de Wylton (voir ci-dessous) et cite celui-ci, mais sans indiquer clairement l'alternance entre sa propre voix et celle de Wylton; il est donc difficile de savoir qui dit quoi dans le texte. L'identification des fragments par Etzkorn et Andrews (1994) et surtout par Dumont (1998) a enfin rendu possible l'édition dans Schabel (2011).

4. Certainement entre 1312 et 1316 inclus : Schabel (2011), p. 438.

5. Thomas Wylton, *Utrum praedestinatus possit damnari*, a. 4, éd. Schabel (2011), p. 465.583-585 : « Alia est opinio in hoc concordans cum ista, quod causa praedestinationis huius est Dei voluntas sola, causa tamen reprobationis est in illo qui est reprobatus ».

> arbitre en bien, et Il a réprouvé cet homme-là car de toute éternité Il avait vu qu'il ferait un mauvais usage de son libre arbitre [1].

C'est précisément la position de l'épouvantail pélagien évoquée ci-dessus, avec l'ajout du terme « éternité », dont l'intérêt est de préserver la justice divine, ainsi qu'une symétrie qui manque à l'Élection particulière unique. Après une série d'objections, Wylton défend néanmoins cette opinion comme si c'était la sienne :

> Soutenant cette opinion – que Dieu n'a prédestiné personne seulement parce qu'Il le voulait, mais en raison d'une cause ou d'une congruence dans celui qui est prédestiné, à savoir le bon usage du libre arbitre, lequel usage est contingent et au pouvoir de celui qui est prédestiné, et que la prédestination de cette personne n'est pas nécessaire dans un sens absolu, mais seulement sous condition – je soutiens, en faisant une distinction concernant le bon usage du libre arbitre, que le bon usage du libre arbitre peut être compris de deux façons. D'une première façon, il est bon selon la bonté morale, laquelle est en notre pouvoir grâce à nos capacités naturelles, en supposant l'influence générale de Dieu, et par cette bonté les opérations des vertus morales, que détermine le Philosophe, sont bonnes. L'autre est la bonté surnaturelle, qui est appelée « bonté gratuite », selon laquelle on est nommé cher à Dieu et accepté par Lui. De la première façon je comprends que la précognition du bon usage du libre arbitre est la cause de la prédestination *ex congruo* et non *ex condigno*. Le bon usage décrit de la deuxième façon est l'effet de la prédestination, comme le prouvent les autorités, et un tel bon usage est la cause de la gloire dans le futur *ex condigno* [2].

1. Thomas Wylton, *Utrum praedestinatus possit damnari*, a. 4, éd. Schabel (2011), p. 466.615-618 : « Alia tamen est via quae magis videtur concordare iustitiae Dei, si quis eam posset sustinere, videlicet quod Deus hunc praedestinavit quia praevidit eum bene usurum finaliter libero arbitrio ab aeterno, et illum reprobavit quia ab aeterno vidit illum male esse usurum libero arbitrio ».

2. *Ibid.*, p. 468.642-654 : « Sustinendo istam opinionem – quod Deus non praedestinavit aliquem solum quia voluit, sed propter aliquam causam vel congruentiam in praedestinato, videlicet bonum usum liberi arbitrii, qui usus in potestate praedestinati est et contingens, et ideo praedestinatio huius non est necessaria absolute, sed solum ex condicione – dico distinguendo de usu bono liberi arbitrii quod usus bonus liberi arbitrii potest intelligi dupliciter. Uno modo, quod sit bonus bonitate moris, quae bonitas est in potestate nostra ex naturalibus, supposita influentia generali Dei, qua bonitate operationes virtutum moralium, de quibus determinat Philosophus, bonae sunt. Alia est bonitas supernaturalis, quae dicitur bonitas gratuita, per quam aliquis dicitur gratus et acceptus Deo. Primo modo intelligo quod praecognitio usus boni liberi arbitrii est causa praedestinationis ex congruo, non ex condigno. Bonus usus secundo modo dictus est effectus praedestinationis, ut probant auctoritates, et talis bonus usus est causa gloriae in futuro ex condigno ».

La distinction qu'il opère entre les causes de la prédestination *ex congruo* et *ex condigno* protège Wylton contre l'accusation d'un pélagianisme généralisé, mais cela représente un départ radical lorsque l'on considère le contexte, puisque Wylton compare cette opinion, qu'il a lui-même adoptée, avec l'Élection particulière unique selon Thomas d'Aquin et Duns Scot.

La position de Wylton n'est pas complètement claire, et cela est peut-être voulu. Mais si nous prenons en compte les objections et leurs réfutations, nous pourrions la comprendre ainsi : premièrement, par l'influence générale de Dieu (à ce sujet voir ci-dessus, au chapitre III), nous pouvons par nous-mêmes faire ce qui est moralement bon. Deuxièmement, Dieu connaît d'avance nos actes libres qui sont moralement bons et ceci est une cause de la prédestination *ex congruo*. Troisièmement – et il s'agit peut-être de l'interprétation infondée du lecteur – comme effet de la prédestination, nous avons la grâce de pouvoir accomplir le bien surnaturel, et nous sommes chers à Dieu. Quatrièmement, ce bon usage de notre libre arbitre dans l'accomplissement du bien surnaturel est la cause de notre future gloire *ex condigno*. Wylton réfute ainsi des objections antipélagiennes fréquentes en admettant que, d'une certaine manière, quelque chose de temporel peut être *une* cause de quelque chose d'éternel, que les récompenses éternelles ne sont pas obligatoirement égales et qu'il n'est donc nul besoin de postuler que Dieu récompense les enfants qui meurent sans pouvoir exercer leur libre arbitre selon ce qu'ils auraient fait s'ils avaient vécu [1].

Wylton ne le dit pas, mais il pense probablement à Henri de Gand comme auteur de l'opinion avec laquelle il est d'accord, bien que la version qu'en donne Wylton soit déformée et simplifiée, peut-être parce qu'il souhaitait l'attribuer à un autre plutôt que de l'assumer comme sa propre invention. En tout cas, comme évoqué plus haut, Pierre Auriol reprochera plus tard à Henri précisément d'avoir négligé d'expliquer la prédestination des enfants qui meurent sans pouvoir exercer leur libre arbitre. Après avoir paraphrasé l'opinion de *Thomas Anglicus*, Auriol rejette aussi la version de Wylton mais d'une façon considérablement plus complexe [2]. Néanmoins, Wylton eut clairement une influence positive sur Auriol et, comme nous le verrons, nous pouvons maintenant affirmer que Wylton a aussi inspiré l'autre cible explicite de la colère antipélagienne de Grégoire de Rimini : Thomas de Strasbourg. La question de Wylton a

1. *Ibid.*, p. 468.656-667.
2. Halverson (1998), p. 92-94 ; Schabel (2000), p. 74.

aussi pu influencer, indirectement, le franciscain Gautier Chatton à Oxford au début des années 1320. Un contemporain carmélite de Chatton à Paris, Jean Baconthorpe, a incorporé une bonne partie de la question de Wylton dans ses propres questions sur les *Sentences*, quoique d'une manière déconcertante, et il semble être d'accord avec lui dans la première rédaction tandis qu'il change d'avis dans la deuxième. Il est donc possible que Thomas Bradwardine ait pensé à Thomas Wylton lorsqu'il fulminait contre les « nouveaux pélagiens » [1].

Inspiré par Wylton, mais insatisfait, c'est Pierre Auriol (*c.* 1316) qui a véritablement inauguré la nouvelle ère du « pluralisme dans la prédestination » [2], après des siècles d'uniformité relative. À la différence de la plupart de ses prédécesseurs, Auriol aspirait également à donner de la cohérence à ses traitements de la prescience et de la prédestination. En effet, il rompt avec la tradition, en présentant une nouvelle théorie de la prédestination appelée « Élection générale » [3], sans doute partiellement inspirée par Thomas d'Aquin, Henri de Gand et Thomas Wylton. Auriol trouvait que l'Élection particulière unique était asymétrique et il avait proposé à la place l'idée que Dieu, par sa « volonté de complaisance » intrinsèque, nécessaire et immuable, « veut », indifféremment, « que tous les hommes soient sauvés », selon 1 Timothée 2 :4. Ainsi, Dieu ne veut pas de manière intrinsèque et active que ces individus particuliers soient sauvés ou damnés. Plutôt, selon la position de l'Élection générale, Dieu établit les règles générales déterminant les critères en fonction desquels certains seront sauvés et les autres seront damnés : ceux qui résistent ou qui posent un empêchement ou un « obstacle à la grâce » (*obex gratiae*) seront damnés, de telle manière que l'obstacle est une cause positive de la réprobation de celui qui est réprouvé, tout comme dans l'Élection particulière unique; mais ceux qui ne posent pas d'obstacle seront sauvés, de telle manière que, selon l'Élection générale d'Auriol, l'absence d'obstacle est bien une cause privative ou négative, mais n'est pas une cause positive ou affirmative de la prédestination chez le prédestiné, contrairement à l'Élection particulière unique [4]. Pour citer Auriol :

1. Concernant Wylton dans le contexte d'une étude de Chatton, voir Bornholdt (2017), p. 116-123. Sur la possibilité que Baconthorpe ait changé d'avis, voir Jean Baconthorpe, *Reportatio et Scriptum in I Sententiarum*, d. 41, éd. Schabel (2011), p. 476-479.

2. Halverson (1995), p. 1.

3. *Ibid.*, p. 8.

4. Vignaux (1934), p. 43-95 ; Halverson (1998), surtout p. 90-108 ; Friedman (2002), p. 113-114.

> *Quid dicendum secundum veritatem.* Premièrement, il y a une cause positive de la réprobation, à savoir l'intention d'un obstacle final à la grâce en tant qu'elle est vue par avance, mais il y a une cause négative de la prédestination, à savoir la non-intention d'un obstacle. Il reste donc à dire ce qui apparaît en trois propositions. Premièrement, que Dieu ne réprouve personne sans une cause affirmative ni ne prédestine personne sans une cause négative… La deuxième proposition est que, bien que la prédestination ait une cause, tout comme la réprobation, néanmoins elle n'a pas de cause méritoire comme c'est le cas pour [la réprobation] … La troisième proposition est que, bien que certains aient été réprouvés éternellement comme il a déjà été dit, il n'est pas impie que Dieu veuille qu'ils naissent, même si cela paraît impie au peuple commun [1].

Ceci se trouve dans le *Scriptum* d'Auriol rédigé par écrit, puis complété en 1316. Ses *Reportationes* parisiennes, basées sur les *lectiones* qu'il a données en 1317-1318, montrent quelques différences par rapport à la version du manuscrit Borghese 123, qui présente le schéma au moyen des instants de la nature, alors que la version attestée par les mss Berlin et Padoue emploie des syllogismes et parle d'une *resistentia gratiae* plutôt que d'un *obex gratiae*. François de la Marche (1319), qui avait lu le texte de Berlin-Padoue, explique ainsi l'opinion d'Auriol :

> Il est donc dit qu'il y a deux syllogismes. Un syllogisme est que Dieu propose de donner la grâce à toute personne qui ne résiste pas ; or Pierre n'a pas résisté ; Il a donc élu Pierre. L'autre syllogisme est du côté des méchants : Dieu ordonne la punition pour toute personne qui résiste ; or Judas a résisté ; donc Dieu l'a-t-il damné [2].

Landulphe Caracciolo (1318), qui avait la version Borghese 123 sous les yeux, présente la position d'Auriol différemment :

1. Pierre Auriol, *Scriptum in I Sententiarum*, d. 41, a. 1. ed Rome 1596, p. 941b : « Quid dicendum secundum veritatem. Et primo quod reprobationis est causa positiva, scilicet intentio finalis obicis gratiae ut praevisa, praedestinationis vero negativa, scilicet non obicis intentio. Restat ergo nunc dicere quod videtur sub triplici propositione. Prima quidem quod Deus nullum reprobat sine causa affirmativa nec praedestinat absque causa negativa… » ; p. 942b : « Secunda vero propositio est quod, licet causam habeat praedestinatio, sicut et reprobatio, non habet tamen meritoriam, sicut illa… » ; p. 943a : « Tertia quoque propositio est quod, licet aliqui sint eo modo quo dictum est aeternaliter reprobati, non tamen est impium quod Deus vult eos nasci, quamvis vulgo impium videatur ».

2. François de la Marche, *Scriptum in I Sententiarum*, d. 40, éd. Schabel (2001), p. 31.252-257 : « Unde dicitur quod sunt duo sillogismi : unus sillogismus est quod Deus proponit dare gratiam cuilibet non resistenti ; sed Petrus non resistit ; ergo Petrum elegit. Alius sillogismus est ex parte malorum quod Deus ordinat ad penam quemcumque resistentem ; sed Iudas resistit ; ideo ipsum dampnavit ».

> Au premier instant, Pierre et Judas se présentent à l'intellect et à la volonté divins comme indifférents ; au second, Pierre est reconnu comme étant sans obstacle, et Judas comme ayant un obstacle ; au troisième, Pierre est prédestiné à la gloire, Judas voué à la punition [1].

À la différence de Wylton, Pierre Auriol a écrit longuement et clairement au sujet de la prédestination. Même s'il avait contesté sincèrement que l'absence de mise en place d'un obstacle ou l'absence de résistance à la grâce fût seulement une cause privative ou négative de la prédestination, la grâce de Dieu jouant l'unique rôle actif, les partisans de l'Élection particulière unique, surtout le scotiste Landulphe Caracciolo et ses disciples, attaquèrent immédiatement l'innovation d'Auriol. Pour sa part, François de la Marche développa une alternative intéressante à la position traditionnelle, comportant des éléments qui ressemblent à l'Élection générale d'Auriol et des idées qui purent même inspirer la réaction de Grégoire de Rimini. En particulier, il présenta l'idée que, au-delà de l'assistance générale de Dieu (similaire à l'influence générale chez Wylton et à l'Élection générale chez Auriol), qui permet aux gens de mériter *de possibili*, l'assistance spéciale de Dieu (*assistentia specialis*, comme l'*auxilium speciale* chez Grégoire, mais Grégoire utilise une fois le terme de François) est requise pour qu'ils puissent mériter *de inesse* [2].

Ainsi, comme dans le cas de la prescience, il y avait une forte réaction à l'égard d'Auriol au sujet de la prédestination, à Paris et même à Oxford. Cependant, sur cette question précise, certains théologiens partageaient avec Auriol une prise de distance avec la théorie standard de l'Élection particulière unique, insistant sur le rôle des êtres humains. La discussion autour de la prédestination, à Oxford, allant des *lectiones* sur les *Sentences* de Guillaume d'Ockham en 1317-1318 jusqu'à la publication du *De causa Dei* de Thomas Bradwardine en 1344, n'atteignit jamais celle qui eut lieu à Paris en terme de place accordée à la prédestination en particulier et par rapport à la prescience en général. Toutefois, James Halverson a montré que la sotériologie d'Ockham et celle du dominicain Robert Holcot peuvent mieux se comprendre à travers le prisme de l'Élection générale

1. Landulphe Caracciolo, *In I Sententiarum*, d. 41, a. 1, éd. Schabel (2002), p. 70.27-29 : « Unde in primo instanti offertur Petrus et Iudas intellectui et voluntati divine indifferentes ; in secundo cognoscitur Petrus sine obice, Iudas cum obice ; in tertio Petrus predestinatur ad gloriam, Iudas prescitur ad penam ».

2. Schabel (2002), p. 225-240. *Cf.* Grégoire de Rimini, *Lectura in secundum Sententiarum*, d. 26-28, q. 2, a. 2, éd. Trapp et Marcolino (1980), p. 111.20-22 : « … tale adiurorium, quod ultra habitum gratiae necessarium dico, non est aliquod habituale donum creatum in anima, sed quaedam specialis dei assistentia… ».

d'Auriol. Bradwardine s'est peut-être senti contrarié dans l'ensemble par Adam Wodeham, mais le franciscain a entièrement évité de se confronter au problème de la prédestination. La publication récente des questions sur les *Sentences* de l'adversaire de Wodeham, à savoir Gautier Chatton, un franciscain plus âgé que lui, nous a néanmoins permis de rajouter Chatton à la liste des nouveaux pélagiens. Comme dans d'autres contextes, Chatton développe sa position l'opposant à celle d'Auriol, cette fois de manière explicite, mais il finit par adopter beaucoup de ce qu'il critique ostensiblement [1].

À Paris, Guiral Ot (1327) [2], qui allait bientôt devenir ministre général de l'Ordre des Franciscains, emprunte également les éléments essentiels de l'Élection générale à la description que fait Auriol de la prédestination, et attaque même ouvertement la version scotiste de l'Élection particulière unique comme « absurde ». Au-delà de la cause négative ou privative de la prédestination, qui est notamment chez Auriol, Guiral adopte plutôt la suggestion d'Augustin dans les *LXXXIII questiones* pour dire que la volonté de Dieu de prédestiner et de réprouver « jaillit de mérites qui sont profondément enfouis », même si la plupart des commentateurs ont soutenu qu'Augustin s'était précisément rétracté sur cette déclaration pendant sa période antipélagienne.

En parallèle à l'Élection générale d'Auriol, affirme Guiral Ot, la volonté antécédente de Dieu, qui fait qu'Il « veut que tous les hommes soient sauvés », d'après 1 Timothée 2 :4, et qui donne la grâce préalablement aux mérites connus d'avance, est indéterminée et inefficace, et s'applique donc à tous les hommes, y compris Judas et Adam. En revanche, la volonté conséquente par laquelle Dieu donne réellement la gloire, c'est-à-dire Sa volonté déterminée et efficace, s'applique au mérite :

> La volonté qui prédestine est une volonté conséquente, qui est universellement réalisée et qui est la volonté propre aux hommes bons, à savoir la volonté par laquelle Dieu veut la béatitude seulement pour ceux qui seront finalement bons. Et cette volonté est efficace et déterminée à poser son effet infailliblement. La volonté qui prédestine n'est donc pas la

1. Halverson (1998), p. 111-129; Schabel (2002), p. 364-368; Michon (2007), p. 54-67; *cf.* Schabel (2011c), p. 158-161. Le texte de Chatton a été publié dans Gautier Chatton, *Reportatio super Sententias. Liber I, distinctiones 10-48*, d. 40-41, q. 1, a. 2, éd. Wey et Etzkorn (2002), p. 380-392.

2. Schabel (2002), p. 243-249.

> volonté telle que ces [scotistes] la considèrent ; il s'agit simplement de la volonté de donner une récompense en accord avec le mérite [1].

Le bon usage de la grâce *de condigno* est postérieur à la grâce elle-même, selon Guiral, et cette grâce ne peut donc pas être la récompense du mérite. La grâce est néanmoins donnée à *tous* par la volonté indéterminée, indifférente, inefficace et antécédente de Dieu, et quelque chose d'autre est alors encore requis pour le salut, quelque chose qui vient des individus et qui différencie les élus des damnés :

> Toute volonté d'octroyer un bénéfice lorsque des mérites sont posés chez certaines personnes, sans quoi il ne leur serait pas octroyé, trouve son fondement dans ces mérites. Ceci est clair, parce qu'une telle volonté de donner est déterminée selon ces mérites. Mais la volonté de Dieu, par laquelle Il veut donner la grâce aux hommes selon le fil ordinaire des événements, est de cette sorte. Par conséquent elle semble avoir un fondement dans ces mérites connus d'avance [2].

En plus de l'empreinte de l'Élection générale d'Auriol, on discerne des échos de l'opinion plus radicale de Wylton dans les écrits de Guiral Ot, qui, malgré son insistance sur la grâce divine, dut apparaître comme légèrement pélagien aux yeux des traditionalistes. Ces tendances pélagiennes apparentes et l'impact de Wylton et d'Auriol sont encore plus frappants chez le jeune collègue de Guiral à Paris, Thomas de Strasbourg (1333) [3], qui, pour sa part, allait devenir prieur général de son propre ordre, les Ermites de St Augustin, au moment où Grégoire de Rimini, Alphonse Vargas de Tolède et Hugolin d'Orvieto étaient en train de publier ou de donner des *lectiones* sur les *Sentences*.

Alors que Guiral Ot parle de mérite, Thomas de Strasbourg va jusqu'à poser une cause positive de la prédestination dans le « bon usage,

1. Guiral Ot, *In I Sententiarum*, d. 41, q. 2, a. 2, éd. Schabel (2002), p. 78.66-71 : « Voluntas autem predestinans est voluntas consequens, que universaliter impletur, et voluntas propria bonis, qua scilicet Deus vult beatitudinem solis illis qui erunt finaliter boni. Et est voluntas efficax et determinata ad ponendum infallibiliter effectum suum. Quare voluntas predestinans non est voluntas eo modo sumpta quo isti cogitant, sed est simpliciter voluntas reddendi premium secundum meritum ».

2. Guiral Ot, *In I Sententiarum*, d. 41, q. 2, a. 2, éd. Schabel (2002), p. 79.96-100 : « Tertiam conclusionem probo sic : omnis voluntas dandi beneficium, positis in quibusdam meritis et alias non datura, habet aliquam rationem sumptam ex illis meritis — hoc patet, quia talis voluntas ad dandum se determinat secundum illa merita ; sed voluntas Dei qua Deus vult dare gratiam hominibus secundum communem cursum est huiusmodi ; quare videtur habere rationem aliquam ex illis meritis previsis ».

3. Halverson (1998), p. 134-143.

éternellement connu à l'avance, de la volonté libre ». Thomas incorpore tous les éléments principaux de l'Élection générale d'Auriol, y compris ses analogies, son utilisation de 1 Timothée 2 :4 et son *obex gratiae*, mais, afin de donner plus de symétrie à la notion qu'elle n'en a chez Auriol, Thomas la transforme de manière explicite en une cause positive de la prédestination, une bonne action librement choisie. La théorie de Thomas de Strasbourg finit donc par ressembler à celle de Thomas Wylton (dont il paraphrase l'opinion ailleurs en réponse à une objection) [1], avec la précaution appropriée :

> Quant au second article, « Quelle est la cause de la prédestination ? », on doit noter que, puisqu'il y a des causes contraires pour les choses contraires et que la prédestination et la réprobation sont d'une certaine façon des contraires, nous pouvons donc attribuer une cause à la prédestination fondée sur les contraires des causes de la réprobation. Afin donc que les choses singulières puissent correspondre aux choses singulières par leurs contraires, je maintiens – mais toujours en attente d'un meilleur jugement – que la cause de la prédestination de ces adultes semble être le bon usage du libre arbitre qui, comme Dieu le sait d'avance de toute éternité, perdurera *finaliter*. Et Dieu, qui de toute éternité en contemple le bon usage ultime, a proposé de donner la grâce *finaliter* dans le présent à ceux qui en feraient cet usage, de telle manière que, par l'intermédiaire de la grâce dans le présent, ils pourront venir à la gloire dans le futur [2].

Comme nous le verrons, malgré son prestige, sa popularité et son pouvoir au sein de l'ordre, cette assertion fit de Thomas de Strasbourg une cible pour l'opposition de ses successeurs parisiens, Grégoire de Rimini, Alphonse de Vargas, Hugolin d'Orvieto et Jean Hiltalingen de Bâle, même s'ils n'étaient pas parfaitement d'accord entre eux.

1. Thomas de Strasbourg connaissait peut-être la position de Wylton directement et indirectement via Auriol. Si Grégoire de Rimini la connaissait aussi, c'est probablement grâce à Auriol.

2. Thomas de Strasbourg, *In I Sententiarum*, d. 41, a. 2, f. 112va : « Quantum ad secundum articulum, "Quae sit causa praedestinationis ?", est advertendum quod, quia oppositorum oppositae sunt causae, praedestinatio autem et reprobatio aliquo modo sunt opposita, ideo causam praedestinationis assignare possumus ex oppositis causarum reprobationis. Ut igitur singula singulis per oppositum valeant respondere, dico – salvo tamen semper meliori iudicio – quod causa praedestinationis ipsorum adultorum videtur esse bonus usus liberi arbitrii ab aeterno a Deo praecognitus finaliter duraturus. Et bonum usum finalem Deus ab aeterno contemplans, proposuit talibus hominibus huiusmodi usum habituris sic dare gratiam finaliter in praesenti ut, mediante gratia in praesenti, perveniant ad gloriam in futuro ».

À Oxford, Thomas Bradwardine lutta contre ces courants « pélagiens ». Dans *De causa Dei contra Pelagium* (1344), il attaqua des auteurs tels qu'Ockham et Holcot, visant l'idée que « Dieu ne refusera pas la grâce à une personne qui veut bien ce qui est en lui ». Bien étrangement, toutefois, compte tenu du titre du livre, Bradwardine n'était pas très clair sur la question de la prédestination et de la réprobation[1]. Pour Ceffons, qui cite longuement Bradwardine dans plusieurs contextes et sans se limiter à son *De causa Dei*, le *Doctor Profundus* est donc devenu l'archétype du théologien déterministe – même si Ceffons va parfois plus loin que Bradwardine en certaines occasions – mais sans que ce soit lié à la doctrine spécifique de la prédestination.

## L'ÉLECTION PARTICULIÈRE DOUBLE ET LA CAMPAGNE ANTIPÉLAGIENNE

La prolifération des théories à Paris et à Oxford culmina avec la position radicale de Grégoire de Rimini selon laquelle seul Dieu, de toute éternité, est la cause de la prédestination ou de la réprobation de chaque individu, théorie appelée « Élection particulière double »[2]. La réaction contre l'Élection générale, ou plus vaguement contre le « nouveau pélagianisme », avait bien sûr été immédiate, mais il nous reste à déterminer dans quelle mesure le pendule avait déjà dépassé l'Élection particulière unique pour aller vers l'Élection particulière double avant les travaux de Grégoire. Il faut donc nous focaliser spécifiquement sur la réprobation. Un exemple suggère que Grégoire fut influencé de manière non seulement négative mais aussi positive par ses contemporains, dont le carmélite catalan Guy de Perpignan (Guiu Terrena)[3].

Le 17 février 1340, 27 ans après être devenu maître en théologie à Paris, Guy acheva son immense commentaire sur le *Decretum* de Gratien, qui survit en entier dans des codex étonnamment luxueux à Paris et au Vatican. Guy souhaitait instruire les juristes à la fois en droit canon et en théologie et, parmi les *quaestiones* scolastiques et les *excursus* théologiques insérés dans son commentaire, il s'en trouve plusieurs qui sont pertinents pour la présente étude. Il est particulièrement intéressant de noter l'explication que fait Guy de la distinction entre les puissances de

1. Vignaux (1934), p. 97-140 ; Halverson (1998), p. 111-133.
2. Halverson (1998), p. 8.
3. Schabel (2015), p. 93-98.

Dieu comprises comme *absoluta* et *ordinata*, dont l'incompréhension ou la mauvaise utilisation par les juristes avait troublé les eaux claires de la théologie [1].

En défendant le point de vue traditionnel sur la prédestination, Guy évite de se fonder, comme le fait Pierre Auriol, sur 1 Timothée 2 :4 et s'appuie plutôt sur Romains 9, le *locus* classique non seulement pour ce qui concerne la prédestination éternelle de certains individus, tel que Jacob, au salut mais aussi pour la réprobation éternelle d'autres individus destinés à la damnation, suivant le modèle d'Ésaü. Comme Thomas de Strasbourg, mais en tirant la conclusion opposée, Guy évoque régulièrement la réprobation comme le revers de la médaille de la prédestination, en parlant de « cet homme-ci » ou « cet homme-là », et il emploie un passage pseudo-Ambrosien avec des verbes actifs : « Dieu a *élu* l'un et *rejeté* l'autre » [2].

Le contexte du *Decretum* convient bien à ces réflexions. Au travers du Pseudo-Augustin, Gratien et Guy de Perpignan se concentrent sur les différents effets de la « flagellation » divine sur Nabuchodonosor et Pharaon. Nabuchodonosor fut prédestiné de toute éternité et Dieu lui accorda Sa grâce pour le rendre pénitent; Pharaon fut éternellement réprouvé et Dieu le laissa choir dans le péché, ce que fit Pharaon, le temps venu, de sa propre volonté. Nabuchodonosor et Pharaon sont faits tous deux « de la même masse », comme les différents objets que le potier fabrique à partir du même argile dans l'exemple donné par l'Apôtre : ces objets diffèrent seulement à cause de la *volonté* du fabricant, bien que la volonté de Dieu soit liée à la justice dans sa damnation du réprouvé. « Nous sommes tous de la même masse en substance et nous sommes tous des pécheurs », affirme Guy, et « Dieu a pitié de l'un et méprise l'autre, non sans justice » [3], libérant l'un du péché dans Sa miséricorde et laissant l'autre dans son péché et le condamnant avec justice. À cause du péché originel, tous les hommes méritent la damnation mais certains sont sauvés par la grâce.

1. Voir le dialogue entre Courtenay (1990) et Oakley (2002) sur les différentes définitions.

2. Guy de Perpignan, *Commentarium super Decretum Gratiani* II, causa 23, q. 4, c. 22-23, q. 5, éd. Schabel (2015), p. 360.17-18 : « Sciendum quod alterum praescientia elegit et alterum sprevit ».

3. *Ibid.*, p. 370.15-16 : « ... cum omnes ex eadem massa simus in substantia et cuncti peccatores, alii miseretur et alium despicit, non sine iustitia ».

Dans un *excursus* spécifique sur la réprobation, Guy de Perpignan tente de préserver une symétrie entre la prédestination et la réprobation, qui ont en commun d'être toutes deux des actes de cognition divine ayant trait au salut, mais qui sont contraires l'une à l'autre en ce qui concerne le bien et le mal : « Dieu connaît d'avance celui qu'Il prédestine et celui qu'Il réprouve : Il connaît d'avance le futur homme juste et le futur méchant » [1]. La différence, du point de vue de Dieu, est que dans la prédestination Dieu préordonne les justes à la vie éternelle et leur accorde l'aide qu'il leur faut pour recevoir la grâce, alors qu'Il ne donne pas aux méchants la grâce du salut ultime, leur méchanceté et leur faute coopèrent, Il leur permet de pécher, Il les damne et les punit à juste titre et ils s'endurcissent dans leur méchanceté, qui augmente encore, non pas parce que Dieu leur donne de la méchanceté mais parce qu'Il leur refuse la grâce. En d'autres termes, par Sa seule miséricorde, Dieu choisit librement d'accorder la grâce à certains mais la refuse à d'autres, qui par conséquent commettent des péchés et sont damnés, à juste titre. Pour citer Augustin, « Ce n'est pas tant que Dieu durcit les personnes de telle sorte qu'Il les force à pécher » ; c'est plutôt qu'« Il n'étend pas la miséricorde de Sa justification à certains pécheurs, et c'est en ceci qu'on dit qu'Il les endurcit, et non pas qu'Il les force à pécher » [2].

En quoi cela diffère-t-il de ce que Grégoire de Rimini dira quelques années plus tard pendant ses conférences à Paris sur les *Sentences*, à l'automne 1343 ? Grégoire indique clairement que personne n'est réprouvé à cause d'une chose connue d'avance telle que le mauvais usage du libre arbitre. Grégoire écrit :

> Ce n'est pas à cause de leur incrédulité future ou de leurs mauvais actes qu'ils n'étaient pas prédestinés et, par conséquent, n'étaient pas réprouvés non plus ; c'est plutôt le contraire, non pas que Dieu leur ait imposé l'incrédulité ou la méchanceté ou quelque chose par quoi ils deviendraient incrédules ou méchants, mais plutôt parce que la grâce par laquelle ils croiraient et seraient bons ne leur avait pas été conférée, *une grâce qui,*

1. Guy de Perpignan, *Commentarium super Decretum Gratiani* II, causa 23, q. 4, c. 22-23, q. 5, éd. Schabel (2015), p. 364.22-22 : « Deus praescit quem praedestinat et praescit quem reprobat : praescit futurum bonum, praescit futurum malum ».

2. *Ibid.*, p. 365.25-366.2 : « Non ergo intelligendum est quod Deus ita induret quod "quemquam peccare cogat, cum ipse neminem peccare cogat, sed tantum", ut Augustinus dicit *Ad Supplicianum*, "quibusdam peccatoribus misericordiam suae iustificationis non largitur, sed ob hoc eos obdurare dicitur, non quod impellat ut peccent" ».

*bien sûr, ne fut pas conférée parce qu'ils avaient été éternellement réprouvés*[1].

Dans une série de cinq conclusions qui constituent le point focal de la discussion de Grégoire de Rimini, l'augustinien semble systématiser et clarifier ce que le carmélite a déjà dit[2]. La première conclusion est dirigée vers Thomas de Strasbourg, la seule personne à être directement citée en marge : personne n'est prédestiné en raison du bon usage du libre arbitre, c'est-à-dire qu'il n'y a pas de cause positive de la prédestination du côté du prédestiné. La deuxième conclusion s'attaque à Pierre Auriol : personne n'est prédestiné parce que l'on sait d'avance qu'il ne posera pas d'obstacle à la grâce, c'est-à-dire qu'il n'y a pas de cause privative de la prédestination du côté du prédestiné. La troisième conclusion, contre les opinions de Thomas Wylton, Auriol, Guiral Ot et Thomas de Strasbourg, est tout simplement la position de l'Élection particulière unique sur la prédestination, issue uniquement de la miséricorde de Dieu. C'est seulement avec la quatrième et la cinquième conclusions que Grégoire, sur l'incitation d'Auriol et de Thomas de Strasbourg, rompt avec la position traditionnelle. La quatrième conclusion, contre l'Élection particulière unique, affirme que personne n'est réprouvé en raison d'un mauvais usage du libre arbitre, qui serait connu à l'avance, et la cinquième, contre Auriol, affirme que personne n'est réprouvé en raison d'un obstacle posé à la grâce, qui serait connu à l'avance. Pour Grégoire, dont la théorie est aussi symétrique que celle d'Auriol, le salut et la réprobation n'ont rien à voir avec le fait que l'on commette des péchés ou pas. Il avait admis, toutefois, que l'on ne sait pas pourquoi certaines personnes en particulier sont sauvées, tandis que certaines autres sont damnées. En revanche, on sait que Dieu veut activement accorder la grâce aux élus et la refuser aux damnés[3].

1. Grégoire de Rimini, *Lectura super primum Sententiarum*, d. 40-41, q. 1, a. 2, éd. Trapp et Marcolino (1984), p. 340.29-341.2 : « Ex quo manifeste sequitur quod non propter incredulitatem eorum futuram aut opera mala fuerunt non praedestinati, et per consequens nec reprobati, sed potius econtra, non quidem a deo eis fuerit irrogata incredulitas vel malitia aut aliquid, per quod fierent increduli vel mali, sed quia non fuit eis collata gratia, per quam crederent et essent boni, quae utique ideo collata non est, quia fuerant aeterntaliter reprobati ».

2. *Ibid.*, p. 326-343.

3. Vignaux (1934), p. 165-175 ; Halverson (1998), p. 143-157.

Heiko Oberman, qui rejette « l'erreur de la thèse longuement défendue » selon laquelle Bradwardine et Grégoire de Rimini étaient simplement « des lumières augustiniennes dans une nuit pélagienne » [1], développe de longs arguments pour montrer que l'anti-pélagianisme de Grégoire a inspiré une *via Gregorii* ou une *schola Augustiniana moderna* au Moyen Âge tardif qui a eu un impact sur les théologiens de la Réforme. Oberman convainquit plusieurs chercheurs mais, en 1998, James Halverson publia un livre dans la collection d'Oberman dans lequel il déclara ne connaître que deux adhérents médiévaux à l'Élection particulière double de Grégoire : Pierre d'Ailly et Marsile d'Inghen [2]. Sans avoir peut-être eu connaissance du livre d'Halverson, Eric Leland Saak rejette, quant à lui, l'idée, avancée par Oberman, qu'ait été menée une « campagne renouvelée contre les nouveaux pélagiens, entreprise par Thomas Bradwardine et Grégoire de Rimini dans les années 1340 » : « Pour le résumer simplement, la campagne *contra Pelagianos modernos* n'était pas aussi courante ou répandue qu'Oberman l'a suggéré » [3].

La portée de la campagne contre les nouveaux pélagiens, celle de l'influence directe que Grégoire put avoir à cet égard et celle du nombre d'adhérents à sa doctrine spécifique de l'Élection particulière double représentent des enjeux distincts. Halverson a déjà remarqué que la « double prédestination » dans la forme moins extrême que représente l'Élection particulière unique « n'est pas spécifique à l'anti-pélagianisme des XIV^e^ et XV^e^ siècles mais est plutôt l'opinion dominante dans la théologie scolastique » en général [4]. Cela implique que, pour déterminer l'impact de Grégoire, il faille chercher des expressions et des doctrines qui lui sont spécifiques. En même temps, William Courtenay, Halverson et moi-même avons montré [5], n'en déplaise à Saak, que la lutte contre les nouveaux pélagiens était déjà répandue avant les ouvrages antipélagiens majeurs de Grégoire et de Bradwardine ; on peut la repérer dans l'opposition oxonienne à Ockham, Wodeham et Holcot et, surtout, dans les attaques des scotistes parisiens contre Auriol. J'y reviendrai dans la dernière partie du présent chapitre, mais examinons d'abord ce que l'exemple de Pierre Ceffons peut apporter à ce récit historique.

1. Oberman (1966), p. 131.
2. Halverson (1998), p. 8 et n. 18.
3. Saak (2012), p. 37-38.
4. Halverson (1998), p. 7.
5. Courtenay (1987), p. 296-297 ; Halverson (1998), p. 9 ; Schabel (2002), p. 225-237 et p. 251 ; Schabel (2015), p. 98-100.

## La réaction de Pierre Ceffons envers Thomas Bradwardine et Grégoire de Rimini

Pierre Ceffons était probablement le premier à lire à la fois Grégoire de Rimini et Thomas Bradwardine avec attention, et ils étaient tellement efficaces dans leur destruction des tendances « pélagiennes » des décennies précédentes que Pierre Ceffons, comme la grande majorité des théologiens médiévaux tardifs, sans considération de la réprobation, réaffirma sans hésitation son adoption de l'Élection particulière unique. Ceffons bénéficiait en cela d'un appui institutionnel, puisque le procès contre son confrère Jean de Mirecourt aboutit à la condamnation à Paris de la position de Thomas de Strasbourg[1]. Ceffons n'a pas ouvertement adopté l'Élection particulière double de Grégoire, mais le fait que le cistercien insère des digressions sur la prédestination ou, de manière encore plus significative, sur la réprobation, à la fois dans son *Confessionale* de jeunesse et dans son *Centilogium* tardif, ainsi que la manière dont il utilise ces digressions, indique que Ceffons était favorable à la théorie de l'Augustinien et probablement même convaincu par cette théorie.

Dans son premier *principium* datant du début de l'automne de 1348, Ceffons aborde brièvement la prédestination. En parlant *ut theologus*, il suggère avec précaution que Dieu pourrait nous *necessitare* sans que nous ne nous en rendions compte, même si Ceffons n'affirme pas qu'Il le fait réellement, « Car il serait dangereux de le dire à l'intérieur de cette université, bien que, à l'extérieur, cette position soit ouvertement maintenue par de nombreuses personnes », ce qui est une référence à Bradwardine, parmi d'autres. De cette façon, en parlant *ut theologus*, si l'argument d'Aristote contre le point de vue du nécessitarisme, selon lequel il n'y aurait « aucun besoin de travailler, délibérer ou chercher conseil si tout arrivait par nécessité », était appliqué à la prédestination, cet argument ne serait pas convaincant pour la même raison, exactement comme cela serait le cas, *mutatis mutandis*, du propos d'Avicenne qui conseillait de battre ceux qui affirment que, quoi qu'il advienne, c'est Dieu qui l'a

1. Une décennie après Céffons, André de Neuchâtel citait encore les articles 39 et 41 contre Mirecourt ; voir Friedman (1994), p. 124 : « Item ad hoc sunt tres articuli Parisienses in posterioribus quorum unus sic dicit : "Quod propter opera alicuius futura bona Deus predestinavit aliquem ab eterno, error" ; alius est : "Quod aliquis est predestinatus ab eterno propter bonum usum liberi arbitrii quem Deus prescivit eum habiturum, error" ; alius est : "Quod non sicut gratis et misericorditer Deus predestinavit illum quem predestinavit, quin etiam pro omnibus bonis futuris ipsius vel alterius, error" ».

prédestiné ainsi [1] (voir le début de notre chapitre IV). Concernant la réprobation, d'ailleurs, un nécessitariste soutiendrait l'absurdité de l'idée selon laquelle Socrate, qui est et qui sera toujours dans un état de péché, « peut » quitter cet état :

> Pour quelqu'un qui n'est pas prédestiné, à quoi cela sert-il de "pouvoir" être sauvé, si de fait il n'est jamais sauvé ? Et pour quelqu'un qui est prédestiné, quel mal y a-t-il à ce qu'il "puisse" être damné si, de fait, il n'est jamais damné [2]?

Vers le début du mois de décembre 1348, au moment de l'arrivée de la peste noire à Paris, Ceffons s'intéressa à nouveau à cette question dans son *Confessionale Petri*, traitant en quelques pages du problème de la prédestination et de la réprobation dans le premier livret, au sujet des régulations excessives au sein de l'Église. Cette digression illustre l'urgence que cette question revêtait pour Ceffons : il commence par affirmer que, à la différence des prélats, qui ne sont que des êtres humains, Dieu peut faire toutes les règles qu'Il souhaite faire, puisqu'Il n'est redevable à personne [3]. Dans sa conclusion Ceffons boucle la boucle :

> Mais ceci est très différent de la prélation des pécheurs humains sur d'autres humains qui leur sont semblables et leur sont parfois supérieurs. Car un sujet est fréquemment mieux accueilli par Dieu qu'un prélat ; en effet, un sujet est fréquemment prédestiné à la vie éternelle tandis qu'un

1. Pierre Ceffons, *Principium* I, Troyes 62, f. 7ra : « Notetur etiam secundo : loquendo etiam ut theologus, constat quod Deus necessitare posset fortiorem hominem ad luctandum cum puero et ad volendum sic subcumbere, et non propter hoc experiretur homo se violentari a Deo, sed pure crederet se posse, ita quod fieret dulcis et amicabilis necessitas subcumbendi, quam necessitatem non experiretur. Plene esse necessitatem in quolibet homine esset de facto respectu cuiuslibet actus sui, quamvis hoc non dicam ego. Periculosum etiam esset hoc dicere in hac universitate, quamvis extra hoc tenetur patenter a multis. Et notetur tertio quod, loquendo etiam ut theologus, illa argumenta quae tacta sunt, quod non oportet laborare nec consiliari aut negotiari si omnia evenirent de necessitate, possunt fieri de praedestinatione… ».

2. *Ibid.*, f. 7ra-b : « Quid valet posse evenire oppositum, ex quo de facto non eveniet ? Cum enim deberet abhorrere Sortes quod ipse semper esset in malo statu, et cum hoc quod posset non esse in malo statu, sicut semper necessario esset in malo statu, quia etsi posset non esse in malo statu, dum tamen numquam esset extra malum statum, quid sibi conferret illud "posse" ?… Sic ergo diceret adversarius : quid valet isti [non] praedestinato posse salvari si de facto numquam salvabitur ? Et quid obest isti praedestinato posse damnari si de facto numquam damnabitur ? »

3. *Id.*, *Confessionale Petri* I, c. 3, Troyes 930, f. 85vb : « Sed etiam Deus praesidet creaturis ut ex rigore eis non teneatur, sed ipse sibi ».

> prélat est voué à la mort… Les supérieurs ont d'innombrables occasions d'être facilement damnés, que j'omets par lassitude [1].

Le lien avec le thème central du *Confessionale* est ténu, et rend, à la limite, la remarque de Ceffons sur la sotériologie plus significative encore. L'accent est mis sur la métaphore biblique du potier et de l'argile, que l'Apôtre utilise dans Romains 9 pour expliquer d'autres passages de l'Écriture dont la teneur principale est que, tout comme Dieu traite les animaux sans considérer leur mérite et leur démérite, Il traite de même les humains. Cependant, c'est surtout la punition qui est mise en avant :

> Et beaucoup de docteurs affirment que, peu importe le degré de justice d'un homme, Dieu peut le frapper plus que Job et, de fait, Lui Qui donne de la peine aux bêtes sans considérer leurs démérites, puisqu'elles n'ont aucun démérite, pourrait soumettre à une peine éternelle et damner pour toute l'éternité un homme juste sans démérite. Il n'agit pas plus injustement qu'un potier contre ses vases quand il en casse un et fracasse un autre en suivant le désir de sa volonté. Nous sommes encore plus sujets à Dieu que les vases au potier [2].

Ceffons souligne plusieurs fois la nature arbitraire de la prédestination et de la réprobation, du salut et de la damnation, par lesquels, avant même que les hommes naissent, de toute éternité, Dieu élit les uns et réprouve les autres. Un enfant meurt avant le baptême et est damné, un autre meurt après et est sauvé ; l'un naît et meurt parmi des gentils et est damné, l'autre naît, est baptisé et meurt parmi des chrétiens et est sauvé. Des adultes chrétiens sont sauvés malgré le fait que, s'ils avaient vécu parmi des gentils, ils auraient suivi une autre religion. Il ne semble pas y avoir de raison derrière la volonté de Dieu, comme le fait remarquer Ceffons en se référant semble-t-il à Thomas Bradwardine, aussi bien qu'à Grégoire de Rimini, bien entendu :

1. *Ibid.*, f. 86vb : « Sed multum differt praelatio hominum peccatorum super homines sibi similes, et quandoque meliores se. Frequenter enim subditus est Deo magis acceptus quam praelatus, immo frequenter est subditus praeordinatus ad vitam aeternam et praelatus est praescitus ad mortem… Faciliter tamen damnantur superiores propter innumerabiles occasiones quas propter taedium dimitto ».

2. *Ibid.*, f. 85vb : « Et asserunt quam plurimi doctores quod hominem quantumcumque iustum posset magis affligere quam Iob, immo qui dat paenam brutis sine demeritis ipsorum, cum non demereantur, posset iustum sine demeritis aeternis constituere in paenis et in aeternum damnare. Nec iniuste ageret, non plus quam figulus contra vasa, dum unum frangit, aliud dilacerat pro suae libito voluntatis. Nos sumus adhuc magis subiecti Deo quam vasa figulo ».

> Je me rappelle avoir lu, chez des docteurs d'une renommée loin d'être médiocre et qui ne manquent pas de *profondeur* dans leurs recherches de la vérité, qu'il n'y a pas de cause du côté du prédestiné qui ait fait que Dieu l'ait prédestiné, à part le bon vouloir de Dieu et qu'il n'y a pas non plus de cause du côté du réprouvé car Dieu l'a réprouvé depuis l'éternité – *mais je ne veux pas affirmer cela en ce moment.* Si Dieu m'en a accordé la grâce, j'ai l'intention de considérer ceci plus longuement ailleurs et d'écrire ou de parler après de plus amples délibérations [1].

Quelques semaines ou peut-être seulement quelques jours plus tard, Ceffons fit une *lectio* sur ce sujet aux Bernardins, non sans avoir cité longuement, dans son *Confessionale*, l'Épître aux Romains 9, ainsi que la justification du point de vue de la double prédestination des peuples de Tyr et de Sidon et des Juifs, tirée du *De dono perseverantiae* d'Augustin, ainsi que la discussion parallèle de Gratien dans le *Decretum.* Ceffons conclut, de manière à la fois ferme et hésitante, sur la paraphrase d'un passage de Grégoire cité plus haut :

> Il semble donc manifestement s'ensuivre que ce n'était pas à cause de leurs croyances futures ou de leurs méfaits qu'ils n'avaient pas été prédestinés ni par conséquent réprouvés, mais plutôt le contraire, non pas que Dieu leur ait donné la méchanceté ou la fausse croyance par nécessité, bien sûr, mais parce que la grâce par laquelle ils auraient cru, afin d'être bons, ne leur a pas été accordée [2].

De manière moins hésitante, Ceffons ajoute qu'il est certain que Dieu pourrait sauver tout le monde et ne damner personne, s'Il le souhaitait. Ceffons prie pour que lui-même et ses amis soient parmi les élus, mais il reconnaît fermement que le salut et la damnation dépendent, ultimement, seulement de la volonté de Dieu, Qui n'a obligation envers personne : « Même s'Il mettait une personne innocente en enfer, Il ne pourrait pécher ou agir injustement contre personne » [3].

1. Pierre Ceffons, *Confessionale Petri* I, c. 3, Troyes 930, f. 86ra : « In doctoribus etiam non mediocris famae et in veritatum investigationibus non modicum profundis memini me legisse quod nulla est causa ex parte praedestinati quare Deus eum praedestinat nisi beneplacitum Dei, nec etiam causa aliqua ex parte reprobati quare Deus istum ab aeterno reprobavit – quod tamen asserere non volo pro nunc. Si Deus gratiam dederit, intendo alias diffusius videre et cum maiori deliberatione de hoc scribere seu loqui ».

2. *Ibid.*, f. 86rb : « Ex quo manifeste videtur sequi quod non propter credulitates eorum futuras aut opera mala fuerunt non praedestinati, et per consequens nec reprobati, sed potius econtra, non quidem ut eis a Deo sit malitia aut falsa credulitas de necessitate data, sed quia non fuit eis gratia collata per quam crederent ut essent boni ». Voir *supra* n. 1 p. 185.

3. *Ibid.*, f. 86vb : « Haec de Deo, qui non potest peccare nec contra aliquem iniuste facere, etiam si innocentem poneret in Inferno ».

Ceffons, qui s'abstient de défendre ouvertement l'Élection particulière double de Grégoire, se limite, dans le *Confessionale*, à présenter sa vision et les *auctoritates* qui ont soutenu les idées de Grégoire et de Bradwardine, en ignorant complètement tout ce qui peut ressembler de loin à l'Élection générale et en négligeant même d'insister sur la justice de la damnation des méchants par Dieu, un élément important dans la théorie de l'Élection particulière unique.

Peu de temps après, Ceffons parvint à la distinction 40 dans ses *lectiones* sur le livre I des *Sentences* de Pierre Lombard, le lieu habituel pour traiter de la prédestination et de la réprobation. Le titre de la question concerne seulement la prédestination mais, comme nous l'avons vu, il présente la conclusion générale qui englobe aussi la réprobation, mais un peu comme une arrière-pensée : « Tout être humain est soit prédestiné à la vie éternelle, soit reprouvé », avant de défendre la doctrine de la prédestination *per se* commune à l'Élection particulière unique et à l'Élection particulière double : « Dieu ne nous prédestine pas à la vie éternelle en raison de nos mérites, mais exclusivement en raison de sa grâce » [1]. La seule question, donc, est de savoir si Ceffons adopta la position extrême sur la réprobation qu'il avait récemment décrite dans le *Confessionale*. Ceffons commence avec sa prudence caractéristique, qu'elle soit sincère ici ou non :

> Outre ceci, je dis aussi que je ne sais même pas comment soutenir de la façon la plus entière, pour ma part, que quelqu'un est éternellement réprouvé à cause de ses mérites. Il faut donc savoir qu'il y avait une opinion selon laquelle Dieu a librement prédestiné certaines personnes et réprouvé certaines autres, et n'a pas élu certains et réprouvé d'autres en raison de leurs mérites ou de leurs démérites [2].

Ceffons donne des arguments pour et contre Grégoire et recycle beaucoup des autorités qu'il avait utilisées dans le *Confessionale* mais il prend en même temps soin de réfuter une opinion plus ancienne associée à Henri de Gand selon laquelle les enfants réprouvés qui meurent avant de pécher sont réprouvés à cause des méfaits qu'ils auraient commis s'ils avaient vécu. La majeure partie de la discussion, y compris la partie contre

1. Pierre Ceffons, *Lectura in I Sententiarum*, d. 40, q. 1, Troyes 62, f. 64ra : « Secunda conclusio : quod quilibet est praedestinatus ad vitam aut reprobatus... Tertia conclusio : quod non propter merita a Deo praedestinamur ad vitam aeternam, sed ex mera gratia Dei ».

2. *Ibid.*, f. 64rb : « Dico etiam ulterius quod nescio etiam sustinere plenissime ex me quod aliquis sit reprobatus aeternaliter propter mereta sua. Unde est sciendum quod fuit una opinio tenens quod Deus libere aliquos praedestinavit et alios reprobavit, nec propter merita vel demerita istos elegit et alios reprobavit ».

Grégoire, s'inspire de Grégoire, et est parfois copiée mot pour mot à partir de ses écrits. Puisque certains des arguments contraires à la position de Grégoire sont également opposés à l'Élection particulière unique, Ceffons s'efforce de séparer ses propres arguments de ceux-là, tout en gardant une distance de sécurité par rapport à la position de Grégoire sur la réprobation :

> Mais il faut rester conscient ici que j'affirme que personne n'est prédestiné à la vie éternelle en raison de ses mérites même si, concernant l'obduration, je ne sais même pas défendre etc. Mais je ne dis pas etc. Et parce qu'il est *dangereux par les temps qui courent* d'affirmer quoi que ce soit sur la question, je récite cependant ou je formule des solutions que les adversaires proposeraient ou qui pourraient leur venir à l'esprit [1].

Ceffons réfute alors quinze arguments qui avaient été allégués en opposition à Grégoire, parfois encore en s'appuyant sur des citations déjà employées dans le *Confessionale*. Ceffons ne va pas jusqu'à défendre le point de vue alternatif contre Grégoire, mais reste cependant assez neutre :

> Je ne nie pas que les pécheurs méritent la peine éternelle ou qu'elle leur soit imposée de manière juste ; Dieu les traite avec miséricorde, puisque leurs péchés méritent ou nécessitent encore plus, et Dieu pourrait, avec justice, les frapper de manière plus intense. Mais j'affirme qu'il serait difficile de voir comment quelque chose de temporel pourrait être la cause de la réprobation éternelle. Concernant la prédestination, cependant, je *déclare* que nous sommes prédestinés à la vie éternelle par la grâce de Dieu [2].

Le cistercien soutient l'Élection particulière unique et réfute avec difficulté l'Élection particulière double, même si les damnés méritent leur sort.

1. Pierre Ceffons, *Lectura in I Sententiarum*, d. 40, q. 1, Troyes 62, f. 64va : « Sed hic est advertendum quod teneo nullum esse praedestinatum ad vitam aeternam propter merita, sed de obduratione etiam nescio sustinere etc. Tamen non dico etc. Et quia his diebus periculose aliquid asseritur in hac materia, recito tamen aut fingo solutiones quas darent aut quae occurrere possent ipsis adversariis ».

2. *Ibid.*, f. 64vb : « Similiter, non nego quin peccatores digni sint paena aeterna et iuste eis datur, immo misericorditer Deus agit cum eis, quia eorum peccata adhuc plus merentur aut exigunt. Hoc est quod Deus posset intensius eos afligere iuste etc. Sed bene dico quod esset difficile videre quod aliquod temporale esset causa reprobationis aeternae quam Deus ab aeterno reprobavit etc. De praedestinatione autem assero quod ex gratia Dei sumus praedestinati ad vitam aeternam ».

Pierre Ceffons a donc affronté le problème de la prédestination et de la réprobation à trois occasions au cours de l'automne 1348, dans son premier *principium*, au début du *Confessionale Petri* et dans ses *lectiones* sur le livre I des *Sentences*. Thomas Bradwardine et, surtout, Grégoire de Rimini avaient eu un tel succès dans le combat contre les tendances « pélagiennes » de Thomas Wylton, Pierre Auriol, Guillaume d'Ockham, Gautier Chatton, Guiral Ot, Robert Holcot, et Thomas de Strasbourg que Ceffons ne prête attention à ces auteurs que dans la mesure où il résume les arguments et contre-arguments de Grégoire à leur encontre. Ceffons est convaincu que les élus sont prédestinés par la grâce seule, mais, tout en s'attardant sur la théorie de Grégoire concernant la réprobation et en se déclarant incapable de la réfuter, il s'abstient de l'épouser ouvertement.

Quelques années plus tard, probablement au début de 1353, un Pierre Ceffons plus mature trouva une nouvelle occasion d'explorer ce problème, cette fois dans le *Centilogium* que Jésus-Christ aurait dicté à Ceffons, notaire. Vers la fin du dialogue qui occupe quelques-uns des chapitres centraux, le chapitre 73 est intitulé « De la prédestination ». À la différence de ses traitements antérieurs du sujet, le personnage de Ceffons commence par demander au Christ pourquoi l'Écriture dit que Dieu « veut que tous les hommes soient sauvés et parviennent à la connaissance de la vérité », selon 1 Timothée 2 :4, le fondement de l'Élection générale de Pierre Auriol. Christ esquive la question, et cite plutôt Romains 9, autour de « J'ai aimé Jacob, et j'ai haï Esaü », le fondement de l'Élection particulière double de Grégoire de Rimini. Ceffons réagit d'une manière typiquement autobiographique, révélant peut-être ainsi une évolution dans sa propre pensée, faisant référence à Bradwardine aussi bien qu'à Grégoire :

> Seigneur, j'ai lu ces choses, et j'ai aussi trouvé certains théologiens *profonds* qui écrivent qu'il n'y a aucune cause du côté des humains de leur prédestination de toute éternité, et aucune cause du côté des réprouvés pour que Votre Sublimité les ait réprouvés depuis l'éternité. Quand j'ai lu ceci j'ai été très étonné et j'ai tremblé comme devant un blasphème. Mais avec le passage du temps, en contemplant l'idée plus profondément, j'ai commencé à avoir moins peur, même si cette matière dépasse toujours les limites de mes capacités [1].

1. Pierre Ceffons, *Centilogium*, c. 73, Troyes 930, f. 48va : « Petrus : Haec, Domine, bene legi, quosdamque profundos reperi theologos scribentes quod nulla est causa ex parte hominum quare ab aeterno praedestinati fuerint, nullaque causa ex parte reprobatorum quare eos vestra infinita sublimitas reprobaverit ab aeterno, quod dum legissem vehementer

Encore une fois, Ceffons professe qu'il ne voit pas comment la réprobation éternelle de Dieu peut être causée de quelque manière que ce soit par les créatures et par leurs péchés. Après tout, ceci découle de la volonté de Dieu, qui est l'essence de Dieu, qui est le Père, le Fils et le Saint-Esprit :

> Ainsi, Seigneur, je ne détermine pas ici quel parti je dois prendre, mais je dis seulement que plusieurs soutiennent que, sans qu'il y ait une cause du côté des réprouvés, Dieu les a réprouvés depuis l'éternité. Ceci, je le dis, plusieurs personnes l'affirment. Mais ce que *je* dis en ceci, Vous le savez bien : *Tout est à nu et à découvert à* vos *yeux* [1].

Le chapitre se termine ainsi, car le Christ change alors de sujet, faisant une référence indirecte à Bradwardine : « En vérité, nous savons ce que tu penses, mais cette question devrait être traitée dans des châteaux scolastiques, tout comme tu l'as traitée ailleurs avec profusion en lisant le premier livre des *Sentences* » [2]. Le Christ aurait su également que Pierre Ceffons n'avait pas exprimé son opinion ferme par écrit, ni dans ses questions sur les *Sentences*, ni dans son *Confessionale*, ni dans ses *principia*.

Pierre Ceffons était peut-être franc et volubile, un controversiste, un réformateur, mais ce n'était pas un polémiste. Il semble sincèrement intéressé par la vérité, que cette vérité soit le statut épistémologique de la doctrine acceptée ou, dans certains cas, la doctrine elle-même. Quand il discute de la prédestination, c'est sans émotion, sans colère et sans orgueil. Il considère qu'il n'y a plus besoin d'écraser les nouveaux pélagiens, il est sûr que la doctrine traditionnelle de la prédestination, excluant la réprobation, est la bonne et il respecte le point de vue radical sur la réprobation que défendent Thomas Bradwardine et, de manière plus claire et systématique, Grégoire de Rimini. Il n'avance pas cette position ; mais en même temps, Grégoire ne l'a pas avancée non plus :

> Certainement, puisque cette *perscrutatio* est la plus haute et, pour nous mortels, *imperscrutabilis*, et que commettre une erreur à ce sujet serait très

expavi et exhorrui tanquam blasphemiam, sed temporis in successu cogitando profundius minus exhorrere cepi, quamvis semper ingenioli mei limites haec materia transcendat ».

1. Pierre Ceffons, *Centilogium*, c. 73, Troyes 930, f. 48va « Hic ergo, Domine, non determino quam partem teneam, sed solum dico quod non nulli tenent quod Deus sine causa ex parte reprobatorum eos reprobavit ab aeterno. Hoc, inquam, dicunt non nulli. Sed quid dicem in illo bene noscis : *Omnia* tibi *nuda sunt et aperta* ».

2. *Ibid.*, c. 74, Troyes 930, f. 48va : « Ihesus Christus : Bene noscimus quid sentias. Sed haec materia deberet in castris pertractari scholasticis, sicut et tu alias eam diffuse pertractasti super primum Sententiarum ». L'expression *in castris scholasticis* se trouve aussi dans la préface du *De causa Dei* de Bradwardine.

> dangereux, j'ai l'intention de ne rien dire en mon nom dans cette affaire, mais de dire simplement ce que je pense être l'opinion des saints, en particulier celle du bienheureux Augustin, sans rien affirmer d'irréfléchi ou d'obstiné [1].

Sans jamais s'efforcer avec détermination de réfuter Grégoire de Rimini, Pierre Ceffons donne tout naturellement l'impression que Jésus-Christ sait que l'opinion sur la réprobation que soutient Ceffons est précisément celle de Grégoire.

## LA PÉRIODE ENTRE LA PESTE NOIRE ET MARTIN LUTHER

Dans l'enquête contre Mirecourt, l'université de Paris a condamné certains articles pélagiens [2]. Plus extrême dans sa doctrine de la réprobation, mais précautionneux, Pierre Ceffons rejoint donc Grégoire de Rimini dans sa campagne prudente contre les nouveaux pélagiens. Dans cette affaire, Pierre d'Ailly suit encore le même chemin que Ceffons, également *sine assertione*, mais il dénonce activement Grégoire en raison de ses incohérences, et par conséquent il va plus loin que l'augustin. Aux cinq conclusions de Grégoire, d'Ailly ajoute en effet une sixième, qui, « bien qu'il ne la pose pas, découle de ses autres [conclusions] et de ses affirmations » : « Celui que Dieu a réprouvé, Il l'a réprouvé sans aucune cause dans la personne qui est réprouvée » [3]. Comme indiqué plus haut, un autre théologien majeur, Marsile d'Inghen, était aussi du côté de Grégoire.

Les auteurs ne traitèrent pas tous du sujet de la prédestination après 1330 ; l'absence de soutien ouvert n'est donc pas forcément un signe

1. Grégoire de Rimini, *Lectura super primum Sententiarum*, d. 40-41, q. 1, éd. Trapp et Marcolino, p. 321.16-19 : « Verum, quia haec perscrutatio altissima est et imperscrutabilis nobis mortalibus, et in ipsa errare nimium est periculosum, idcirco nihil ex me in hac materia loqui intendo, sed simpliciter sententias, quas puto esse sanctorum, et maxime beati Augustini, nihil penitus temerarie aut pertinaciter asserendo ».

2. André de Neuchâtel les citait encore vers 1360 ; Friedman (1994), p. 124 : « Item ad hoc sunt tres articuli Parisienses in posterioribus quorum unus sic dicit : "Quod propter opera alicuius futura bona Deus praedestinavit aliquem ab aeterno, error" ; alius est : "Quod aliquis est praedestinatus ab aeterno propter bonum usum liberi arbitrii quem Deus praescivit eum habiturum, error" ; alius est : "Quod non sicut gratis et misericorditer Deus praedestinavit illum quem praedestinavit, quin etiam pro omnibus bonis futuris ipsius vel alterius, error" ».

3. Pierre d'Ailly, *In I Sententiarum*, q. 12, a. 2, éd. Schabel : « Sexta potest addi quod, quemcumque Deus reprobavit, sine quacumque causa in ipso reprobato eum reprobavit… Sexta propositio, licet eam non ponat, tamen sequitur ex aliis et ex eius dictis, sicut patet ».

d'opposition. Néanmoins, il y en eut certainement d'autres pour se joindre à la lutte de Grégoire même s'ils n'ont pas encore été identifiés, soit parce que les chercheurs n'ont pas lu leurs œuvres imprimées avec suffisamment d'attention (ou ne les ont pas lues du tout), soit parce que leurs écrits, comme ceux de la vaste majorité des théologiens du Moyen Âge tardif, demeurent toujours inédits. Dans ce qui suit, je donne des exemples des deux scénarios que j'ai trouvés non pas en menant une étude rigoureuse et systématique – j'insiste sur la nature fortuite de ces découvertes – mais par accident, parce que je participais à une enquête sur la totalité de leurs œuvres.

Le premier de ces théologiens écrivit avant Ceffons. Le successeur immédiat de Grégoire de Rimini en tant que bachelier augustinien des *Sentences* à Paris (en 1344-1345) fut Alphonse de Vargas de Tolède, dont les questions sur le livre I des *Sentences*, très populaires et influentes et qui furent les seules à survivre, ont été imprimées dans un incunable. Le texte de cette première version imprimée est assez corrompu, comme je l'ai découvert en préparant l'édition des questions de son disciple sur la prédestination, le cistercien Jacques d'Eltville, qui enseignait à Paris en 1369-1370. L'exemple d'Alphonse de Vargas est important, car Eric Leland Saak affirme que, bien qu'étant membre de l'ordre de Grégoire, il « ne donne aucune indication d'avoir rejoint la “campagne” contre les nouveaux pélagiens »[1].

Vargas connaissait les cinq conclusions de Grégoire, mais il choisit de ne pas inclure celles qui touchaient à la réprobation. Même si Vargas peut donc donner l'impression d'avoir adopté une version de l'Élection particulière unique, il va plus loin que Grégoire en insistant sur le fait qu'aucune bonne action discernée d'avance, même pas la foi en Dieu, ne peut avoir une influence quelconque sur la prédestination *éternelle.* Vargas étend aussi l'absence de lien de causalité aux mauvaises actions : « Je dis encore que ce n'est pas à partir des actions futures, bonnes *ou mauvaises*, qui ne seraient ni bonnes *ni mauvaises* sans grâce appliquée ou soustraite »[2]. Il est crucial de noter que l'intention explicite de Vargas dans toute la partie du texte qui contient ses conclusions – une partie rajoutée à la question après les réponses aux arguments du début, mais

1. Saak (2012), p. 37-38 ; voir aussi p. 46. Le livre de Saak couvre aussi les protagonistes du débat moderne. Pour Vargas, il se réfère à sa propre étude antérieure : Saak (1997), p. 384-397, en particulier p. 394-397 sur la doctrine de la prédestination selon Vargas.

2. Alphonse de Vargas, *In primum Sententiarum*, dd. 40-41, clarificatio, éd. Venice 1490, reprint 1952, col. 628 : « Item dico quod non ex operibus futuris bonis vel malis que bona vel mala non erant nisi apposita gratia vel subtracta ».

qui en constitue les trois quarts – est de réfuter Thomas de Strasbourg, le dernier des nouveaux pélagiens à Paris et le plus important pour Vargas. Là encore, Vargas suit simplement la voie de Grégoire de Rimini, dont les cinq conclusions étaient dirigées explicitement contre Thomas de Strasbourg, qu'il nomme directement dans la marge [1]. Vargas cite d'abord la conclusion de Thomas de Strasbourg lui-même sur la réprobation chez les adultes : « On peut dire que la cause de la réprobation chez les adultes est le mauvais usage du libre arbitre, prédestiné par Dieu de toute éternité à perdurer en eux jusqu'à la fin de leur vie » [2]. Enfin, dans sa réfutation, Vargas rejette la position de Thomas de Strasbourg avec l'intention de clarifier et d'enlever tout doute susceptible de subsister après une série de conclusions que Vargas avait présentées dans son bref article 2, dont voici la quatrième et dernière, avec son corollaire :

> La quatrième conclusion est que, pour celui à qui Dieu ne veut pas donner la vie éternelle, de toute éternité *Il voulut ne pas la lui donner.* Et un argument peut être déduit [en faveur de cela] tout comme pour la précédente [conclusion]. De cette conclusion j'infère le corollaire que toute personne qui est réprouvée l'est depuis l'éternité. La déduction est claire d'après ce qui a été dit [3].

*Il a voulu ne pas la lui donner*, et non *Il n'a pas voulu la lui donner.*

À en juger par la longue clarification contre les tendances pélagiennes présentes chez Thomas de Strasbourg qu'il ajoute immédiatement après, il est clair qu'Alphonse de Vargas ne conteste pas l'affirmation de Thomas selon laquelle la réprobation chez les adultes est prédestinée par Dieu depuis l'éternité ; il est plutôt contrarié par son assertion que le libre arbitre y serait pour quelque chose. Ni Grégoire de Rimini ni Alphonse de Vargas n'a utilisé le terme « pélagiens » dans ce contexte, mais Vargas a certainement participé à la campagne de Grégoire contre les pélagiens car,

1. Grégoire de Rimini, *Lectura in primum Sententiarum*, dd. 40-41, q. 1, a. 2, éd. Trapp et Marcolino, p. 325.1-326.15, présente les opinions opposées de Thomas de Strasbourg et de Pierre Auriol, bien que Rimini nomme seulement Thomas de Strasbourg en marge, avant de présenter immédiatement ses cinq conclusions, p. 326.16-343.5.

2. Alphonse de Vargas, *In primum Sententiarum*, dd. 40-41, clarificatio, éd. cit., col. 627 : « Est igitur prima sua conclusio quod causa reprobationis quo ad adultos potest dici malus usus liberi arbitrii usque ad finem vite in ipsis duraturus ab eterno Deo predestinatus ».

3. Alphonse de Vargas, *In primum Sententiarum*, dd. 40-41, a. 2, éd. cit., col. 627 : « Quarta conclusio est quod cuicumque Deus non dabit vitam eternam, ab eterno voluit illi non dare. Et potest deduci ratio sicut precedens. Ex ista conclusione infero correlarie quod omnis reprobatus ab eterno fuit reprobatus. Deductio patet ex dictis ».

comme chez Grégoire, la majeure partie de sa question est consacrée à la réfutation du théologien qui, pour les augustiniens, était le plus éminent des nouveaux pélagiens : Thomas de Strasbourg [1].

La théorie de Vargas sur la prédestination et la réprobation est adoptée et amplifiée dans l'ouvrage populaire de Jacques d'Eltville. Toute la discussion menée par Eltville sur la cause de la prédestination trouve sa conclusion dans la question afférente du théologien séculier Nicolas de Dinkelsbühl, qui a lu les *Sentences* à Vienne à la toute fin du siècle. Dinkelsbühl suit en général – et recopie parfois – les questions sur les *Sentences* des deux pères fondateurs de la faculté de théologie de Vienne, les illustres théologiens séculiers Henri de Langenstein et Henri Totting d'Oyta, ainsi que les questions de Jacques d'Eltville, qui se lia personnellement aux deux Henri lorsqu'ils étaient à Paris, et probablement à un autre maître en théologie important à Vienne, le cistercien Conrad d'Ebrach [2]. La longue question de Dinkelsbühl sur la prescience divine des futurs contingents mélange les paroles de Langenstein et d'Oyta, qui tous deux avaient pour inspiration principale Grégoire de Rimini [3]. Langenstein et Oyta n'ont incorporé aucune question sur la prédestination dans les versions écrites de leurs *lectiones* sur les *Sentences* et Dinkelsbühl, lorsqu'il a décidé de traiter le même sujet, a suivi leur exemple et s'est tourné vers le théologien préféré des deux Henri, Grégoire lui-même.

Qu'Henri de Langenstein et Henri Totting d'Oyta puissent être ajoutés aux troupes engagées dans la guerre que Grégoire de Rimini mène contre les nouveaux pélagiens ou non, il n'y a aucun doute au sujet de Nicolas de Dinkelsbühl, car il emprunte les remarques saillantes de Grégoire mot pour mot, y compris les cinq conclusions. Dinkelsbühl renforce même son approbation de l'Élection particulière double de Grégoire par l'adoption *in extenso* des points de vue extrêmes de Grégoire au sujet de la grâce et du péché dans le livre II [4].

Apportant un soutien supplémentaire à la thèse d'Oberman, à la différence de Saak, et augmentant substantiellement le nombre d'adhérents à l'Élection particulière double, la question de Nicolas de Dinkelsbühl sur

1. *Pace* Saak (1997), p. 396-397. Grégoire parle des pélagiens dans le livre II, mais au cours de sa discussion sur la prédestination dans le livre I il fait seulement mention de l'*error Pelagii* dans une partie qu'il a supprimée par la suite : Grégoire de Rimini, *Lectura in primum Sententiarum*, d. 40-41, a. 2, éd. Trapp et Marcolino, p. 331.29.

2. Brînzei et Schabel (2015) et Schabel (2018c).

3. Éd. Schabel (2020).

4. Éd. Brînzei et Schabel (2018b).

la prédestination devint la base de ce qui est considéré comme la doctrine viennoise officielle dans la première moitié du XVe siècle, copiée mot pour mot avec des modifications légères dans les ouvrages des générations suivantes de théologiens à Vienne, parmi lesquels figuraient Jean de Villingen, Pierre de Pulkau, Jean de Müldorf, Thomas Ebendorfer et d'autres. En somme, il aurait été pratiquement impossible qu'un étudiant en théologie, inscrit à ce qui était sans doute la principale université allemande du XVe siècle, ne soit pas exposé à la doctrine de la prédestination de Grégoire de Rimini; en toute probabilité, les étudiants furent même encouragés à l'adopter. La diffusion des manuscrits et des anciens étudiants de Vienne aurait permis de transmettre les idées de Grégoire aux *studia* et universités des environs.

Parmi ces *studia* figurait le couvent augustinien à Erfurt, où Martin Luther est entré en 1505, après avoir étudié à l'Université d'Erfurt depuis 1501. Ensuite, à l'Université de Wittenberg, il a lu les *Sentences* en 1509-1510 et est entré à la faculté de théologie en tant que maître en 1512. En 1519, après le début de sa révolte, Luther a fait sa remarque célèbre :

> Il est certain que les soi-disant « théologiens modernes » sont d'accord, sur la question de la grâce et de la volonté libre, avec les scotistes et les thomistes, à une seule exception : Grégoire de Rimini… Ces théologiens ont aussi affirmé, avec une clarté absolue et convaincante, qu'ils étaient encore pires que les pélagiens [1].

Luther écrit donc au sujet de son adversaire Jean Eck que celui-ci avait « rejeté Grégoire de Rimini comme celui qui, seul, soutenait mon opinion contre tous les autres théologiens » [2].

Toutefois il s'agit ici de Luther dans sa maturité, et non du jeune Luther – et les spécialistes préfèrent soutenir qu'il aurait développé sa théorie plutôt par lui-même et que c'est seulement plus tard qu'il aurait approuvé l'opinion de Grégoire. Mais nous disposons d'amples indications que Luther connaissait déjà certaines idées de Grégoire lorsqu'il était bachelier des *Sentences*. Dans des études datant des années 1950, Louis Saint-Blancat montre que Pierre d'Ailly s'inspirait souvent et copiait même mot pour mot, *in extenso*, des passages de Grégoire; Philippe Mélanchthon lui-même affirme que Martin Luther connaissait

1. Cité dans Oberman (1966), p. 124.

2. Cité dans *ibid*. Voir en général le chap. III d'Oberman et aussi le chap. III de McGrath (2004).

les questions de Pierre d'Ailly sur les *Sentences* par cœur[1]. Puisque d'Ailly était, comme nous l'avons vu, un partisan de l'Élection particulière double aussi fervent que Grégoire lui-même, il semble avéré que Luther a connu la position de Grégoire grâce à d'Ailly.

Les historiens ont mis en doute les affirmations de Heiko Oberman concernant l'existence et l'importance d'une *via Gregorii* dans la pensée médiévale tardive, mais l'influence remarquable de Grégoire de Rimini dans ce contexte et dans des contextes similaires sur plusieurs théologiens allemands (et autres) majeurs de la fin du XIVe siècle, tels que Eltville, Oyta et Langenstein, ainsi que l'adoption de l'Élection particulière double de Grégoire comme doctrine plus ou moins officielle à Vienne au début du XVe siècle, suggère que dans les zones géographiques germanophones, la *via Gregorii* prévalait en effet. Étant donné qu'il avait lu Pierre d'Ailly de près, qu'il était membre de l'Ordre de Saint Augustin, et qu'il soutenait avec enthousiasme la doctrine de Grégoire, Martin Luther n'aurait pas pu rester dans l'ignorance de la sotériologie de son prédécesseur au cours de ses études avancées de théologie à Wittenberg.

Dans le contexte du XVe siècle, la perspective de Pierre Ceffons sur la prédestination était parfaitement normale, ce qui pourrait surprendre, compte tenu de la doctrine catholique actuelle. Qui plus est, l'impact des débats du début du XIVe siècle sur les points de vue respectifs des réformateurs et des contre-réformateurs du XVIe siècle pourrait sembler inattendu. Le destin ultime des enseignements de Grégoire de Rimini est donc lié à des facteurs extérieurs. D'un côté, comme cela avait été le cas pour l'infortuné Gottschalk d'Orbais au IXe siècle, Luther proposait un message théologique complexe et, pour certains, provocateur, à des gens qui, selon les autorités, étaient complètement incapables de le comprendre correctement, même si cela rentrait encore dans les limites de l'orthodoxie médiévale[2]. D'un autre côté, il s'agissait d'une culpabilité par association et Saint-Blancat nous rappelle que les *Sentences* de Grégoire de Rimini ont connu un succès beaucoup plus considérable dans leur version imprimée que les *Sentences* de Thomas d'Aquin, et cela dura jusqu'au « triomphe du thomisme au Concile de Trente »[3], après lequel l'ouvrage de Grégoire, pourtant réimprimé sept fois avant le Concile, n'a plus été réédité jusqu'au XXe siècle.

1. Saint-Blancat (1954) et Saint-Blancat (1956). Au sujet de Luther et des scolastiques, voir Büttgen (2011), p. 155-191.

2. Sur les problèmes de Gottschalk, voir Pelikan (1978), p. 80-105 et Stucco (2009), p. 213-419.

3. Saint-Blancat (1956), p. 76.

# CONCLUSION

La discussion qui précède n'a été qu'un récit subjectif, une histoire alternative, inspirée par les philosophes-théologiens scolastiques du XIV^e siècle, de la question de savoir si, avec ou sans un être suprême, le passé, le présent et le futur sont nécessaires ou contingents. En se concentrant sur le cistercien Pierre Ceffons, actif au milieu du siècle, juste avant et juste après la peste noire, dans la capitale intellectuelle de la chrétienté, ce récit a pour objet d'offrir un point de vue sur le déterminisme radical, réel ou prétendu, et sur certaines des sources les plus intéressantes qui ont bâti cette perspective, bien que d'autres prédécesseurs eussent pu être choisis. Cela a été fait pour contrebalancer l'opinion plus répandue selon laquelle le XIV^e siècle était une période où dominait la contingence radicale. Nous n'affirmons pas qu'elle n'ait pas été une période où était défendue la contingence radicale car tel n'est pas le but de ce livre. Au contraire, nous nous sommes efforcés de faire voir la diversité des doctrines promulguées à cette époque.

Comment est-il possible qu'un être omniscient, omnipotent et immuable, qui crée l'univers à partir de rien, ne connaisse pas délibérément, dans l'instant même de la création, toute l'histoire de l'univers, du commencement jusqu'à la fin ? Si cette question n'avait d'autre réponse que celle donnée par Pierre Ceffons in *persona philosophi*, l'historiographie des efforts consacrés par les Juifs, les Chrétiens et les Musulmans à résoudre les problèmes que nous avons discutés devrait alors être beaucoup plus riche qu'elle ne l'est. Même les personnalités brillantes n'offrent pas toujours de solutions nouvelles aux problèmes insolubles. Les solutions intéressantes n'attirent pas toujours des adeptes, en raison de l'absence de soutien institutionnel, de financement privé, de lecteurs ou d'un public contemporain courageux, intelligent et ouvert d'esprit. Les philosophes modernes intéressés par le Moyen Âge sont souvent guidés dans leur travail par leur propres motivations religieuses, conscientes ou non, et ils tendent à penser, tout comme les spécialistes d'histoire intellectuelle, que les auteurs scolastiques les plus célèbres aujourd'hui sont ceux qui ont soutenu les théories les plus probantes. On dispose ainsi de dizaines d'études sur la pensée de Thomas d'Aquin, de Jean Duns Scot et de Guillaume d'Ockham sur ces questions mais pas sur celles de Pierre d'Auriol ou de Grégoire de Rimini, dont les opinions étaient pourtant à la fois importantes d'un point de vue historique et plus cohérentes d'un point de vue philosophique. En d'autres termes, les gens pensent que le simple fait que Thomas d'Aquin, Ockham ou Wyclif aient affirmé quelque chose en garantit l'intérêt et le caractère novateur, alors que souvent, dans le contexte historique d'énonciation, ce n'est nullement le cas. Et le contexte est tout !

*Le contexte est tout.* Hors contexte, ce qui est normal peut sembler exceptionnel, ce qui est typique polémique et ce qui est le produit d'une influence peut même sembler en être la source. Le contexte fournit à la fois une signification historique et philosophique. Mais des milliers de textes demeurent renfermés dans les manuscrits, sans être lus pendant des siècles. Plutôt que de multiplier les études qui ne portent que sur Thomas d'Aquin ou sur Duns Scot, pourquoi ne pas enquêter dans le détail sur leur arrière-plan et leur réception ? En procédant ainsi, on serait susceptible de réellement apprendre quelque chose sur le « Dumb Ox » et sur le « Father of the Dunces », ou bien de mettre au jour de nouveaux récits.

En ce qui concerne d'autres perspectives, par exemple, comment l'histoire des problèmes philosophiques étudiés dans ce livre s'inscrit-t-elle dans le paradigme des « traditions intellectuelles » ? Russell Friedman dans ses volumes monumentaux *Intellectual Traditions at the Medieval University* a récemment analysé comment et pourquoi différentes traditions franciscaines et dominicaines de la théologie trinitaire ont évolué au cours du siècle d'or, 1250-1350[1]. Au début du XIVe siècle, les Frères Mineurs et les Frères Prêcheurs ont également développé des traditions claires de réflexion sur la question de la prescience divine des futurs contingents mais qu'est-il est arrivé à ces traditions au milieu et à la fin du XIVe siècle, avant l'essor réel des écoles de pensée ? Il semble que certains Franciscains furent largement responsables des développements « pélagiens » concernant la prescience et la prédestination jusqu'au début

1. Friedman (2013).

des années 1330 [1], inspirant le dominicain Robert Holcot et quelques séculiers, puis les augustins ermites Michel de Massa et Thomas de Strasbourg. Après 1340, ce sont les fréres augustins qui ont pris en grande partie le relais de cette tendance accompagnés de leurs partisans fidèles, les cisterciens et les séculiers. Ce récit reflète-t-il la réalité ?

On devrait tester cette hypothèse ainsi que d'autres idées sur les doctrines médiévales en s'appuyant sur de nouveaux textes. Par exemple, que sont devenus les franciscains et les dominicains après 1340 ? Les écrits dominicains ayant survécu sont peu nombreux et les franciscains ne sont bien représentés que par les œuvres de Jean de Ripa et de Pierre de Candie, actifs à Paris juste après la peste noire et au début du Grand Schisme. Pourtant, les dominicains et les franciscains n'ont pas disparu. Au contraire, au moins un nouveau frère dominicain et un nouveau frère franciscain lut les *Sentences* chaque année à Paris (jusqu'au Schisme). Avec la montée de nouvelles universités et la poursuite des activités les plus anciennes, le nombre de spécialistes en théologie philosophique dans les deux principaux ordres mendiants augmenta. Et où pouvons-nous placer les carmélites, dont un nombre considérable de textes sur ces thèmes ont survécu ?

La voie à suivre consiste à inspecter et éditer des sections des textes déjà identifiés, à consacrer plus d'attention à trouver et à assigner des auteurs à des écrits plus importants de cette période et à examiner les fragments d'un genre émergent transmis dans une riche collection des textes contenant une mine de renseignements sur certains auteurs, à savoir les *principia* sur les *Sentences*. Si finalement il y a peu de textes d'auteurs franciscains ou dominicains, alors nous devrons expliquer cela : existe-t-il une cause matérielle, le passage initial du parchemin au papier, comme l'a souligné William Duba dans son livre récent *The Forge of Doctrine* [2] ? Les traditions scotistes et thomistes se sont-elles pétrifiées, rendant impossible toute innovation rigoureuse, telle celle de la période antérieure à 1340 ? Y a-t-il d'autres causes ? Une enquête diligente sur les *principia* pourrait nous aider à trouver des réponses [3].

1. Pour les préoccupations franciscaines avec la contingence et la liberté dans cette période, voir Alliney, Fedeli et Pertosa (2012).

2. Duba (2017).

3. C'est ce que le deuxième projet ERC de Monica Brînzei, DEBATE, se propose d'examiner.

Paradoxalement, mais sans surprise, les tendances globales conspirent pour freiner le progrès scientifique, précisément au moment où les préjugés confessionnels diminuent, l'accès aux sources primaires devient beaucoup plus facile et la production de nouvelles éditions pourrait s'accélérer. La dissipation des passions religieuses spécifiques qui poussaient autrefois à l'étude de la théologie philosophique médiévale, voire de la pensée médiévale en général, entraîne un essoufflement des motivations religieuses ou une diminution de l'intensité des vocations religieuses chez les chercheurs individuels, dans les établissements d'enseignement ainsi qu'au sein des organismes de financement privés et publics. L'érudition continue également de perdre du terrain mais les raisons en sont peut-être encore plus larges. C'est regrettable, à un moment où un intérêt global pour les choses médiévales imprègne les médias anciens et nouveaux, du cinéma au jeu vidéo, et où les études médiévales prospèrent en termes de nombre de chercheurs mais pas en termes de nombre de postes permanents.

Les bacheliers et les maîtres en théologie des universités médiévales et des *studia* mendiants cherchent la réponse à la question la plus importante de toutes : quel est le sens de la vie et de tout qui existe ? Les efforts des plus grands esprits en Europe au cours des siècles qui ont connu la plus rapide évolution économique, sociale et politique du Moyen Âge ne doivent pas être considérés seulement comme les éléments de l'histoire d'une confession religieuse spécifique ni même du christianisme ou de la religion en général. Si, aujourd'hui, la simple accumulation d'argent et de pouvoir est ce qui motive de nombreux dirigeants et impressionne et inspire de nombreux adeptes, cela ne signifie pas que l'étude des motivations et inspirations anciennes de tout un continent ne mérite pas notre attention pour elle-même. C'est là une entreprise plus noble que la plupart des activités possibles.

Dans cette noble entreprise, même les notes inachevées et insuffisamment abouties d'un moine cistercien sont à même de fournir une perspective fascinante sur la philosophie de toute une époque, sur ses succès et ses inévitables échecs.

# BIBLIOGRAPHIE

## TEXTES MÉDIÉVAUX

### *Les œuvres de Pierre Ceffons*

*Lectura in quatuor libros Sententiarum* : Troyes, Médiathèque Jacques Chirac, 62, f. 1ra-224rb ; Troyes, Médiathèque Jacques Chirac, 930, f. 1ra-5vb (fragment).

*Confessionale Petri* (= *Somnium in quadam definitione*) : Troyes 930, f. 77ra-114vb ; London, British Library, Harley 2667, f. 123vb-129vb (abrégé).

*Sermo in capitulo generali* : Troyes 930, f. 5vb-16vb (incomplet) ; Harley 2667, f. 129vb-131rb (fragment).

*Epistola Luciferi* : Troyes, Médiathèque Jacques Chirac, 859, f. 58va-59vb ; Troyes 930, f. 67ra-68ra ; Paris, Bibliothèque nationale de France, lat. 3315, f. 49ra-50rb ; Liège, Université de Liège, Bibliothèque Générale de Philosophie et Lettres 185, f. 1r-2r ; Harley 2667, f. 72ra-vb.

*Parvum Decretum de potestate sancti Petri* : Troyes 62, f. 215rb-219ra ; Troyes 859, f. 59vb-70rb ; Troyes 930, f. 68ra-76va ; Paris 3315, f. 50rb-59vb.

*Centilogium* (= *Epistola Ihesu Christi*) : Troyes 859, f. 1ra-58va ; Troyes 930, f. 17ra-67ra ; Paris 3315, f. 1ra-49rb ; Liège 185, f. 2r-59v ; Harley 2667, f. 72vb-123va).

*Flores Boethii de consolatione* : Troyes 930, f. 115ra-134ra.

*Flores diversorum auctorum et philosophorum* : Troyes 930, f. 134rb-140vb.

*Epistolae diversae* : Harley 2667, f. 131rb-147rb ; Saint-Omer, Bibliothèque d'Agglomération de Saint-Omer, 676, f. 57v/61r-69r.

## *Éditions des œuvres de Pierre Ceffons*

*Confessionale Petri* : éd. en cours Chris Schabel.
*Epistola introductoria in Sententias* : Trapp (1957), p. 128-145.
*Principia I-IV in Sententias* : éd. en cours Chris Schabel.
*Prologus in Sententias* : éd. en cours Andrea Nannini, Chris Schabel et Fritz S. Pedersen†.
*Lectura in I librum Sententiarum*, d. 8, q. 1-2 : Nannini-Schabel (2018a), p. 166-185 et *ead.* (2018b), p. 343-365.
*Lectura in I librum Sententiarum*, d. 9, q. 1 : Nannini (2015), p. 924-945.
*Lectura in I librum Sententiarum*, d. 10 : Schabel (2014), p. 157-165.
*Lectura in I librum Sententiarum*, d. 35-48 : éd. en cours Hubert Alisade, Hans Kraml et Chris Schabel.
*Lectura in II librum Sententiarum*, d. 1, q. un. : Duba-Pedersen-Schabel (2016), p. 28-48.
*Lectura in II librum Sententiarum*, d. 1, dubia 1-9 : Pedersen-Nothaft-Schabel (2019), p. 6-56.
*Lectura in II librum Sententiarum*, d. 1, dubium 10 (q. 9) : Schabel-Pedersen, p. 159-179.
*Lectura in II librum Sententiarum*, d. 3 : éd. en cours Chris Schabel, avec John Peck.
*Lectura in II librum Sententiarum*, q. 26/51 : Duba-Schabel (2015), p. 7-19.
*Sermo finalis* : Corbini (2012), p. 568-574.
*Sermo in capitulo generali* : éd. en cours Mihai Maga et Chris Schabel, avec William O. Duba.
*Epistola Luciferi* : Zippel (1958), p. 163-166 ; Feng (1982), p. 353-362 ; Schabel (2018a), p. 168-172.
*Parvum Decretum de potestate sancti Petri* : éd. en cours Chris Schabel, avec Roberto Lambertini.
*Epistolae diversae* : éd. en cours Chris Schabel.

## *Éditions et traductions des textes pertinents, principalement du* XIV^e^ *siècle* * :

ADAM WODEHAM OFM, *Super quattuor libros Sententiarum*, Paris, 1512 (éd. en cours Olli Hallamma, Jeffery Witt, John Slotemaker et Severin Kitanov).
ALEXANDRE BONINI D'ALESSANDRIA OFM, *Expositio in I Sententiarum*, d. 35, q. 3-4 : Rossini – Schabel (2005), p. 284-298.

* Les textes non théologiques, tels que les commentaires sur *De interpretatione*, ne sont pas inclus, même s'ils contiennent parfois des informations pertinentes, comme Guillaume d'Ockham, trad. fr. Michon (2007), p. 164-171 (*De interpretatione*) et p. 172-183 (*Summa logicae*).

Alphonse de Vargas de Tolède OESA, *In primum Sententiarum*, Venise, 1490 ; réimpr. New York, 1952 (en ligne : http ://thesis-project.ro/alphonsusvargas/texts.html).

André de Neuchâtel OFM, *Primum scriptum Sententiarum*, Paris, [1514].

- *In I Sententiarum*, d. 45, q. 6 : Friedman (1994), p. 129-150.

Anonyme OFM, *In I Sententiarum*, d. 38-39, q. 2 (Wien, ÖNB 1439) : Schabel (1999), p. 339-343.

Anonyme, *Quaestio 32, Utrum sit aliquod futurum contingens a Deo scitum* (Fribourg, Cordeliers 51) : Genest-Imbach-Putallaz (2002), p. 417-438.

Anonyme OP, *Correctorium Iacobi Metensis, I Sententiarum*, d. 38 : Schabel (2014), p. 69-73.

Anselme de Cantorbéry, *L'œuvre d'Anselme de Cantorbéry*, t. 1-6, trad. fr. Michel Corbin *et al.*, Paris, Cerf, 1986-1990.

Antoine André OFM, *In quatuor Sententiarum libros*, Venise, 1578.

Arnaud de Strelley, OP, *Circa praedestinationem et praescientiam* : Gelber (1988), p. 271-289.

Aufred Gontier Breton OFM, *In I Sententiarum*, d. 38, q. 7 et d. 39, q. 2 : Schabel (1997), p. 165-195.

- *In I Sententiarum*, d. 39, q. 1, 3-4 : Rossini-Schabel (2005), p. 331-338.

- *In I Sententiarum*, d. 41, q. 1 : Schmaus (1932b), p. 345-355.

Bernard Lombard OP, *In I Sententiarum*, d. 38 : Schabel-Friedman-Balcoyiannopoulou (2001), p. 296-300.

Bonaventure OFM, *Commentarius in quattuor libros Sententiarum* : *Opera Omnia* I, pars 2, Quaracchi, Coll. Saint-Bonaventure, 1888.

- *Sentences* I, d. 42-44 : trad. fr. Ozilou (1994), p. 176-202.

Conrad d'Ebrach OCist [« Denis le Cistercien »], *Liber in quatuor Sententiarum*, Paris, 1511.

Denis de Modène OESA [« Denis le Cistercien »], *Liber in quatuor Sententiarum*, Paris, 1511.

Durand de Saint-Pourçain OP, *In Petri Lombardi Sententias theologicas commentariorum libri IIII*, Venise, 1571 (éd. en cours Guy Guldentops, Thomas Jeschke, Massimo Perrone, Fiorella Retucci et Andreas Speer, Louvain, Peeters, 2012 *sq.*).

- *In I Sententiarum*, d. 38, q. 3 : Schabel-Friedman-Balcoyiannopoulou (2001), p. 250-264 et p. 274-276.

Évrart de Trémaugon, *Somnium viridarii*, éd. Marion Schnerb-Lièvre, t. 1-2, Paris, CNRS, 1993-1995.

- *Le songe du vergier*, éd. Marion Schnerb-Lièvre, t. 1-2, Paris, CNRS, 1982.

François de la Marche OFM, *Commentarius in IV libros Sententiarum Petri Lombardi*. t. IV. *Distinctiones primi libri 29-48* (*Reportatio*), éd. Nazareno Mariani, Grottaferrata, Collegium S. Bonaventurae, 2009.

- *Scriptum in I Sententiarum*, d. 35 : Schabel (1999), p. 69-95.

- *Scriptum in I Sententiarum*, d. 36-38 : Schabel (2000), p. 30-68.

- *Scriptum in I Sententiarum*, d. 39-40 : Schabel (2001), p. 18-45.

François de Meyronnes OFM, *In primum Sententiarum foecundissimum scriptum sive conflatus nominatum*, Venise, 1520.

- *Conflatus in primum librum Sententiarum*, d 38 : Fiorentino (2006a), p. 219-246.

Gautier Chatton OFM, *Reportatio super Sententias. Liber I, distinctiones 10-48*, éd. Joseph C. Wey et Girard J. Etzkorn, Toronto, Pontifical Institute of Mediaeval Studies, 2002.

Gérard de Boulogne OCarm., *Summa theologiae*, q. 25, a. 7 : Schabel (2003), p. 171-186.

Gérard de Sienne OESA, *Super primum librum Sententiarum*, Padoue, 1598.

Gilbert de Poitiers, *In Boethii De Trinitate* : éd. Nikolaus M. Häring, *The Commentaries on Boethius by Gilbert of Poitiers*, Toronto, Pontifical Institute of Mediaeval Studies, 1966.

Godescalc de Nepomuk OCist., *In I Sententiarum*, éd. en cours A. Baumgarten.

Grégoire de Rimini OESA, *Lectura super primum et secundum libros Sententiarum*, éd. Damasus Trapp, Venicio Marcolino *et al.*, t. 1-7, Berlin, Walter de Gruyter, 1979-1984.

- *Lecture sur les Sentences* I, d. 42-44, q. 1, a. 2 et q. 2, a. 1-2, trad. fr. (partielle) : Genest (1994), p. 365-390.

- *Lecture sur les Sentences* I, d. 35-36, q. 1, d. 38, q. 2, a. 2 et d. 39, q. 1, a. 2, trad. fr. (partielle) : Bermon (2002), p. 332-353.

Guillaume d'Alnwick OFM, *Determinationes*, q. 12 (*Utrum Deus cognoscat futura contingentia per essentiam suam repraesentantem vel per voluntatem suam determinantem*) : Schmaus (1932), p. 203-225.

Guillaume d'Auxerre, *Summa aurea*, éd. Jean Ribaillier, Paris, CNRS, 1980-1987.

- *Summa aurea* I, traité 11, c. 1-2, 5-7, trad. fr. : Solère (1994), p. 105-127.

Guillaume de Brienne OFM, *In I Sententiarum*, d. 38-41 : Schabel (2012), p. 163-168.

Guillaume Crathorn OP, *In I Sententiarum* : *Quästionen zum ersten Sentenzenbuch*, éd. Fritz Hoffman, Münster, Aschendorff, 1988.

Guillaume d'Ockham OFM, *Tractatus de praedestinatione et de praescientia Dei respectu futurorum contingentium*, éd. Philotheus Boehner et Stephen F. Brown, in *Opera Philosophica* II, St. Bonaventure, NY, Franciscan Institute, 1978, p. 505-539 ; trad. fr. Michon (2007), p. 73-163.

- *Scriptum in Librum primum Sententiarum, dist. 19-48*, éd. Girard J. Etzkorn et Francis E. Kelley, *Opera theologica* IV, St. Bonaventure, NY, Franciscan Institute, 1979 ; d. 38 et 40-41, trad. fr. : Michon (2007), p. 184-247.

- *Quodlibeta septem*, éd. Joseph C. Wey, *Opera Theologia* IX, St. Bonaventure, NY, Franciscan Institute, 1980.

Guillaume de Rubio OFM, *Disputata in quatuor libros Magistri Sententiarum*, t. 1-2, Paris, 1518.

Guiral Ot OFM, *In I Sententiarum*, d. 38 et d. 39, q. 1 : Schabel (2002a), p. 359-377.

- *In in I Sententiarum*, d. 41, q. 2 : Schabel (2002b), p. 76-81.

GUY DE PERPIGNAN OCarm, *Quodlibet* I, q. 2, a. 2 et *Quodlibet* VI, q. 3 : Schabel (2003), p. 187-205.
- *Commentarium super Decretum Gratiani*, pars II, causa 23, q. 4, c. 22-23 : Schabel (2015), p. 325-388.
HENRI DE HARCLAY, *In I Sententiarum*, d. 38-39 : Schabel (1997), p. 165-196.
- (2008) *Quaestiones ordinariae*, t. 1-2, éd. Mark G. Henninger, Oxford, OUP.
HENRI DE LANGENSTEIN, *In I Sententiarum*, éd. en cours Marco Toste.
HERVÉ NEDELLEC, OP, *In quatuor libros Sententiarum commentaria*, Paris, 1647.
- *Quodlibet* V, q. 6 : Schabel-Friedman-Balcoyiannopoulou (2001), p. 293-295.
HUGOLIN D'ORVIETO OESA, *Commentarius in quattuor libros Sententiarum*, éd. Willigis Eckermann et Venecio Marcolino, t. 1-4, Würzburg, Augustinus, 1980-1988.
HUGUES DE NEUCHÂTEL OFM, *In I Sententiarum*, d. 38, q. 2-6 et d. 39, q. 1-2 (q. 153-159) : Rossini-Schabel (2005), p. 305-330.
- *In I Sententiarum*, dd. 42-44 : Randi (1986), p. 131-172.
JACQUES D'ELTVILLE OCist, *In I Sententiarum*, éd. en cours Alexandra Anisie, Alexandra Baneu, Alexander Baumgarten, Monica Brînzei, Luciana Cioca, Daniel Coman, Ioana Curut, Andrei Marinca, Madalina Pantea et Chris Schabel.
JACQUES DE LAUSANNE OP, *In I Sententiarum*, redactio 2, d. 38 : Schabel-Friedman-Balcoyiannopoulou (2001), p. 277-289.
JACQUES DE METZ OP, *In I Sententiarum*, d. 38 : Schabel (2014), p. 52-68.
JEAN BACONTHORPE OCarm, *Super quattuor libros Sententiarum*, Venise, 1526 (en ligne : http ://thesis-project.ro/johannesbaconthorpe/texts.html).
- *Scriptum et Reportatio in I Sententiarum*, d. 40-41 : Schabel (2011), p. 443-479.
JEAN BASSOL OFM, *In quatuor Sententiarum libros*, Paris, 1517.
JEAN DUNS SCOT OFM, *Ordinatio in primum librum Sententiarum. Dist 26-48*, éd. Carolus *Balić et al.*, Opera Omnia t. 6, Vatican 1963.
- *Lectura in librum primum Sententiarum. Dist. 8-45*, éd. Carolus Balić *et al.*, Opera Omnia t. 17, Vatican, 1973.
- *Reportatio Parisiensis examinata I*, d. 38-44, éd. et trad. all. Joachim R. Söder, Fribourg-en-Brisgau, Herder, 2005.
- *Reportatio IA*, éd. et trad. angl. Allan B. Wolter et Oleg V. Bychkov, t. 2, *Dist. 22*-48, St. Bonaventure (NY), Franciscan Institute, 2008
JEAN HILTALINGEN DE BÂLE OESA, *Lectura super quattuor libros Sententiarum*, éd. Venicio Marcolino *et al.*, t. 2, *Super primum librum, quaest. 4-35*, Würzburg, Augustinus bei Echter, 2017.
JEAN DE MIRECOURT OCist, *In I Sententiarum*, éd. Massino Parodi, http ://filosofia.dipafilo.unimi.it/~mparodi/mirecourt/home.htm.
JEAN DE NAPLES OP, *Quodlibet* X, q. 6 : Schabel-Friedman-Balcoyiannopoulou (2001), p. 290-292.
JEAN DE POUILLY, *Quaestio ordinaria* I : Schabel (2011), p. 166-219.

JEAN DE STERNGASSEN OP, *In Sententias* (selections) : *Johannes von Sterngassen OP und sein Sentenzenkommentar*, éd. Walter Senner, t. 1-2, Berlin, Akademie, 1995.

JEAN WYCLIF, *Tractatus de universalibus*, éd. Ivan J. Mueller, Oxford, Clarendon Press, 1985.

- *De volicione Dei* : *De ente librorum duorum excerpta*, éd. Michael Henry Dziewicki, London, Wyclif Society, 1909, p. 113-286.

- *De scientia Dei*, éd. Luigi Campi, Oxford, OUP, 2018.

LANDULPHE CARACCIOLO OFM, *In I Sententiarum*, d. 38-40 : Schabel (1999), p. 307-338.

- *In I Sententiarum*, d. 41 : Schabel (2002), p. 69-76.

MARSILE DE INGHEN, *Quaestiones super quatuor libros Sententiarum*, Strasbourg, 1501 (éd. en cours Manuel Santos Noya, Maarten J. F. M. Hoenen et Markus Erne, Leyde, Brill, 2000 *sq.*).

MICHEL AIGUANI OCarm, *In quatuor libros Sententiarum*, Venise, 1622.

MICHEL DE MASSA OESA, *In I Sententiarum*, d. 35-38 : Schabel (1998), p. 175-229.

NICOLAS BONET OFM, *Habes Nicholai Bonetti... quattuor volumina* : *Metaphysicam, Physica, Librum predicamentorum, necnon Theologiam naturalem*, Venise, 1505.

NICOLAS DE DINKELSBÜHL, *In I Sententiarum*, dd. 38-39 : Schabel (2020), à paraître.

- *In I Sententiarum*, dd. 40-41, a. 2 : Brînzei-Schabel (2018b), p. 423-442.

PAUL DE PÉROUSE OCarm, *In I Sententiarum*, q. 37 : Schabel (2005), p. 90-112.

PIERRE D'AILLY, *Quaestiones in Boethii De consolatione Philosophiae*, Principium et q. 1 : *Tractatus super De consolatione Philosophiae*, éd. Marguerite Chappuis, Amsterdam, G.B. Grüner, 1988.

PIERRE D'AILLY, *Quaestiones in Boethii De consolatione Philosophiae*, q. 1, éd. en cours Chris Schabel.

- *In libros Sententiarum*, Paris s.a.

- *Questiones super primum, tertium et quartum librum Sententiarum. I : Principia et questio circa Prologum*, éd. Monica Brînzei, Turnhout, Brepols, 2013.

PIERRE D'AILLY, *Questiones super primum, tertium et quartum librum Sententiarum. Questiones 11-14*, éd. en cours Chris Schabel.

PIERRE DE L'AQUILA OFM, *Questiones in libros Sententiarum*, éd. Cypriano Paolini, t. 1-4, Recco, 1907 (t. 1-3), Levanto, 1909 (t. 4).

PIERRE AURIOL OFM, *Commentariorum in primum librum Sententiarum*, Rome, 1596.

- *Scriptum in I librum Sententiarum*, d. 38-39 : Schabel (1995a), p 87-212. http ://www.peterauriol.net/editions/electronicscriptum/.

PIERRE D'AUVERGNE, *Quodlibet* IV, q. 2 et *Quodlibet* VI, q. 2 : Schabel (2014), p. 376-390.

PIERRE DE CANDIE OFM, *Lectura in primum librum Sententiarum*, q. 6, aa. 2-3, éd. Chris Schabel et Andreas Kringos : http ://candia.ucy.ac.cy/.

PIERRE DAMIEN, *Lettre sur la toute-puissance divine*, introd., texte critique, trad. et notes André Cantin, Paris, Cerf, 1972.

PIERRE DE GRACILIS OESA, *In quatuor libros Sententiarum*, éd. en cours Monica Brînzei, Venicio Marcolino, John T. Slotemaker et Jeffery C. Witt.

PIERRE DE NAVARRE OFM, *In primum librum Sententiarum Scriptum*, éd. Pio Sagüéz Azcona, t. 1-2, Madrid, Consejo Superior de Investigaciones Cientificas, 1974.

PIERRE DE LA PALU OP, *In I Sententiarum*, d. 38, q. 3 : Schabel-Friedman-Balcoyiannopoulou (2001), p. 250-273.

PIERRE PLAOUL, *In libros Sententiarum*, éd. en cours Jeffery C. Witt ; en ligne : http ://scta.lombardpress.org/text/questions/plaoulcommentary.

PIERRE SWANINGTON OCarm, *Quaestio quodlibetalis* 15 : Schabel (2007), p. 542-543.

PIERRE DE THOMAS OFM, *In I Sententiarum*, d. 39 : Schabel (2003), p. 11-35.

RAOUL BRETON, *In I Sententiarum*, q. 66-67 : Rossini-Schabel (2005), p. 299-304.

RICHARD CAMPSALL, *Notabilia pro materia de contingentia et prescientia* : *The Works of Richard of Campsall*, éd. Edward Synan, t. 1, Toronto, Pontifical Institute of Mediaeval Studies, 1982.

RICHARD FITZRALPH, *In I Sententiarum*, q. 16 : Genest (2002), p. 250-298.

– *Quaestio biblica* : Genest (1991), p. 215-246.

– *Summa de quaestionibus Armenorum*, Paris, 1511.

RICHARD DE LAVENHAM OCarm, *Tractatus de eventu futurorum* : Øhrstrøm (1983), p. 184-186.

ROBERT COWTON OFM, *In I Sententiarum*, d. 38-39 : Schwamm (1931), Annexe.

ROBERT HOLCOT OP, *In quatuor libros Sententiarum*, Lyon, 1518 ; en ligne : http ://thesis-project.ro/robertusholcot/texts.html.

ROBERT HOLCOT OP, *In II Sententiarum*, q. 2, pes quaestionis et a. 7-10 : Streveler – Tachau – Courtenay – Gelber (1995), p. 112-195.

– *Quodlibet* III, q. 1-3, 8 : Streveler-Tachau-Courtenay-Gelber (1995), p. 59-111.

THOMAS L'ANGLAIS, *Liber propugnatorius*, Modène, 1523.

THOMAS D'AQUIN, *Commentaire des Sentences* I, trad. fr. Enrique Alarcón, 2004 ; édition électronique : http ://docteurangelique.free.fr/bibliotheque/sommes/SENTENCES1.htm.

– *Somme contre les gentils*, trad. fr. R. Bernier, M. Corvez, M.-J. Gerlaud, F. Kerouanton et L.-J. Moreau, Paris, Cerf, 1993.

THOMAS D'AQUIN, *Somme théologique* I, trad. fr. A.-M. Roguet, Paris, Cerf, 1984.

THOMAS BRADWARDINE, *De futuris contingentibus* : Genest (1979), p. 281-336.

– *De causa Dei contra Pelagium et de virtute causarum ad suos Mertonenses libri tres*, Londres, 1618.

– *La cause de Dieu contre Pélage* I, c. 15-19, trad. fr. (partielle) : Genest (2002c), p. 311-325.

THOMAS BUCKINGHAM, *Quaestiones in quattuor libros Sententiarum*, Paris, 1505.

– *Determinatio de contingentia futurorum* : Torre (1987), p. 151-379 ; Genest (1992), p. 187-305.

THOMAS DE STRASBOURG OESA, *Commentaria in IIII libros Sententiarum*, Venise, 1564 ; en ligne : http ://thesis-project.ro/thomasdeargentina/texts.html.

THOMAS WYLTON, *Utrum praedestinatus possit damnari* : Schabel (2011), p. 443-469.

## LITTÉRATURE SECONDAIRE *

ADAMS, Marilyn McCord (1983), « Introduction », dans trad. angl. *ead.* et N. Kretzmann, William Ockham, *Predestination, God's Foreknowledge, and Future Contingents*, 2 e éd., Indianapolis, Hackett, p. 1-33.

ALLINEY, Guido, FEDELI, Marina et PERTOSA, Alessandro (eds.) (2012), *Contingenza e libertà. Teorie francescane del primo Trecento*, Macerata, EUM.

*ALLMAN, Wendy West (1997), *Chaucerian "Rekenynges" : Modeling Authority*, PhD Dissertation, University of California, Berkeley [t. 2, p. 171].

*ANHEIM, Étienne (2014), *Clément VI au travail : lire, écrire, prêcher au XIV e siècle*, Paris, Publications de la Sorbonne [p. 55-67 et *passim*].

*ASHWORTH, E. Jennifer et SPADE, Paul V. (1993) « Logic in Late Medieval Oxford », dans J. I. Catto et T. A. R. Evans (eds.), *The History of the University of Oxford*. Vol. II : *Late Medieval Oxford*, Oxford, OUP, p. 34-64 [p. 59].

*ASZTALOS, Monica (2002), « The Faculty of Theology », dans H. de Ridder-Symeons (ed.), *History of the University in Europe*. Vol. I : *Universities in the Middle Ages*, Cambridge, CUP, p. 409-441 [p. 433, 436 n, 440].

BACKUS, Irena (2003), *Historical Method and Confessional Identity in the Era of the Reformation (1378-1615)*, Leyde, E.J. Brill.

*BADEL, Pierre Yves (1980), *Le Roman de la Rose au XIV e siècle : étude de la réception de l'œuvre*, Genève, Droz [p. 165-172].

*BAKKER, Paul J. J. M. et SCHABEL, Chris (2002), « *Sentences* Commentaries of the Later Fourteenth Century », dans G. R. Evans et R. L. Friedman (eds.), *Mediaeval Commentaries on the* Sentences *of Peter Lombard*. Vol. I : *Current Research*, Leyde, E.J. Brill, 2002, p. 425-464 [p. 433-434].

BAUDRY, Léon (1950), *La querelle des futurs contingents (Louvain, 1465-1475)*, Paris, Vrin.

*BEICHNER, Paul E. (1956), « Non Alleluia Ructare », *Mediaeval Studies* 18, p. 135-144 [p. 143].

* Les œuvres centrés sur Pierre Ceffons sont étiquetés avec deux **; les articles mentionnant Pierre Ceffons sont étiquetés avec un * et les numéros de page où il est traité sont placés entre [crochets]. Je n'ai pas inclus tous les articles qui mentionnent l'*Epistola Luciferi*. Sinon, la bibliographie se concentre sur la nécessité et la contingence au XIV e siècle, mais ne comprend que quelques éléments sur Jean Duns Scot, Guillaume d'Ockham et Jean Wyclif, puisque la bibliographie est massive. En outre, les travaux sur le libre arbitre, tels que ceux de Guido Alliney, qui ne se concentrent pas sur les choses divines ne sont pas inclus.

BERMON, Pascale (2002), « Grégoire de Rimini », dans Boulnois (2002), p. 326-353.

*– (2007), *L'assentiment et son objet chez Grégoire de Rimini*, Paris, Vrin [p. 176-180].

BERTUZZI, Roberta (2013), « Il dibattito sul libero arbitrio fra XIII e XIV secolo : la "nobile virtù" tra prescienza divina e problema del male », dans M. Veglia, L. Paolini et R. Parmeggiani (eds.), *Il mondo errante. Dante fra letteratura, eresia e storia*, Spoleto, CISAM, p. 81-98.

*BIANCHI, Luca (1999), *Censure et liberté intellectuelle à l'Université de Paris (XIII e-XIV e siècles)*, Paris, Les Belles Lettres [p. 43-44, 66-67, 248, 262-263].

*– (2002), « Un Moyen Âge sans censure ? Réponse à Alain Boureau », *Annales. Histoire, Sciences Sociales* 57, p. 733-743 [p. 740].

– (2008), *Pour une histoire de la « double vérité »*, Paris, Vrin.

*— et RANDI, Eugenio (1993), *Vérités dissonantes. Aristote à la fin du Moyen Âge*, Fribourg, Suisse, Editions Universitaires Fribourg Suisse [p. 71 et 139-147, passim].

BIARD, Joël (1999), « La "science divine" comme paradigme du savoir chez quelques auteurs du XIV e siècle : Pierre d'Auriole, Grégoire de Rimini », dans J. Biard et R. Rashed (éd.), *Les doctrines de la science de l'antiquité à l'âge classique*, Leuven, Peeters, p. 189-209.

*— et ROMMEVAUX, Sabine (2008), « Introduction », dans *ead.* (éd.), *Mathématiques et théorie du mouvement XIV e-XVI e siècles*, Villeneuve d'Ascq, Septentrion, p. 7-14 [p. 14].

BORNHOLDT, Jon (2017), *Walter Chatton on Future Contingents. Between Formalism and Ontology*, Leyde, E.J. Brill.

*BOTTIN, Francesco (1982), *La scienza degli occamisti. La scienza tardo-medievale dalle origini del paradigma nominalista alla rivoluzione scientifica*, Rimini, Bramanti [p. 142-156].

*– (2003), « Gregorio da Rimini e la scienza : dispute, intuizioni sublimi e piccoli roghi », dans *Gregorio da Rimini, filosofo (Atti del Convegno, Rimini, 25 novembre 2000)*, Rimini, Raffaelli, p. 27-44 [p. 31-32].

BOUGARD, François et PETITMENGIN, Pierre, avec STIRNEMANN, Patricia, BENOIT, Jean-Luc, DOLBEAU, François *et al.* (2012), *La bibliothèque de l'abbaye cistercienne de Vauluisant. Histoire et inventaires*, Paris, CNRS.

BOULNOIS, Olivier (éd.) (1994), *La puissance et son ombre. De Pierre Lombard à Luther*, Paris, Aubier.

BOULNOIS, Olivier (éd.) (2002), *Sur la science divine*, Paris, P.U.F.

BRESC, Henri (1972), *La correspondance de Pierre Ameilh, Archevêque de Naples puis d'Embrun (1363-1369)*, Paris, CNRS.

BRÎNZEI, Monica et DUBA, William O. (ed.) (2019), *The Rise of a New Genre of Scholasticism : Principia on the Sentences in the Fourteenth Century*, Turnhout, Brepols.

BRÎNZEI, Monica et SCHABEL, Chris (2015), « The Past, Present, and Future of Late-Medieval Theology : The Commentary on the Sentences of Nicholas of Dinkelsbühl, Vienna, *ca.* 1400 », dans Ph. W. Rosemann (ed.), *Mediaeval Commentaries on the Sentences of Peter Lombard*, t. 3, Leyde, E.J. Brill, p. 174-266.

*– (2018a), « Les Cisterciens de l'université. Le cas du commentaire des *Sentences* de Conrad d'Ebrach (†1399) », dans A.-M. Turcan-Verkerk, D. Stutzmann, T. Falmagne et P. Gandil (éd.), *Les Cisterciens et la transmission des textes (XII e-XVIII e siècles)*, Turnhout, Brepols, p. 453-486 [p. 460-463].

– (2018b), « Nicholas of Dinkelsbühl and the University of Vienna on the Eve of the Reformation », dans E. Jung (eds.), *What is New in the New Universities? Learning in Central Europe in Later Middle Ages (1348-1500)*, Varsovie, Académie polonaise des sciences, p. 357-442.

– (à paraître), « Thomas Aquinas as Authority and the *Summa* as *Auctoritas* in the Late Middle Ages », dans L. Lanza et M. Toste (eds.), *Summistae : The Commentary Tradition on Thomas Aquinas's' Summa Theologiae (XV th-XVIII th Century)*, Louvain, Leuven University Press.

*BROWN, Stephen F. et FLORES, Juan Carlos (2010), *The A to Z of Medieval Philosophy and Theology*, Lanham, MD, The Scarecrow Press [p. 212].

BURCKHARDT, Jacob (1860), *Die Cultur der Renaissance in Italien. Ein Versuch*, Basel, Schweighauser.

BURTON, Janet et KERR, Julie (2011), *The Cistercians in the Middle Ages*, Woodbridge, Boydell.

*BUSARD, Hubert L. L. (2010), Nicole Oresme, *Questiones super geometriam Euclidis*, Stuttgart, Franz Steiner [p. 2].

BÜTTGEN, Philippe (2011), *Luther et la philosophie*, Paris, 2011.

CALMA [BRÎNZEI], Monica (2007), « Pierre d'Ailly : Le commentaire sur les *Sentences* », *Bulletin de Philosophie Médiévale* 49, p. 139-194.

CAMPI, Luigi (2014), « Was the Early Wyclif a Determinist? Concerning an Unnoticed Level within His Taxonomy of Being », *Vivarium* 52, p. 102-146.

*CAROTI, Stefano, CELEYRETTE, Jean, KIRSCHNER, Stefan et MAZET, Edmond (eds.) (2013), Nicole Oresme, *Questiones super Physicam (Books I-VII)*, Leyde, E.J. Brill [p. XXVI].

*CELEYRETTE, Jean (2008) « Bradwardine's Rule : A Mathematical Law ? », dans W. R. Laird et S. Roux (eds.), *Mechanics and Natural Philosophy before the Scientific Revolution*, Dordrecht, Springer, p. 51-66 [p. 63].

*CHEVALIER, Ulysse (1907), *Répertoire des sources historiques du Moyen-Age : bio-bibliographie. Deuxième volume, J-Z*, Paris, Académie des Inscription et Belles-Lettres [col. 3701].

CIAMMETTI, Daniela (2008), « Thomas Buckingham e il problema dei futuri contingenti », dans S. Perfetti (ed.), Conoscenza e contingenza nella tradizione aristotelica medievale, Pisa, Ets, p. 197-224.

– (2011), *Necessità e contingenza in Gregorio da Rimini*, Pisa, Ets.

**CORBINI, Amos (2012), « Pierre de Ceffons et l'instruction dans l'Ordre cistercien : quelques remarques », dans K. Emery, Jr., W. J. Courtenay et S. M. Metzger (eds.), *Philosophy and Theology in the* Studia *of the Religious Orders and at Papal and Royal Courts*, Turnhout, Brepols, p. 549-574 [édition du Sermo finalis à 568-574].

**– (2013), « Una *Quaestio de docta ignorantia* di Pietro di Ceffons ? », dans A. Dall'Igna et D. Roberi (eds.), *Cusano e Leibniz. Prospettive filosofiche*, Milan-Udine, Mimesis, p. 183-202.

**– (2015), « Fruitio et beatitudo entre volonté et intellect selon Pierre de Ceffons », *Quaestio* 15, p. 721-728.

**– (2020), « *Notitia intuitiva* and *Complexe significabile* in the 1340s at Paris : From Alphonsus Vargas Toletanus to Peter Ceffons », dans M. Brînzei et C. Schabel (eds.), *Philosophical Psychology in Late-Medieval Commentaries on Peter Lombard's Sentences*, Turnhout, Brepols, à paraître.

*COURTENAY, William J. (1972) et (1973), « John of Mirècourt and Gregory of Rimini on Whether God Can Undo the Past », *Recherches de théologie ancienne et médiévale* 39, p. 224-256 [p. 226-233] ; 40, p. 147-174 [p. 157].

*– (1978), *Adam Wodeham. An Introduction to His Life and Writings*, Leyde, E.J. Brill [p. 135-137 et *passim*].

*– (1984a), *Covenant and Causality in Medieval Thought. Studies in Philosophy, Theology, and Economic Practice*, London, Variorum [p. 74, 82-83].

*– (1984b), « The Role of English Thought in the Transformation of University Education in the Late Middle Ages », dans J. M. Kittelson et P. J. Transue (eds.), *Rebirth, Reform, and Resilience : Universities in Transition, 1300-1700*, Columbus, Ohio State University Press, p. 103-162 [p. 133, 135].

– (1985), « The Dialectic of Omnipotence in the High and Late Middle Ages », dans Rudavsky (1985), p. 243-269.

*– (1987), *Schools and Scholars in Fourteenth-Century England*, Princeton, Princeton University Press [p. 29 n, 82, 248 n, 267 n, 275, 347 n].

*– (1988), *Teaching Careers at the University of Paris in the Thirteenth and Fourteenth Centuries*, Notre Dame, IN, Mediaeval Institute [p. 33].

*– (1990), *Capacity and Volition : A History of the Distinction of Absolute and Ordained Power*, Bergamo, Pierluigi Lubrina [p. 177 et 185 n].

– (2002), *Rotuli Parisienses. Supplications to the Pope from the University of Paris.* Vol. I : *1316-1349*, Leyde, E.J. Brill.

*– (2008), *Ockham and Ockhamism. Studies in the Dissemination and Impact of His Thought*, Leyde, E.J. Brill [p. XV, 127, 189 n, 355].

– (2011), « Theological Bachelors at Paris on the Eve of the Papal Schism. The Academic Environment of Peter of Candia », dans K. Emery, Jr., R. L. Friedman, A. Speer et M. Mauriège (eds.), *Philosophy and Theology in the Long Middle Ages : A Tribute to Stephen F. Brown*, Leyde, E.J. Brill, p. 921-952.

— et GODDARD, Eric C. (2004), *Rotuli Parisienses. Supplications to the Pope from the University of Paris.* Vol. II : *1352–1378*, Leyde, E.J. Brill.

CRAIG, William Lane (1988), *The Problem of Divine Foreknowledge and Future Contingents from Aristotle to Suarez*, Leyde, E.J. Brill.

*CROWE, Michael B. (1976), « The "Impious Hypothesis" : A Paradox in Hugo Grotius ? », *Tijdschrift voor Filosofie* 38, p. 379-410 [p. 402].

DECORTE, Jos (1988), « *Sed modum exprimere nescio*. Franciscan Solutions to the Problem of Divine Foreknowledge and Future Contingents », *Franziskanische Studien* 70, p. 123-175.

DE LA TORRE, Bartholomew R. (1987), *Thomas Buckingham and the Contingency of Futures. The Possibility of Human Freedom*, Notre Dame (IN), University of Notre Dame Press.

*DELISLE, Léopold (1899), « Le formulaire de Clairmarais », *Journal de Savants* (Mars), p. 172-195 [p. 178-180].

DENIFLE, Heinrich et CHATELAIN, Emile (1894), *Chartularium Universitatis Parisiensis*, t. 3, 1350-1394, Paris, Université de Paris.

*DE POMMEROL, Marie-Henriette et MONFRIN, Jacques (1991), *La bibliothèque pontificale à Avignon et à Peñiscola pendant le Grand Schisme d'Occident et sa dispersion. Inventaires et concordance*, t. 1, Rome, École Française de Rome [p. 135 no. 5, 609 no. 1326, 732 no. 415 et 754 no. 124].

DOLNIKOWSKI, Edith Wilks (1995), *Thomas Bradwardine. A View of Time and a Vision of Eternity in Fourteenth-Century Thought*, Leyde, E.J. Brill.

DUBA, William O. (2012), « The Ontological Repercussions of Francis of Marchia's Distinction between Determination *de possibili* et *de inesse* », dans Alliney-Fedeli-Pertosa (2012), p. 177-201.

- (2016), « Masters and Bachelors at Paris in 1319 : The *lectio finalis* of Landolfo Caracciolo, OFM », dans A. Speer et T. Jeschke (eds.), *Schüller und Meister*, Berlin, De Gruyter, p. 315-370.

- (2017), *The Forge of Doctrine. The Academic Year 1330-31 and the Rise of Scotism at the University of Paris*, Turnhout, Brepols.

**—, PEDERSEN, Fritz Saaby et SCHABEL, Christopher David (2016), « *Nos enim sumus sicut talpae*. Pierre Ceffons on the Scientific Limitations of Cosmology, with His Views on the Rotation of the Earth and the Plurality of Worlds : II *Sentences*, d. 1 », dans C. Selch Jensen et Chr. Gottlieb (eds.), *Teologien i Historien - Historien i Theologien. Festskrift til Professor Lauge O. Nielsen*, Copenhague, Eksistensen, p. 15-48 [édition du livre II, d. 1].

**— et SCHABEL, C. David (2015), « Utrum causae secundae possint nos in aliquo necessitare. Petrus Ceffons vs. Thomam Bradwardinum », *AIGIS* 15.2 (2015) (= *Festskrift til Fritz S. Pedersen i anledning af hans 70 års fødselsdag*), p. 1-19 [édition du livre II, q. 26/51 à 7-19] (http ://aigis.igl.ku.dk/FSP70/Duba-Schabel.pdf).

*— et SCHABEL, Chris (2017a), « Remigio, Scotus, Auriol, and the Myth of the Two-Year *Sentences* Lecture », *Recherches de Théologie et Philosophie médiévales* 84, p. 143-179 [p. 144-145 et p. 173-174].

— et SCHABEL, Chris (2017b), « Francesco d'Appignano and the Non-Existent Canon. Tracing Francesco d'Appignano's Scientific Legacy in Francesc

Marbres, alias Johannes Canonicus, and Fragments Discovered Along the Way », dans D. Priori et F. Zanin (eds.), *Atti del VII Convegno Internazionale su Francesco d'Appignano*, Appignano del Tronto, Centro Studi Francesco d'Appignano, p. 103-132.

DUMONT, Stephen D. (1992), « Time, Contradiction and Freedom of the Will in the Late Thirteenth Century », *Documenti e studi sulla tradizione filosofica medievale* 3, p. 561-597.

- (1995), « The Origin of Scotus's Theory of Synchronic Contingency », *The Modern Schoolman* 72, p. 149-167.

DUTIHL NOVAES, Catarina et UCKELMAN, Sarah L. (2016), « *Obligationes* », dans C. Dutihl Novaes et S. Read (eds.), *The Cambridge Companion to Medieval Logic*, Cambridge, CUP, p. 370-395.

*ECKERMANN, Willigis (1978), *Wort und Wirklichkeit : das Sprachverständnis in der Theologie Gregors von Rimini und sein Weiterwirken in der Augustinerschule*, Würzburg, Augustinus [p. 29 et 37].

**ELDREDGE, Laurence (1978), « Changing Concepts of Church Authority in the Later Fourteenth Century : Pierre Ceffons of Clairvaux and William of Woodford, OFM », *Revue de l'Université d'Ottawa* 48, p. 170-178.

ETZKORN, Girard J. (1997), [Georgius Benignus Salviati OFM], *De arcanis Dei*, introduction par Stephen F. Brown, Rome, Miscellanea Francescana.

*FABRICIUS, Johann Albert (1736), *Bibliotheca latina mediae et infimae aetatis*, t. 5, Hamburg, Officina Piscatoria [p. 752].

*FALMAGNE, Thomas (avec GANDIL, Pierre et STUTZMANN, Dominique) (2012), *Les Cisterciens et leurs bibliothèques*, Troyes, Médiathèque Jacques Chirac [p. 34-35, p. 37 et p. 39 40].

*FAUCON, Maurice (1887), *La librairie des papes d'Avignon. Sa formation, sa composition, ses catalogues, 1316-1420, d'après les registres de comptes et d' inventaires des Archives vaticanes*, t. 2, Paris, Thorin [p. 149].

FEDRIGA, Riccardo (2013), « Mente divina e contingenza in Pietro Aureolo », *Rivista di storia della filosofia* 68, p. 149-174.

- (2014), « *Per ipsam divinam essentiam* : *cognitio intuitiva* e futuri contingenti in Guglielmo di Ockham », *Giornale critico della filosofia italiana* 10, p. 511-522.

- (2015), *La sesta prosa. Discussioni medievali su prescienza, libertà e contingenza*, Milano, Mimesis.

- (2016), « *Secundum rem et secundum vocem.* Prescienza, credenza e logica della contingenza in Guglielmo di Ockham », *Rivista di storia della filosofia* 71, p. 67-86.

— et ROBERTO, Limonta (2015), « Prophetae non dixerunt falsum. Spazio percettivo e spazio semantico nelle teorie della profezia di Pietro Aureolo e Guglielmo di Ockham », *Documenti e studi sulla tradizione filosofica medievale* 26, p. 399-432.

— et ROBERTO, Limonta (2016), *Metter le brache al mondo. Compatibilismo, conoscenza e libertà*, Milano, Jaca Book.

**Feng, Helen C. (1982), *Devil's Letters : Their History and Significance in Church and Society, 1100-1500*, PhD dissertation, Northwestern University [édition de la *Epistola Luciferi* à p. 353-362].

*Feret, Pierre (1985), *La Faculte de theologie de Paris et ses docteurs les plus celebres*, t. 2, Paris, Picard [p. 584-586].

Fiorentino, Francesco (2004a), « Adamo da Wodeham e Gregorio da Rimini a confronto sui futuri contingenti e sulla prescienza divina Fiorentino », *Analecta Augustiniana* 67, p. 53-83.

– (2004b), *Gregorio da Rimini : contingenza, futuro e scienza nel pensiero tardo-medievale*, Rome, Antonianum.

– (2005), « Francisci de Maironis *Conflatus in primum librum Sententiarum*, Distinctio 38 », *Frate Francesco* 71, p. 471-508.

– (2006a), *Francesco di Meyronnes. Libertà e contingenza nel pensiero tardo-medievale*, Rome, Antonianum.

– (2006b), « Predestinazione e prescienza nelle opere latine di Raimondo Lullo », *Frate Francesco* 72, p. 91-129.

*Frech, Walter (1964), « Das Beichtrecht im Zisterzienserorden nach den ältesten Gesetzessammlungen und den Statuten des Generalkapitels (1098-1786) », *Analecta Cisterciensia* 20, 3-48 [p. 38].

Friedman, Russell L. (1994), « Andreas de Novo Castro (fl. 1358) on Divine Omnipotence and the Nature of the Past : I *Sentences*, Distinction Forty-Five, Question Six », *Cahiers de l'Institut du Moyen-Âge grec et latin* 64, p. 101-150.

– (1999), « Francis of Marchia and John Duns Scotus on the Psychological Model of the Trinity », *Picenum Seraphicum* 18 n.s., p. 11-56.

– (2002), « The *Sentences* Commentary, 1250-1320. General Trends, the Impact of the Religious Orders, and the Test Case of Predestination », dans G. R. Evans et *id.* (eds.), *Mediaeval Commentaries on the* Sentences *of Peter Lombard*. Vol. I : *Current Research*, Leyde, E.J. Brill, p. 42-128.

*– (2013), *Intellectual Traditions at the Medieval University. The Use of Philosophical Psychology in Trinitarian Theology among the Franciscans and Dominicans, 1250-1350*, Leyde, E.J. Brill [p. 873, p. 877-878 et p. 886].

Funkenstein, Amos (1986), *Theology and the Scientific Imagination from the Middle Ages to the Seventeenth Century*, Princeton, Princeton University Press.

Gaskin, Richard (1997a), « Peter Damian on Divine Power and the Contingency of the Past », *British Journal of the History of Philosophy* 5, p. 229-247.

Gaskin, Richard (1997b), « Peter of Ailly and other Fourteenth-Century Thinkers on Divine Power and Necessity of the Past », *Archiv für Geschichte der Philosophie* 79, p. 273-291.

Gelber, Hester Goodenough (1988), « Ockham's Early Influence : A Question about Predestination and Foreknowledge by Arnold of Strelley, OP », *Archives d'histoire doctrinale et littéraire du Moyen Âge* 55, p. 255-289

– (2004), *It Could Have Been Otherwise : Contingency and Necessity in Dominican Theology at Oxford, 1300–1350*, Leyde, E.J. Brill.

GENEST, Jean-François (1977-1978), « La liberté de Dieu à l'égard du passé selon Pierre Damien et Thomas Bradwardine », *Annuaire de l'école pratique des hautes études* 85, p. 391-393.

- (1979), « Le *de futuris contingentibus* de Thomas Bradwardine », *Recherches augustiniennes* 14, p. 249-336.

- (1980) « Un Doctor antiquus cité par Thomas de Buckingham : Richard Carew », *Archivum franciscanum historicum* 73, p. 497-513.

**- (1984), « Pierre de Ceffons et l'hypothèse du Dieu trompeur », dans Z. Kaluza et P. Vignaux (éd.), *Preuve et raisons à l'Université de Paris : logique, ontologie et théologie au XIV^e siècle*, Paris, Vrin, p. 197-214.

- (1991), « Contingence et révélation des futurs. La *Quaestio biblica* de Richard FitzRalph », dans J. Jolivet, Z. Kaluza et A. de Libera (éd.), *Lectionum varietates, Hommage à Paul Vignaux (1904–1987)*, Paris, Vrin, p. 199-246.

*- (1992) *Prédétermination et liberté créée à Oxford au XIV^e siècle. Buckingham contre Bradwardine*, Paris, Vrin [n. p. 30 et p. 175].

- (1994), « Adam et l'Antéchrist. Questiones disputées sur la nécessité du passé et la tromperie divine. Grégoire de Rimini », dans Boulnois (1994), p. 357-390.

**- (1998), « Une collection de discours inauguraux pour l'enseignement des arts au collège Saint-Bernard (XIV^e siècle) », dans D. Nebbiai-Dalla Guarda et *id.* (éd.), *Du copiste au collectionneur Mélanges d'histoire des textes et des bibliothèques en l'honneur d'André Vernet*, Turnhout, Brepols, p. 191-218.

- (2002a), « Les premiers écrits théologiques de Bradwardine : textes inédits et découvertes récentes », dans G. R. Evans et R. L. Friedman (eds.), *Mediaeval Commentaries on the* Sentences *of Peter Lombard. Volume I. Current Research*, Leyde, E.J. Brill, p. 395-421.

- (2002b) et (2003), « Aux origines d'une casuistique. La révélation des futurs contingents d'après la lecture de Richard Fitzralph sur les *Sentences* », *Archives d'histoire doctrinale et littéraire du Moyen Âge* 69, p. 239-298 ; et 70, p. 317-346.

- (2002c), « Thomas Bradwardine », dans Boulnois (2002), p. 301-325.

*- (2008), « Les livres et les études au Collège des Bernardins du XIII^e au XV^e siècle », dans B. Derieux (éd.), *Le Collège des Bernardins*, Poissy, Collège des Bernardins, p. 85-96 [p. 91-95].

—, IMBACH, Ruedi et PUTALLAZ, François-Xavier (2002), « Les futurs contingents entre Oxford et Cologne, Fribourg, Cordeliers, codex 51 », dans P. J. J. M. Bakker, avec E. Faye et C. Grellard (éd.), *Chemins de la pensée médiévale. Études offertes à Zénon Kaluza*, Turnhout, Brepols, p. 379-438.

— et TACHAU, K. H. (1991), « La lecture de Thomas Bradwardine sur les *Sentences* », *Archives d'histoire doctrinale et littéraire du Moyen Âge* 58, p. 301-306.

— et VIGNAUX, Paul (1988), « La bibliothèque anglaise de Jean de Mirecourt : “subtilitas” ou plagiat ? », dans O. Pluta (ed.), *Die Philosophie im 14. und 15. Jahrhundert. In Memoriam Konstanty Michalski 1879-1947*, Amsterdam, John Benjamins, p. 275-301.

GEROGIORGAKIS, Stamatios (2017), *Futura contingentia, necessitas per accidens und Prädestination in Byzanz und in der Scholastik*, Francfort-sur-le-Main, Peter Lang.

GORIS, Harm J. M. J. (1996), *Free Creatures of an Eternal God : Thomas Aquinas on God's Foreknowledge and Irresistible Will*, Utrecht, Thomas Instituut.

*GRANDJEAN, Marcel (1875), *Bibliothèque de l'Université de Liège. Catalogue des manuscrits*, Liège, Université de Liège [p. 215-216 no. 340].

GRANT, Edward (2001), *God and Reason in the Middle Ages*, Cambridge, CUP.

*GRASSI, Onorato (1996), « Probabilismo teologico e certezza filosofica : Pietro Aureoli e il dibattito sulla conoscenza nel '300 » e « La riforma della teologia in Francia », dans G. d'Onofrio (ed.), *Storia della teologia nel Medioevo III. La teologia delle scuole*, Casale Monferrato, Pieme, p. 515-540 [p. 538] et p. 685-720 [p. 686-687].

GRELLARD, Christophe (2001), *Nicolas d'Autrécourt : Correspondance. Articles condamnés*, Paris, Vrin.

*GRÉVIN, Benoît (2008), *Rhétorique du pouvoir médiéval. Les Lettres de Pierre de la Vigne et la formation du langage politique européen (XIIIe-XV[e] siècles)*, Rome, École française de Rome [p. 702-705].

GROBLICKI, J. (1938), *De scientia Dei futurorum contingentium secundum S. Thomam eiusque primos sequaces*, Kraków, Facultas Theologica Universitatis Jagellonicae Cracoviensis.

*HALLAMAA, Olli (2010), « On the Limits of the Genre : Roger Roseth as a Reader of the *Sentences* », dans P. W. Rosemann (ed.), *Mediaeval Commentaries on the Sentences of Peter Lombard*, t. 2, Leyde, E.J. Brill, p. 369-404 [n. p. 286].

HALVERSON, James (1995), « Franciscan Theology and Predestinarian Pluralism in Late-Medieval Thought », *Speculum* 70, p. 1-26.

– (1998), *Peter Aureol on Predestination. A Challenge to Late Medieval Thought*, Leyde, E.J. Brill.

HENNINGER, Mark G. (1980), « Henry of Harclay's Questions on Divine Prescience and Predestination », *Franciscan Studies* 40, p. 167-243.

*HOENEN, Maarten J. F. M. (1993), *Marsilius of Inghen. Divine Knowledge in Late Medieval Thought*, Leyde, E.J. Brill [p. 222].

*– (1999), « At the Crossroads of Scholasticism and Northern Humanism », dans F. Akkerman, A. J. Vanderjagt et A. van der Laan (eds.), *Northern Humanism in European Context, 1469-1625. From the "Adwert Academy" to Ubbo Emmius*, Leyde, Brill, p. 131-148 [p. 140].

HOFFMANN, Tobias et MICHON, Cyrille (2017), « Aquinas on Free Will and Intellectual Determinism », *Philosophers' Imprint* 17.10, p. 1-36.

HOLLEBEKE, L. VAN (1863), *Lisseweghe, son église et son abbaye*, Bruges, Gailliard.

HOLOPAINEN, Toivo J. (1996), *Dialectic and Theology in the Eleventh Century*, Leyde, E.J. Brill.

– (2006), « *Future Contingents in the Eleventh Century* », dans V. Hirvonen (ed.), *Mind and Modality : Studies in the History of Philosophy in Honour of Simo Knuuttila*, Leyde, E.J. Brill, p. 103-120.

– (2016), « Peter Damian », dans E. N. Zalta (ed.), *The Stanford Encyclopedia of Philosophy* : https://plato.stanford.edu/archives/win2016/entries/peter-damian/.

ISAAC, Jean (1953), *Le Peri hermeneias en Occident de Boèce à Saint Thomas. Histoire littéraire d'un traité d'Aristote*, Paris, Vrin.

JANDA, Richard D. et JOSEPH, Brian D. (2003), « Introduction », dans *eid.* (eds.), *The Handbook of Historical Linguistics*, Oxford, Blackwell, p. 1-180.

JUGIE, Pierre (1987), « L'activité diplomatique du cardinal Gui de Boulogne en France au milieu du XIVe siècle », *Bibliothèque de l'École des Chartes* 145, p. 99-127

KALUZA, Zénon (1976), « La prétendue discussion parisienne de Thomas Bradwardine avec Thomas de Buckingham », *Recherches de théologie ancienne et médiévale* 43, p. 219-236.

*– (1978), *Thomas de Cracovie. Contribution à l'histoire du Collège de la Sorbonne*, Wroclaw, Académie polonaise des sciences [p. 107].

*– (1995a), « La crise des années 1474-1482 : l'interdiction du nominalisme par Louis XI », dans M. J. F. M. Hoenen, J. H. J. Schneider et G. Wieland (eds.), *Philosophy and Learning. Universities in the Middle Ages*, Leyde, E.J. Brill, p. 293-327 [n. 75 p. 320-321].

*– (1995b), *Nicolas d'Autrécourt. Ami de la vérité* (= *Histoire littéraire de la France*, t. 42, fasc. 1), Paris, Académie des Inscriptions et Belles-Lettres [p. 70, 72 n, 99, 143].

*KARGER, Elizabeth (2010), « A Buridanian Response to a Fourteenth Century Skeptical Argument and Its Rebuttal by a New Argument in the Early Sixteenth Century », dans H. Lagerlund (ed.), *Rethinking the History of Skepticism :*
*The Missing Medieval Background*, Leyde, E.J. Brill, p. 215-232 [n. 9 p. 217].

KENNEDY, Leonard A. (1983a), « Philosophical Scepticism in England in the Mid-Fourteenth Century », *Vivarium* 21, p. 35-57.

– (1983b), « Theology the Handmaiden of Logic : A Sentences Commentary Used by Gregory of Rimini and John Hiltalingen », *Augustiniana* 33, p. 142-164.

– (1983-1984), « Divine Omnipotence and the Contingency of Creatures, 1330-1350 A.D. », *Modern Schoolman* 61, p. 249-258.

– (1985), « Late Fourteenth-Century Philosophical Skepticism at Oxford », *Vivarium* 23, p. 124-151.

– (1986), *Pierre of Ailly and the Harvest of Fourteenth Century Philosophy*, Lewiston, NY, Edwin Mellon.

– (1988a), « Osbert of Pickenham, O.Carm. (fl. 1360) on the Absolute Power of God », *Carmelus* 35, p. 178-225.

– (1988b), « Two Augustinians and Nominalism », *Augustiniana* 38, p. 118-128.

– (1990), « Early Fourteenth-century Franciscans and Divine Absolute Power », *Franciscan Studies* 50, p. 197-233.

– (1994), « Durandus, Gregory of Rimini, and Divine Absolute Power », *Recherches de théologie ancienne et médiévale* 61, p. 69-87.

— et ROMANO, Margaret E. (1987), « John Went, O.F.M., and Divine Omnipotence », *Franciscan Studies* 47, p. 138-170.

KENNY, Anthony (1987), « Realism and Determinism in the Early Wyclif », dans A. Hudson et M. Wilks (eds.), *From Ockham to Wyclif*, Oxford, Blackwell.

KNUUTTILA, Simo (1993), *Modalities in Medieval Philosophy*, Londres, Routledge.

- (2004), « Anselm on Modality », dans B. Davies et B. Leftow (eds.), *The Cambridge Companion to Anselm*, Cambridge, CUP, p. 111-131.

- (2010), « Medieval Commentators on Future Contingents in *De Interpretatione* 9 », *Vivarium* 48, p. 75-96.

- (2012), « Modality », dans J. Marenbon (ed.), *The Oxford Handbook of Medieval Philosophy*, Oxford, OUP, p. 312-341.

- (2015), « Medieval Theories of Future Contingents », dans E. N. Zalta (ed.), *The Stanford Encyclopedia of Philosophy* : https://plato.stanford.edu/archives/win2015/entries/medieval-futcont/.

LAHEY, Stephen E. (2009), *John Wyclif*, Oxford, OUP.

*LECLANT, Jean (1991), « Rapport sur l'état des publications de l'Académie pendant l'année 1990 », *Comptes rendus des séances de l'Académie des Inscriptions et Belles-Lettres / Année* 135/1, p. 171-176 [p. 173].

*- (1992), « Rapport sur l'état des publications de l'Académie pendant l'année 1991 », *Comptes rendus des séances de l'Académie des Inscriptions et Belles-Lettres / Année* 136/1, p. 69-76 [p. 72].

**LEDSHAM, Cal (2015), « Pleasure in Philosophy and the Pretext of Theology », *Quaestio* 15, p. 729-738.

LEFF, Gordon (1957), *Bradwardine and the Pelagians. A Study of His "De causa Dei" and Its Opponents*, Cambridge, CUP.

- (1961), *Gregory of Rimini. Tradition and Innovation in Fourteenth Century Thought*, Manchester, Manchester University Press.

*LEPOT, Julien (2014), *Un miroir enluminé du milieu du* XIV^e^ *siècle : l'Avis aus roys*, Thèse de doctorat, Université d'Orléans [p. 231].

LEVY, Ian Christopher (2005), « Grace and Freedom in the Soteriology of John Wyclif », *Traditio* 60, p. 279-337.

LIVESEY, Steven J. (2008), « Divine Omnipotence and First Principles : A Late Medieval Argument on the Subalternation of the Sciences », dans R. S. Westman et D. Biale (eds.), *Thinking Impossibilities. The Intellectual Legacy of Amos Funkenstein*, Toronto, University of Toronto Press, p. 1-33.

LOIRET, François (2003), *Volonté et infini chez Duns Scot*, Paris, Kimé.

*LOURDAUX, Willem et HAVERALS, Marcel (1978), *Bibliotheca Vallis Sancti Martini in Lovanio. A Contribution to the Study of Intellectual Life in the Netherlands (15 th-18 th C), I : The Surviving Manuscripts*, Louvain, Leuven University Press [p. 639-650, no. 141] et *corrigenda* dans *eid.*, vol. II : *The History of the Library and of Its Contents*, Louvain, Leuven University Press, 1982 [p. 36-37].

MacDonald, Scott (1995), « Synchronic Contingency, Instants of Nature, and Libertarian Freedom : Comments on "The Background to Scotus's Theory of Will" », *The Modern Schoolman* 72, p. 169-174.

Maier, Anneliese (1949), *Die Vorläufer Galileis im 14. Jahrhundert : Studien zur Naturphilosophie der Spätscholastik*, Roma, Storia e letteratura.

*– (1967), « Das Problem der Evidenz in der Philosophie des 14. Jahrhunderts », *Scholastik* 38 (1963), p. 183-225, réimp. dans *ead.*, *Ausgehendes Mittelalter. Gesammelte Aufsätze zur Geistesgeschichte des 14. Jahrhunderts*, t. 2, Rome, Storia e Letteratura, p. 367-418 [p. 384 et p. 415].

Marenbon, John (2004), *Le temps, l'éternité et la prescience de Boèce à Thomas d'Aquin*, Paris, Vrin.

Masolini, Serena (2016), *Petrus de Rivo (ca. 1420-1499) : Portrait(s) of a Louvain Master*, PhD Dissertation, University of Leuven.

— et Schabel, Chris (2018), « Peter de Rivo », dans H. Lagerlund et J. Marenbon (eds.), *Encyclopedia of Medieval Philosophy*, 2 e éd., Heidelberg, Springer.

*Mazet, Edmond (2003), « La théorie des séries de Nicole Oresme dans sa perspective aristotélicienne. Questions 1 et 2 sur la Géométrie d'Euclide », *Revue d'histoire des mathématiques* 9, p. 33-80 [p. 35].

**– (2004), « Pierre Ceffons et Oresme – leur relation revisitée », dans S. Caroti et J. Celeyrette (éd.), *Quia inter doctores est magna dissensio. Les débats de philosophie naturelle à Paris au* XIV e *siècle*, Florence, L.S. Olschki, p. 175-194.

McGrath, Alister (2004), *The Intellectual Origins of the European Reformation. Second Edition*, Oxford, OUP.

*McLaughlin, Mary Martin (1977), *Intellectual Freedom and Its Limitations in the University of Paris in the Thirteenth and Fourteenth Centuries*, New York, Arno Press [p. 432-438, *passim*].

*McWebb, Christine (2007), *Debating the* Roman de la rose. *A Critical Anthology*, Londres, Routledge [p. 15, 26 et 43].

*Michalski, Konstanty (1928), « La physique nouvelle et les différents courants philosophiques au XIV e siècle » [= *Bulletin de l'Académie Polonaise des Sciences et des Lettres. Classe d'histoire et de philosophie* 1927, p. 93-164], Cracovie, Imprimerie de l'Université, p. 1-71 [p. 62] (réimp. dans Michalski [1969], p. 205-277).

*– (1937), « Le problème de la volonté à Oxford et à Paris au XIV e siècle » [= *Studia philosophica* 2 (1937), p. 233-365], Lwów (Lviv), *Studia Philosophica*, p. 1-133 [p. 20-21, p. 97-99 et p. 127-129] (réimp. dans Michalski [1969], p. 279-413).

*– (1969), *La philosophie au* XIV e *siècle. Six études*, éd. K. Flasch, Francfort, Minerva [p. 268, p. 300-301, p. 377-379 et p. 407-409].

Michon, Cyrille (2004), *Prescience et liberté. Essai de théologie philosophique sur la Providence*, Paris, P.U.F.

Michon, Cyrille (2007), Guillaume d'Ockham, *Traité sur la prédestination et la prescience divine des futurs contingents*, Paris, Vrin.

*MONAGHAN, Edward J. (1954), « Human Liberty and Free Will according to John Buridan », *Mediaeval Studies* 16, p. 72-86 [p. 85].

MONFASANI, John (2000), « The Theology of Lorenzo Valla », dans J. Kraye et M. W. F. Stone (eds.), *Humanism and Early Modern Philosophy*, Londres, Routledge, p. 1-23.

**MOREAU, Brigitte (1988), « Une impression clandestine à Paris au temps du concile de Sens, l'*Epistola Luciferi* », dans P. Aquilon et H.-J. Martin (éd.), *Le livre dans l'Europe de la Renaissance. Actes du XXVIII*e *colloque international d'études humanistes de Tours*, Paris, Promodis, p. 343-359.

*MURDOCH, John E. (1969), « *Mathesis in philosophiam scholasticam introducta* : The Rise and Development of the Application of Mathematics in Fourteenth Century Philosophy and Theology », dans *Arts libéraux et philosophie au moyen âge*, Montréal/Paris, Institut d'études mediévales/Vrin, p. 215-254 [p. 233 n. 57, 240 n. 85, 242-249].

*– (1975), « From Social into Intellectual Factors : An Aspect of the Unitary Character of Medieval Learning », dans *id.* et E. D. Sylla (eds.), *The Cultural Context of Medieval Learning*, Dordrecht, Kluwer, p. 271-348 [p. 279-280 et p. 314-317].

**– (1978), « *Subtilitates anglicanae* in the Fourteenth Century : John of Mirecourt and Peter Ceffons », dans M. Pelner Cosman et B. Chandler (eds.), *Machaut's World : Science and Art in the Fourteenth Century*, New York, New York Academy of Sciences, p. 51-86.

*– (1981), « Mathematics and Infinity in the Later Middle Ages », dans D. O. Dahlstrom, D. T. Ozar et L. Sweeney (eds.), *Infinity*, Washington (DC), American Catholic Philosophical Association, p. 40-58 [p. 51, 56].

*– (1982), « Infinity and Continuity », dans N. Kretzmann, A. Kenny et J. Pinborg (eds.), *The Cambridge History of Later Medieval Philosophy*, Cambridge, CUP, p. 564-591 [p. 582].

*– (1984), *Album of Science : Antiquity and the Middle Ages*, New York, Charles Scribner's Sons [p. 293].

*– (2009), « Beyond Aristotle : Indivisibles and Infinite Divisibility in the Later Middle Ages », dans C. Grellard et A. Robert (eds.), *Atomism in Late Medieval Philosophy and Theology*, Leyde, E.J. Brill, p. 15-38 [p. 37].

MURALT, André de (1986), « La toute-puissance divine, le possible et la non-contradiction. Le principe de l'intelligibilité chez Occam », *Revue philosophique de Louvain* 84, p. 345-361.

*NANNINI, Andrea (2013), *La metafisica di Giovanni da Ripa*, t. 1-2, Tesi di Dottorato, Università degli Studi di Salerno, t. 1 [p. 157-159 et *passim*].

**– (2015), « Pierre Ceffons di Clairvaux. La questione dei significabilia complexe intorno al 1350. I. Edizione della *quaestio* 25 della *Lectura super I Sententiarum* », *Rivista di filosofia neoscolastica* 107, p. 917-946 [édition du livre I, d. 9, q. 1 (q. 23/25) à 924-945].

**— et SCHABEL, Chris (2018a), « Pierre Ceffons on Divine Simplicity, Part I : Modality, Sophisms, Physics, and *Odium Dei* in His *In primum Sententiarum*, *distinctio 8, quaestio 1* », *Recherches de Théologie et Philosophie médiévales* 85, p. 135-185 [édition du livre I, d. 8, q. 1-2].

**— et SCHABEL, Chris (2018b), « Pierre Ceffons on Divine Simplicity, Part II : Mathematical Theology, Infinity, and the Body-Soul Problem in His *In primum Sententiarum, distinctio 8, quaestio 2* », *Recherches de Théologie et Philosophie médiévales* 85, p. 309-365 [édition du livre I, d. 8, q. 1-2].

NAUTA, Lodi (2009), *In Defense of Common Sense. Lorenzo Valla's Humanist Critique of Scholasic Philosophy*, Cambridge MA, Harvard University Press.

*NESTE, Roy J. van (1977), « A Reappraisal of the Supposed Skepticism of John of Mirecourt », *Recherches de théologie ancienne et médiévale* 44, p. 101-126 [p. 105].

*NEWTON, Roger G. (2007), *From Clockwork to Crapshoot. A History of Physics*, Cambridge, MA, Harvard University Press [p. 56].

NORMORE, Calvin (1982), « Future Contingents », dans N. Kretzmann, A. Kenny et J. Pinborg (eds.), *The Cambridge History of Later Medieval Philosophy*, Cambridge, CUP, p. 358-381.

– (1985), « Divine Omniscience, Omnipotence and Future Contingents : An Overview », dans Rudavsky (1985), p. 3-22.

– (1993) « Peter Aureoli and His Contemporaries on Future Contingents and the Excluded Middle », *Synthèse* 96, p. 83-92.

OAKLEY, Francis (2002), *Omnipotence and Promise : The Legacy of the Scholastic Distinction of Powers*, Toronto, Pontifical Institute of Mediaeval Studies.

*OBERMAN, Heiko (1958), *Archbishop Thomas Bradwardine : A Fourteenth-Century Augustinian, A Study of His Theology in Its Historical Context*, Utrecht, Kemink & Zoon [p. 210].

– (1966), *Forerunners of the Reformation. The Shape of Late Medieval Thought Illustrated by Key Documents*, New York, Rinehart and Winston.

OGLIARI, Donato (2003), Gratia et certamen. *The Relationship Between Grace and Free Will in the Discussion of Augustine with the So-called Semipelagians*, Leuven, Peeters.

ØHRSTRØM, Peter (1983), « Richard Lavenham on Future Contingents », *Cahiers de l'Institut du Moyen-Âge grec et latin* 44, p. 180-186.

*OUDEN, Casimir (1722), *Commentarius de scriptoribus Ecclesiae antiquis illorumque scriptis tam pressis quam manuscriptis*, Leipzig, Weidmann [col. 1037].

*OUDIN, Fanny (2010), « Lettres de Dieu, lettres du Diable : correspondances entre Terre, Ciel et Enfer », *Questes* 19, p. 37-55 [p. 45-46].

OZILOU, Marc (1994), « L'empreinte de la puissance. Bonaventure », dans Boulnois (1994), p. 169-202.

*PASNAU, Robert (2011), *Metaphysical Themes 1274-1671*, Oxford, OUP [p. 455].

*PATAR, Benoît (2006), *Dictionnaire des philosophes médiévaux*, Longueuil, Québec, Fides [p. 337-339].

**PEDERSEN, Fritz Saaby, NOTHAFT, C. Philipp E. et SCHABEL, Christopher D. (2019), « Astronomical and Cosmological *Dubia* in the Cistercian Pierre

Ceffons' *In II Sententiarum, distinctio 1* », *Cahiers de l'Institute du moyen-âge grec et latin* 88, p. 1-56.

PELIKAN, Jaroslav (1971), *The Emergence of the Catholic Tradition (100-600)*, Chicago, University of Chicago Press ; trad. fr., *L'émergence de la tradition catholique 100-600*, Paris, P.U.F., 1994.

- (1978), *The Growth of Medieval Theology (600-1300)*, Chicago, University of Chicago Press ; trad. fr., *Croissance de la théologie médiévale 600-1300*, Paris, P.U.F., 1995.

PERLER, Dominik (1988), *Prädestination, Zeit und Kontingenz : philosophisch-historische Untersuchungen zu Wilhelm von Ockhams "Tractatus de praedestinatione et de praescientia Dei respectu futurorum contingentium"*, Amsterdam, John Benjamins.

PICHE, David (avec LAFLEUR, Claude) (1999), *La condamnation parisienne de 1277*, Paris, Vrin.

PIRO, Francesco (2009), « Lo scolastico che faceva un partito a sé. Leibniz su Durando di San Porziano e la disputa sui futuri contingenti », *Medioevo* 34, p. 507-543.

PLUTA, Olaf (2002), « Persecution and the Art of Writing. The Parisian Statute of April 1, 1272, and Its Philosophical Consequences », dans P. J. J. M. Bakker, avec E. Faye et C. Grellard (éd.), *Chemins de la pensée médiévale. Études offertes à Zénon Kaluza*, Turnhout, Brepols, p. 563-585.

POIREL, Dominique (2002), « Pierre Abélard », dans Boulnois (2002), p. 98-109.

POPKIN, Richard H. (2008), « Amos Funkenstein and the History of Scepticism », dans R. S. Westman et D. Biale (eds.), *Thinking Impossibilities. The Intellectual Legacy of Amos Funkenstein*, Toronto, University of Toronto Press, p. 281-287.

PORRO, Pasquale (2010), « "Rien de personnel". Notes sur la question de l'*acceptio personarum* dans la théologie scolastique », *Revue des sciences philosophiques et théologiques* 94, p. 481-509.

- (2012), *Thomas Aquinas. A Historical and Philosophical Profile*, Washington, DC, The Catholic University of America Press.

- (2013), « Contingenza e impedibilità delle cause. Presuppositi e implicazioni di un dibattito scolastico », *Rivista di storia della filosofia* 68, p. 113-147.

- (2014), « Divine Predestination, Human Merit and Moral Responsibility. The Reception of Augustine's Doctrine of Irresistible Grace in Thomas Aquinas, Henry of Ghent and John Duns Scotus », dans P. D'Hoine et G. van Riel (eds.), *Providence and Moral Responsibility in Ancient, Medieval and Early Modern Thought : Studies in Honour of Carlos Steel*, Leuven, Leuven University Press, p. 553-570.

POSTI, Mikko (2017), *Divine Providence in Medieval Philosophical Theology 1250-1350*, PhD Dissertation, University of Helsinki.

PUTALLAZ, François-Xavier (1995), *Insolente liberté. Controverses et condamnations au XIIIe siècle*, Fribourg/Paris, Editions Universitaires de Fribourg/Cerf.

*Randi, Eugenio (1989), « Talpe ed extraterrestri : un inedito di Agostino Trionfo di Ancona sulla pluralità dei mondi », *Rivista di Storia della Filosofia* 44, p. 311-326 [p. 322-323].

- (1990), « Onnipotenza divina e futuri contingenti nel XIV secolo », *Documenti e Studi sulla tradizione filosofica medievale* 1, p. 605-630.

- (1997), *Il sovrano e l'orologiaio : Due immagini di Dio nel dibattito sulla "potentia absoluta" fra XIII e XIV secolo*, Florence, La nuova Italia.

**Raymo, Robert R. (1969), « A Middle English Version of the *Epistola Luciferi ad Cleros* », dans D. A. Pearsall et R. A. Waldron (eds.), *Medieval Literature and Civilization : Studies in Memory of G.N. Garmonsway*, Londres, Athlone, p. 233-248.

Resnik, Irven Michael (1992), *Divine Power and Possibility in St. Peter Damian's De divina omnipotentia*, Leyde, E.J. Brill.

*Robson, John A. (1961), *Wyclif and the Oxford Schools. The Relation of the "Summa de ente" to Scholastic Debates at Oxford in the Later Fourteenth Century*, Cambridge, CUP, 1961 [p. 40 et 98].

Rossini, Marco (1993), « *Scientia Dei conditionata* : Francesco di Meyronnes e i futuri contingenti », *Medioevo* 19, p. 287-322.

- (1995), « "Quod coexsistit exsistit" : Alessandro di Alessandra e i futuri contingenti », dans L. Sileo (ed.), *Via Scoti. Methodologica ad mentem Joannis Duns Scoti*, t. 2, Rome, Antonianum, p. 1049-1063.

— et Schabel, Chris (2005), « Time and Eternity among the Early Scotists. Texts on Future Contingents by Alexander of Alessandria, Radulphus Brito, and Hugh of Novocastro », *Documenti e Studi sulla tradizione filosofica medievale* 16, p. 237-338.

Rudavsky, Tamar (ed.) (1985), *Divine Omniscience and Omnipotence in Medieval Philosophy. Islamic, Jewish, and Christian Perspectives*, Dordrecht, Reidel.

*Ruello, Francis (1992), *La théologie naturelle de Jean de Ripa (XIVe siècle)*, Paris, Beauchesne [p. 7].

Saak, Eric Leland (1997), « The Reception of Augustine in the Later Middle Ages », dans I. D. Backus (ed.), *The Reception of the Church Fathers in the West : From the Carolingians to the Maurists*, t. 1-2, Leiden 1997, t. 1, p. 367-404.

- (2012), *Creating Augustine. Interpreting Augustine and Augustinianism in the Later Middle Ages*, Oxford, OUP.

Saint-Blancat, Louis (1954), « Recherches sur les sources de la théologie luthérienne primitive (1509-1510) », *Verbum Caro* 8, p. 81-90.

- (1956), « La théologie de Luther et un nouveau plagiat de Pierre d'Ailly », *Positions Luthériennes* 4, p. 61-81.

*Sanderus, Antonius (1643), *Bibliotheca belgica manuscripta : sive, Elenchus universalis codicum MSS. in celebrioribus Belgii coenobiis, ecclesiis, urbium, ac privatorum hominum, bibliothecis adhuc latentium*, t. 2, Lille, Tussan Le Clercq [p. 251].

*SARTON, George (1947), *Introduction to the History of Science*. Vol. III : *Science and Learning in the Fourteenth Century, part I*, Baltimore, Williams and Wilkins [p. 147, 736].

**SCASE, Wendy (2007), « "Let Him Be Kept in Most Strait Prison" : Lollards and the Epistola Luciferi », dans P. Horden (ed.), *Proceedings of the 2003 Harlaxton Symposium : Freedom of Movement in the Middle Ages*, Donington, Paul Watkins, p. 57-72.

SCHABEL, Chris (1995a), « Peter Aureol on Divine Foreknowledge and Future Contingents : *Scriptum in Primum Librum Sententiarum*, distinctions 38-39 », *Cahiers de l'Institut du moyen-âge grec et latin* 65, p. 63-212.

– (1995b) et (1996), « Peter de Rivo and the Quarrel over Future Contingents at Louvain : New Evidence and New Perspectives », *Documenti e studi sulla tradizione filosofica medievale* 6, p. 363-473 ; 7, p. 369-435.

– (1997), « Aufredo Gonteri Brito *secundum* Henry of Harclay on Divine Foreknowledge and Future Contingents », *Disputatio* 2, p. 159-196.

– (1998), « Questions on Future Contingents by Michael of Massa, OESA », *Augustiniana* 48, p. 165-229.

– (1999a), « Landulphus Caracciolo and a *Sequax* on Divine Foreknowledge », *Archives d'histoire doctrinale et littéraire du Moyen Âge* 66, p. 299-343.

– (1999b) et (2000a), « Il Determinismo di Francesco di Marchia », *Picenum Seraphicum* 18, p. 57-95 ; 19, p. 15-68.

*– (2000b), *Theology at Paris 1316-1345. Peter Auriol and the Problem of Divine Foreknowledge and Future Contingents*, Aldershot, Ashgate [p. 287].

– (2001), « La dottrina di Francesco di Marchia sulla predestinazione », *Picenum Seraphicum* 20, p. 9-45.

– (2002a), « Landulph Caracciolo and Gerard Odonis on Predestination : Opposite Attitudes toward Scotus and Auriol », *Wissenschaft und Weisheit : Franziskanische Studien zu Theologie, Philosophie und Geschichte* 65, p. 62-81.

– (2002b), « Parisian Commentaries from Peter Auriol to Gregory of Rimini, and the Problem of Predestination », dans G. R. Evans et R. L. Friedman (eds.), *Mediaeval Commentaries on the* Sentences *of Peter Lombard. Volume I. Current Research*, Leyde, E.J. Brill, p. 221-265.

– (2002c), « *Non aliter novit facienda quam facta* : The Questions of Gerard Odonis on Divine Foreknowledge », dans P. J. J. M. Bakker, avec E. Faye et C. Grellard (éd.), *Chemins de la pensée médiévale. Études offertes à Zénon Kaluza*, Turnhout, Brepols, p. 351-377.

- (2003a), « Divine Foreknowledge and Human Freedom : Auriol, Pomponazzi, and Luther on Scholastic Subtleties », dans R. L. Friedman et L. O. Nielsen (eds.) *The Medieval Heritage in Early Modern Metaphysics and Modal Logic, 1400-1700*, Dordrecht, Kluwer, p. 165-189.
- (2003b), « Early Carmelites Between Giants : Questions on Future Contingents by Gerard of Bologna and Guy Terrena », *Recherches de Théologie et Philosophie médiévales* 70, p. 139-205.
- (2003c), « Peter Thomae's Question on Divine Foreknowledge from His *Sentences* Commentary », *Franciscan Studies* 61, p. 1-35.
**- (2003d), « Peter Ceffons », dans J. J. E. Gracia et T. B. Noone (eds.), *A Companion to Philosophy in the Middle Ages*, Oxford, Blackwell, p. 508-509.
- (2005), « The *Sentences* Commentary of Paul of Perugia, O.Carm. With an Edition of His Question on Divine Foreknowledge », *Recherches de Théologie et Philosophie médiévales* 72, p. 54-112.
- (2006), « Philosophy and Theology across Cultures : Gersonides and Auriol on Divine Foreknowledge », *Speculum* 81, p. 1092-1117.
- (2007a), « Early Franciscan Attacks on John Duns Scotus's Doctrine of Divine Foreknowledge », dans M. Olszewski (ed.), *What is "Theology" in the Middle Ages? Religious Cultures of Europe (11 th-15 th Centuries) as Reflected in their Self-understanding*, Münster, Aschendorff, p. 301-328.
- (2007b), « Carmelite *Quodlibeta* », dans *id.* (ed.), *Theological Quodlibeta in the Middle Ages. The Fourteenth Century*, Leyde, E.J. Brill, p. 493-543.
- (2011a), « Parisian Secular Masters on Divine Foreknowledge and Future Contingents in the Early Fourteenth Century, Part I : John of Pouilly's *Quaestio Ordinaria* I », *Recherches de Théologie et Philosophie médiévales* 78, p. 161-219.
- (2011b), « Parisian Secular Masters on Divine Foreknowledge and Future Contingents in the Early Fourteenth Century, Part II : Thomas Wylton's *Quaestio ordinaria* "Utrum praedestinatus possit damnari" », *Recherches de Théologie et Philosophie médiévales* 78, p. 417-479.
- (2011c), « The Reception of Peter Auriol's Doctrine of Place. With Editions of Questions by Landulph Caracciolo and Gerard of Siena », dans T. Suarez-Nani et M. Rohde (éd.), *Représentations et conceptions de l'espace dans la culture médiévale. Colloque Fribourgeois 2009*, Berlin, De Gruyter, p. 147-192.
- (2013), « William of Brienne, OFM, Parisian Master of Theology, 1331 », dans C. Angotti, M. Brînzei et M. Teeuwen (éd.), *Portrait de Maîtres. Mélanges Olga Weijers*, Porto, Brepols, p. 159-168.
**- (2014a), « Cistercian University Theologians on the *Filioque* », *Archa Verbi* 11, p. 124-189 [édition du livre I, d. 10 (q. 25/27) à 157-165].
- (2014b), « Peter of Auvergne's Quodlibetal Questions on Divine Knowledge », dans C. Flüeler, L. Lanza et M. Toste (eds.), *Peter of Auvergne, University Master of the 13 th Century*, Berlin, Walter de Gruyter, p. 355-390.

– (2014c), « Dominican Anti-Thomism : James of Metz's Question on Divine Foreknowledge, with a Rebuttal from the *Correctorium Iacobi Metensis* », *Przegląd Tomistyczny* 20, p. 35-72.

– (2015), « Guiu Terrena on Predestination in His Commentary on Gratian's *Decretum* », dans A. Fidora (ed.), *Guido Terreni, O. Carm. (†1342) : Studies and Texts*, Barcelona, Brepols, p. 83-105 et p. 325-388.

**– (2018a), « *Lucifer princeps tenebrarum*… The *Epistola Luciferi* and Other Correspondence of the Cistercian Pierre Ceffons (fl. 1348-1353) », *Vivarium* 56, p. 126-175 [édition de la *Epistola Luciferi* à 168-172].

**– (2018b), « Pierre Ceffons », dans H. Lagerlund et J. Marenbon (eds.), *Encyclopedia of Medieval Philosophy*, 2 e éd., Heidelberg, Springer, en ligne.

– (2018c), « James of Eltville and the Determinist Trend in Late Fourteenth-Century Theology », dans M. Brînzei et *id.* (eds.), *The Cistercian James of Eltville (†1393) : Author at Paris and Authority at Vienna*, Turnhout, Brepols, p. 383-417.

– (2019a), « Redating Pierre d'Ailly's Early Writings and Revisiting His Position on the Necessity of the Past and the Future », dans J.-P. Boudet, M. Brînzei, F. Délivré, H. Millet, J. Verger et M. Zink (éd.), *Pierre d'Ailly : un esprit universel à l'aube du XV e siècle*, Paris, Académie des Inscriptions et Belles-Lettres, p. 59-80.

**– (2019b), « The Genre Matures : Parisian *Principia* in the 1340s, from Gregory of Rimini to Pierre Ceffons », dans M. Brînzei et W. O. Duba (eds.), *The Rise of a New Genre of Scholasticism : Principia on the Sentences in the Fourteenth Century*, Turnhout, Brepols, à paraître.

– (2020), « Henry Totting of Oyta, Henry of Langenstein, Nicholas of Dinkelsbühl, and the Vienna Group on Reconciling Human Free Will with Divine Foreknowledge », dans M. Brînzei et *id.* (eds.), *Philosophical Psychology in Late-Medieval Commentaries on Peter Lombard's Sentences*, Turnhout, Brepols, à paraître.

—, FRIEDMAN, Russell L. et BALCOYIANNOPOULOU, Irene (2001), « Peter of Palude and the Parisian Reaction to Durand of St. Pourçain on Foreknowledge and Future Contingents », *Archivum Fratrum Praedicatorum* 71, p. 183-300.

**— et PEDERSEN, Fritz Saaby (2014), « Miraculous, Natural, or Jewish Conspiracy ? Pierre Ceffons' Question on the Black Death and Astrology, with Texts by Gersonides and Jean de Murs/Firmin de Beauval », *Recherches de Théologie et Philosophie médiévales* 81, p. 137-179 [édition du livre II, d. 1, dubium 10 (q. 9) à 159-179].

SCHMAUS, Michael (1932a), « Guilelmi de Alnwick O.F.M. doctrina de medio, quo Deus cognoscit futura contingentia », *Bogoslovni Vestnik* 12, p. 201-225.

– (1932b), « Uno sconosciuto discepolo di Scoto. Intorno alla prescienza di Dio », *Rivista di Filosofia Neoscolastica* 24, p. 327-355.

SCHMUTZ, Jacob (2003), *La querelle des possibles : recherches philosophiques et textuelles sur la métaphysique jésuite espagnole, 1540-1767*, 3 vol., Thèse de doctorat, Paris, EPHE.

SCHWAMM, Hermann (1930), *Magistri Ioannis de Ripa O.F.M. Doctrina de Praescientia Divina*, Rome, Pontifica Universitas Gregoriana.

– (1931), *Robert Cowton O.F.M. über das göttliche Vorherwissen*, Innsbruck, Rauch.

– (1934), *Das göttliche Vorherwissen bei Duns Scotus und seinen ersten Anhängern*, Innsbruck, Rauch.

*SHANK, Michael H. (1988), *"Unless You Believe, You Shall Not Understand" : Logic, University, and Society in Late Medieval Vienna*, Princeton, Princeton University Press [n. p. 150 et n. p. 210].

SIMONETTA, Stefano (2006), « Libertà del volere e prescienza divina nella teologia filosofica di Wyclif », *Rivista di storia della filosofia* 61, p. 193-218.

*SMALLEY, Beryl (1960), *English Friars and Antiquity in the Early Fourteenth Century*, Oxford, OUP [p. 149 et p. 258-261].

**SMITH, Kevin D. (1990) *Theories of Motion, Time and Place in Mid-Fourteenth Century France : Gregory of Rimini, Hugolinus of Orvieto, and Peter Ceffons of Clairvaux*, PhD dissertation, University of Wisconsin-Madison.

SÖDER, Joachim Ronald (1998), *Kontingenz und Wissen : Die Lehre von den futura contingentia bei Johannes Duns Scotus*, Münster, Aschendorff.

SOLÈRE, Jean-Luc (1994), « De la Bible à Aristote. Guillaume d'Auxerre », dans Boulnois (1994), p. 97-127.

– (2000), « La logique d'un texte médiéval : Guillaume d'Auxerre et la question du possible », *Revue philosophique de Louvain* 98, p. 250-293.

*STAATS, Sarah, avec HEID, Caroline, NEBBIAI, Donatella et STIRNEMANN, Patricia (2016), *Le catalogue médiéval de l'abbaye cistercienne de Clairmarais et les manuscrits conservés*, Paris, CNRS [p. 156-158].

*STEGMÜLLER, Friedrich (1947), *Repertorium Commentariorum in Sententias Petri Lombardi*, t. 1-2, Würzburg, Ferdinand Schöningh [t. 1, p. 321-322].

STREVELER, Paul et TACHAU, Katherine H., avec COURTENAY, William J. et GELBER, Hester Goodenough (1995), *Seeing the Future Clearly : Questions on Future Contingents by Robert Holcot*, Toronto, Pontifical Institute of Mediaeval Studies.

STUCCO, Guido (2009), *God's Eternal Gift. A History of the Catholic Doctrine of Predestination from Augustine to the Renaissance*, St. Louis, Xlibris.

SYLWANOWICZ, Michael (1996), *Contingent Causality and the Foundations of Duns Scotus' Metaphysics*, Leyde, E.J. Brill.

*TACHAU, Katherine H. (1984), « French Theology in the Mid-Fourteenth Century : Vatican latin 986 and Wroclaw, Milich F.64 », *Archives d'histoire doctrinale et littéraire du Moyen Âge* 51, p. 41-80 [p. 71-72, 78-80].

*– (1988), *Vision and Certitude in the Age of Ockham. Optics, Epistemology, and the Foundations of Semantics 1250-1345*, Leyde, E.J. Brill [p. 372-377 et *passim*].

*– (1991), « The *Quaestiones in primum librum Sententiarum* of Andreas de Novocastro, O.F.M. », *Archives d'histoire doctrinale et littéraire du Moyen Âge* 58, p. 289-318 [p. 290-291].

**Teleanu, Constantin (2018), « Lucifer et son vicaire : Le mélange du pouvoir de l'état à l'autocratie de l'église selon Pierre de Ceffons », dans C. López Alcaide, J. Puig Montada et P. Roche Arnas (eds.), *Legitimation of Political Power in Medieval Thought*, Turnhout, Brepols, p. 405-422.

*Tessier, Georges (1974), « Jean de Mirecourt, philosophe et théologien », *Histoire littéraire de la France* 40, p. 1-52 [p. 51].

Thakkar, Mark N.A. (2010), *Peter Auriol and the Logic of the Future*, D. Phil. dissertation, University of Oxford.

*Thijssen, J. M. M. Hans (1998), *Censure and Heresy at the University of Paris 1200-1400, Philadelphia*, University of Pennsylvania Press [p. 89].

*– (1995), « Academic Heresy and Intellectual Freedom at the University of Paris, 1200-1378 », dans J. W. Drijvers et A. A. MacDonald (eds.), *Centres of Learning. Learning and Location in Pre-Modern Europe and the Near East*, Leyde, E.J. Brill, p. 217-228 [p. 221-222].

Tierney, Brian (1972), *Origins of Papal Infallibility, 1150-1350. A Study on the Concepts of Infallibility, Sovereignty and Tradition in the Middle Ages*, Leyde, E. J. Brill.

*Trapp, Damasus (1956), « Augustinian Theology of the 14 th Century. Notes on Editions, Marginalia, Opinions and Book-Lore », *Augustiniana* 6, p. 146-274 [p. 187-188 et p. 224-226].

**– (1957), « Peter Ceffons of Clairvaux », *Recherches de théologie ancienne et médiévale* 24, p. 101-154 [édition de la lettre introductive aux questions sur les *Sentences* à 128-145].

*– (1964), « Gregorio de Rimini y el nominalismo », *Antonianum* 4, p. 5-20.

**– (1984), « A Round-Table Discussion of a Parisian O. Cistercian Team and OESA Team about AD 1350 », *Recherches de théologie ancienne et médiévale* 51, p. 206-222.

Tuggy, Dale (1999), « A Short Text of Lavenham », dans M. Wegener (ed.), *Time, Creation and World-Order*, Aarhus, Aarhus University Press, p. 260-264.

Uckelman, Sarah L. (2017), « Medieval Logic », dans A. Malpass et M. Antonutti Marfori (eds.), *The History of Philosophical and Formal Logic. From Aristotle to Tarski*, Londres, Bloomsbury, 71-97.

*Vernet, André, avec la collaboration de Genest, Jean-François (1979), *La Bibliothèque de l'abbaye de Clairvaux, du* XII^e^ *au* XVIII^e^ *siècle, t. 1. Catalogues et répertoires*, Paris, CNRS [p. 160-161 et *passim*].

*—, Genest, Jean-François et Bouhot, Jean-Paul (1997), *La Bibliothèque de l'abbaye de Clairvaux, du* XII^e^ *au* XVIII^e^ *siècle, t. 2. Manuscrits bibliques, patristiques et théologiques*, Paris, CNRS [p. 539-545].

*Visch, Charles de (1656), *Bibliotheca scriptorum sacri ordinis Cisterciensis*, Cologne, apud Johannem Busaeum [p. 266a-b].

Vignaux, Paul (1934), *Justification et prédestination au* XIV^e^ *siècle. Duns Scot, Pierre d'Auriole, Guillaume d'Occam, Grégoire de Rimini*, Paris, E. Leroux.

VOS, Anthonie, VELDHUIS, Henri, LOOMAN-GRAANSKAMP, Aline H., DEKKER, E. et DEN BOK, Nico W. (1994), John Duns Scotus, *Contingency and Freedom. Lectura I.39*, Dordrecht, Kluwer.

WCIÓRKA, Wojciech (2018), « Necessity and Future-Dependence : “Ockhamist” Accounts of Abraham’s Faith at Paris around 1200 », *Vivarium* 58, p. 1-46.

*WEINBERG, Julius R. (1948), *Nicolaus of Autrecourt : A Study in Fourteenth-Century Thought*, Princeton, Princeton University Press [p. 115-117 et p. 121].

*– (1964), *A Short History of Medieval Philosophy*, Princeton, Princeton University Press [p. 283].

*WELTI, Ernst (1986), *Die Philosophie des strikten Finitismus*, Bern, Peter Lang [p. 330-331].

WIPPEL, John F. (1985), « Divine Knowledge, Divine Power and Human Freedom in Thomas Aquinas and Henry of Ghent », in Rudavsky (1985), p. 213-241.

– (1990), « Thomas of Sutton on Divine Knowledge of Future Contingents (Quodlibet II, qu. 5) », dans S. Knuuttila, R. Työrinoja et S. Ebbesen (eds.), *Knowledge and the Sciences in Medieval Philosophy*, t. 2, Helsinki, Luther-Agricola Society, p. 364-372.

*WOOD, Diana (1989), *Clement VI : The Pontificate and Ideas of an Avignon Pope*, Cambridge, CUP [p. 80-81].

*WOOD, Rega (1990), « Introduction », dans *ead.* avec Gedeon Gál (eds.), A. de Wodeham, *Lectura secundum in librum primum Sententiarum*, t. 1, St. Bonaventure, NY, Franciscan Institute, p. 5*-50* [p. 6*].

*– (1991), « The Wodeham Edition : Adam Wodeham’s *Lectura Secunda* », *Franciscan Studies* 51, p. 103-115 [p. 104].

YRJÖNSUURI, Mikko (2001), *Medieval Formal Logic : Obligations, Insolubles and Consequences*, Dordrecht, Kluwer.

*ZAHND, Ueli (2011), « *Zwischen Verteidigung*, Vermittlung und Adaption. Sentenzenkommentare des ausgehenden Mittelalters und die Frage nach der Wirksamkeit der Sakramente », dans B. J. Nemes et A. Rabus (eds.), *Vermitteln – Übersetzen – Begegnen Transferphänomene im europäischen Mittelalter und in der Frühen Neuzeit*; *Interdisziplinäre Annäherungen*, Göttingen, Vandenhoeck & Ruprecht, p. 33-86 [p. 70-72].

**ZIPPEL, Gianni (1958), « La lettera del diavolo al clero del XII° alla Riforma », *Bollettino dell’Istituto storico italiano per il medio evo e Archivio Muratoriano* 70, p. 125-179 [édition de la *Epistola Luciferi* à 163-166].

# INDEX NOMINUM

## AUTEURS AVANT 1600

## AUTEURS APRÈS 1600

## TABLE DES MATIÈRES

Achevé d'imprimer en décembre 2019 par *La Manufacture - Imprimeur* – 52200 Langres
Imprimé en France – N° d'imprimeur : 191857 – Dépôt légal : décembre 2019